中國歷代書目題跋叢書

鄧邦述 撰
金曉東 整理
吴格 審定

群碧樓善本書録

寒瘦山房鬻存善本書目

圖書在版編目(CIP)數據

羣碧樓善本書録；寒瘦山房鬻存善本書目／鄧邦述撰；金曉東整理；吴格審定. —上海：上海古籍出版社，2020.3

（中國歷代書目題跋叢書）

ISBN 978-7-5325-9499-3

Ⅰ.①羣… Ⅱ.①鄧… ②金… ③吴… Ⅲ.①善本—圖書目録—中國 Ⅳ.①Z838

中國版本圖書館CIP數據核字(2020)第037933號

中國歷代書目題跋叢書

羣碧樓善本書録　寒瘦山房鬻存善本書目

鄧邦述　撰

金曉東　整理

吴　格　審定

上海古籍出版社出版發行

（上海瑞金二路272號　郵政編碼200020）

（1）網址：www.guji.com.cn

（2）E-mail：guji1@guji.com.cn

（3）易文網網址：www.ewen.co

蘇州越洋印刷有限公司印刷

開本850×1168　1/32　印張19.125　插頁5　字數280,000

2020年3月第1版　2020年3月第1次印刷

印數：1—1,500

ISBN 978-7-5325-9499-3

K·2784　定價：88.00元

《中國歷代書目題跋叢書》出版説明

漢代劉向、劉歆父子編撰《别録》《七略》，目録之學自此濫觴，在傳統學術中發揮了重要作用。歷代典籍浩繁龐雜，官私藏書目録依類編次，繩貫珠聯，所謂「類例既分，學術自明」（《通志·校讎略》），學者自可「即類求書，因書究學」（《校讎通義·互著》），實爲讀書治學之門户。而我國典籍屢經流散之厄，許多圖書真容難睹，甚至天壤不存，書目題跋所録書名、撰者、卷數、版本、内容即爲訪書求古的重要綫索。至於藏書家於題跋中校訂版本異同、考述版本淵源、判定版本優劣、追述藏弆流傳，更是不乏真知灼見，足以津逮後學。

我社素重書目題跋著作的出版，早在二十世紀五十年代，我社就排印出版了歷代書目題跋著作二十二種，後彙編爲《中國歷代書目題跋叢書》第一輯。此後，我社又與學界通力合作，精選歷代有代表性和影響較大的書目題跋著作，約請專家學者點校整理。至二〇一五年，先後推出《中國歷代書目題跋叢書》第二至四輯，共收書目題跋著作四十六種，加上第一輯的二十二種，計六十八種，極大地普及了版本目録之學。面對廣大讀者的需求，我社將該叢書陸續重版，並訂正所發現的錯誤，以饗讀者。

上海古籍出版社

二〇一八年八月

整理説明

《羣碧樓善本書録》、《寒瘦山房鬻存善本書目》是清末民初江南藏書家鄧邦述的私人藏書目録。

鄧邦述（一八六九—一九三九），字孝先，號正闇，别署正闇學人、正闇居士、漚夢、漚夢老人、羣碧翁、羣碧道人。江蘇江寧（今南京市）人。光緒二十四年（一八九八）進士，散館選庶吉士，授翰林院編修。鄧氏藏書處所，有雙漚居、羣碧樓、三李盦、百靖齋、寒瘦山房、三坡六潁等名號，其藏書印有「鄧邦述」、「鄧押」、「邦述」、「正闇」、「正盦」、「正闇學人」、「正闇居士」、「正闇審定」、「正闇經眼」、「漚隱」、「雙漚」、「羣碧樓」、「羣碧樓主人」、「羣碧樓藏」、「羣碧校讀」、「百靖齋」、「披玉雲齋」、「四十學書，五十學詩，六十學詞，七十學畫」等。

鄧邦述出身江寧望族，其曾祖即道光間協同林則徐禁煙抗英的名臣鄧廷楨。鄧氏家族原有青藜閣藏書，燬於太平天國兵燹。鄧氏藏書除家族因素外，虞山藏書家趙烈文亦對其産生影響。光緒十五年（一八八九），鄧氏入贅趙氏，獲讀趙氏天放樓藏書，備受熏陶。光緒二十七年（一九〇一），鄧氏入湖北巡撫端方幕，得覩匋齋祕藏，由此熱衷蒐求版本。光緒三十年（一九〇四），鄧氏作爲隨員陪同端方遊歷歐美，考察政務，歸國後受到重用，參與新官制釐訂諸活動。仕途順利，收入豐厚，遂不惜重金購買善本。光緒三十二年（一九〇六），鄧氏於上海購得宋刊唐李中《碧雲集》、唐李羣玉《羣玉詩集》，兩書均係士禮居舊物，遂顔其藏書樓爲「羣碧樓」。光緒三十三年（一九〇七），鄧氏赴東北署理吉林省交涉司使，宣統初遷任吉林民政司使，政務之暇，收書之興益豪，如宣統元年（一九〇九）赴京述職期間，收書近萬卷，僅購書借款即達二三千金。正當鄧氏躊躇滿志，欲繼續擴大藏書規模時，辛亥革命爆發，令其仕宦生涯戛然而止，經濟來源隨即斷絶，因購書借欠巨款，生活每況愈下，不久即落魄至「散書易米」境地。然鄧氏愛書之興不減，民國元年（一九一二）經傅增湘介紹，仍購入涵芬樓藏宋本唐李咸用《披沙集》，以配《碧雲》、《羣玉》二集，三李聚首，交映生輝。

民國十年（一九二一）鄧氏離開北京，回江南謀生，處境迄無起色。至民國十五年（一九二六），自述家中已「不克舉火」。次年（一九二七），經蔡元培介紹，鄧氏將包括「三李」在内的藏書精品大半，讓售中央研究院歷史語言研究所。部分鬻存善本，抗日戰爭前夕又被杭州九峰舊廬主人王體仁購去。一九三九年，鄧氏去世後，其最後藏書（三百餘部善本和一千餘部普通本）經葉景葵介紹，分售至蘇州、北京、上海等地，後經鄭振鐸等努力，爲「文獻保存同志會」收購，歸藏中央圖書館。羣碧樓自創建至衰落，僅短短十數年，可謂曇花一現。倫明《辛亥以來藏書紀事詩》詠鄧邦述云「半生仕宦爲書窮，可奈書隨債俱空」，堪稱實録。目前，鄧氏藏書大宗精品保存於臺灣「中央研究院」傅斯年圖書館及原「中央圖書館」，另有部分爲上海、南京等地圖書館所收藏。

鄧氏藏書四部具備，側重史部及集部，除購置宋元本外，還搜集大量明刻本、名人稿鈔校本。其所藏嘉靖本達一百五十餘部，曾號「百靖齋」。「羣碧」、「三李」、「百靖」等藏書，使鄧氏於清末民初藏書家羣體中佔有一席之地。

鄧氏藏書曾四次編纂目録。《雙漚居藏書目録初編》係稿本，成於光緒三十二年（一九〇六），此時鄧氏已入藏宋元版書，此目反映其最初藏書内容。《羣碧樓書目初編》編訂於宣統三年（一九一一），著録所藏刻本、批校本等八百零三部、二萬四千餘卷，其中宋元本九十七部，爲鄧氏前期藏書之總結。此目僅著録書名、作者、卷數、册數、版本等基本情況，不及考訂解題，後附《書衣雜識》一卷，乃鄧氏置書後所寫題跋。以上兩目以外，堪稱反映鄧氏藏書全貌者，當屬《羣碧樓善本書録》和《寒瘦山房鬻存善本書目》。

《羣碧樓善本書録》六卷，爲民國十六年（一九二七）鄧邦述向中央研究院歷史語言研究所讓售藏書時所編。其體例爲記版本、録序跋、撰提要，並按宋刻、元刻、明刻及鈔校稿本分卷，著録宋本三十四部、元本三十六部、明刻本一百零三部、明嘉靖刻本四十七部，鈔本二百零五部，每書記作者、行款、字數，後附鄧氏所撰題跋。鄧氏引以爲豪之宋本《碧雲集》、《羣玉詩集》、《披沙集》、《書學會編》，元中統本《史記》等，均著録其中。

《寒瘦山房鬻存善本書目》七卷，爲鄧邦述民國十六年（一九二七）鬻書後，根據寓中遺存之書編成。鄧氏曾購得明初刻本《賈浪仙長江集》，又原藏弘治刻本《孟東野詩集》，故借「郊寒島瘦」以自況，名其藏書處爲「寒瘦山房」，並以此名其書目。此録體例與《羣碧樓善本書録》相仿，以宋元本、影宋元本、明本、嘉靖本、名人鈔稿本、自校本等分卷，所收多爲宋元遞修本、明本、鈔本及自校本。宋元舊槧雖少，所録仍多珍本，對明刻本、穴硯齋鈔本、季滄葦《全唐詩》鈔本等，論斷精到，記述詳審。

《羣碧樓善本書録》、《寒瘦山房鬻存善本書目》均詳記卷數、册數、作者、行款、藏書印，後綴鄧氏題跋。各書原有藏家題跋、標記、小注、藏章及位置等，亦一一記録，爲後人版本調查與鑒定提供依據。

鄧邦述一生推崇黄丕烈，故所撰題跋風格亦模仿蕘圃，融購書經歷、版本鑒别、書林逸史、學術考訂爲一爐，行文典雅，娓娓而道。如黄丕烈對穴硯齋鈔本最爲欣賞，鄧氏於北京海王村購得穴硯齋鈔本二十一種，亦詳撰題跋記之，讀來頗似續黄氏藏書題識。鄧跋常與前人呼應，在已有題識基礎上，或增釋來歷，或繼加考證，或屬文唱和，保持了善本書跋之連續性。如《書學會編》前有乾隆二十二年（一七五七）沈彤考證語，鄧氏承沈氏考證，續作説明，宋刻孤本面貌得以凸顯。鄧跋除詳記版本，又注意記録書林掌故，如所記清末民初古籍購買、修補、抄録價格，刻書流程，書價漲幅等，多具史料價值；題跋涉及與張元濟、傅增湘、趙烈文、趙寬、袁克文等藏書家互通有無，與何慕滄、譚篤生、何厚甫、韓左泉、柳蓉邨等書友交往活動，談書記事，饒有趣味。

《羣碧樓善本書録》、《寒瘦山房鬻存善本書目》有民國十七年（一九二八）鄧氏家刻本。本次整理點校，即以鄧氏家刻本爲底本，並參考臺灣「中研院」歷史語言研究所二〇〇八年出版的《傅斯年圖書館善本古籍題跋輯録》（簡稱「《傅圖輯録》」）。《輯録》影印該館所存鄧氏藏書題跋手跡一百十篇，多已收入《羣碧》、《寒瘦》兩目，未收題跋九篇，現輯爲「補遺」，附録於後。另上海圖書館陳先行、郭立暄二先生編著的《上海圖書館善本題跋輯録（附版本考）》（簡稱《上圖輯録》）。二〇一七年上海辭書出版社出版），其中有十一篇鄧氏題跋爲《羣碧》《寒瘦》二目未收，或較二目所收更爲詳盡，今一併補録，以見鄧氏題跋全貌。

此次整理，以保留鄧氏書目刻本面貌爲原則，異體、古體字統一爲常用字，如「姓（晴）」、「纍（累）」、「尻（居）」等，涉及人名、地名者則不改。文字訛誤處，缺字酌補（如《禪月集》「黿［溪］周伯畬」，［ ］内爲補字。），衍字酌删（如《詩話總龜前集》「宋阮（一）閲編」，（ ）内爲所删之字。），誤文酌改（如《圍爐詩話》鄧跋「國朝詩派無（瞎）［暇］盛唐一流」，（ ）内爲原文，［ ］内是據改之字。）。爲便讀者，書後附有《書名索引》。

本書由金曉東點校，吴格先生審訂，紕漏謬誤之處，尚祈方家指正。

金曉東
二〇一三年十二月
二〇二〇年二月重版又記

總目

羣碧樓善本書録

序

曩宣統辛亥之六月，余官吉林，上書乞身，僅而得請。於將行也，草寫一《羣碧樓藏目》付印，聊以備檢查也。晌經國變，不一年，辟居津門，幾無以爲活，迺舉宋本七八種出以易米，收書之興於是乎大衰。後數年，見有善本，亦稍稍蒐集，而宋刻日昂，視同輩插架日富，余乃日瑟縮而不敢問鼎。辛酉之夏，以長安居大不易，幡然歸吴中。爲乞米計，猶薄游南昌與今之新都。迄丙寅元月，閉門謝客。家無餘財，又舉債買一宅於城南隘巷，困支一年，逋負山積，遂不克舉火矣。丁卯春，茹痛持一單，向人求鬻，既不欲付諸海外，且無人爲我張目。至五月，始遇孑民前輩，收而庋之研究院中。前序所謂『昔借債以買書，今鬻書以償債』者，乃竟驗焉。嗚呼，藏弆之家，有聚必有散，曾何足怪。

余雖不幸及身而散，然亦有所甚幸者。積書至數萬卷，充箱盈笥，擔挈彌苦，身遭亂離，不能不委之而去，偶挈以俱，則舍彼取此，致難別擇，舟車之費，棄擲方多，盜負雨濡，所在不免。吾書雖南北移遞，安然無恙，即有散失，未同劫灰，此一幸也。不得已而去，遑云擇人，海客豪家，非所願托，然愛書者半出寒儒，希言善價，若零縑寸璧，夕割朝裁，求之惟恐不精，得之惟恐不賤，則千金市骨，既尠知音，九張分機，亦虞減色。適遇研究院者兼搜故籍，用廣國華，嫏嬛之儲，請自兹始，從此不憂散佚，得慰初衷，永獲保存，並叨榮問，此又一幸也。前目都二萬四千九百六十四卷，今目總一萬三千一百八卷，鬻已過半。若宋本則前目衹八百十六卷，尚有審定而剔除者，今目得九百五十九卷，又加增焉。其鬻而未盡者，別爲《寒瘦山房鬻存善本書目》七卷，附此並印，以公於世。書非吾有，必印此目者，以目經手寫，而書衣雜識日積月多，並録於各目之次，不欲廢此編校之勤，期與世之好古君子一證其得失也。始余編前目，非敢質諸大雅，乃不數月而所印已盡，可二百部，索者麇集，逮歸南中猶未已，竟無以應。然則藏書雖小，故比之豐衣腆食，其厚余者抑已多矣。己巳六月，正闇居士書。

序

自晚明以逮清季，海内數藏書家必首推江浙，江蘇則以吴縣、常熟、崑山爲弁冕。而吾江寧以古帝王宅京之地，累經播蕩，至清咸豐癸丑之變，故家文物，掃地以盡。承學之士侈名山石室之藏者，吾江寧若退然無所與，亦幾幾數典而忘其祖矣。當明嘉靖間，焦文端五車樓藏書照耀江左，錢遵王舉以儷西亭、中麓，稱明代書林甲觀。其與焦氏並起或相後先者，則有司馬氏泰、羅氏鳳、胡氏汝嘉、盛氏時泰、沈氏天啟、顧氏璘、謝氏少南、徐氏霖、謝氏琳、王氏元坤、丁氏雄飛，而以黄氏千頃堂爲後勁。清代則鄧氏旭、劉氏然、顧氏謙、嚴氏長明、陶氏湘、洪氏象言、陳氏士華、朱氏緒曾，所藏俱化刦灰。獨甘氏津逮樓藏本，零璣斷璧，猶有存者。吾友鄧君正闇爲元昭先生嫡嗣，青藜閣累世之藏既不克保，遂有志於收書。君家雖仍世貴顯，顧貧甚。君通籍後，猶爲疆吏掌記，見異書必傾囊收之。改官雞林，京師書賈走集，罄俸入不足以應，則舉債巨萬。辛亥去官，家無一隴之植，惟載書兼兩，輒以自豪。舊槧名鈔，必躬加題帖，詳著其始末。頻年旅食，船唇馬背間不廢校録，舍館未定，丹黄狼籍，往往至漏盡。丁戊間，迫於生事，書始盡出。今年春，予訪君吴下，慨然語予曰：「吾精力耗於此者三十年，書亡而所餘書後稿盈尺，將理而董之，並書目刊以行世。昔紀河間援佛家『山河泡影』之説，以武康鬼哭爲不達。吾誠貪癡，猶冀留此區區泡影也。」予曰：「河間謂圖書散落人間，俾鑒家摩挲指爲某氏物，便是佳話。此語殊不易副。今富家豪右亦好聚書，其聚也盲從以爲觀美，其散也揮斥惟恐不速，籤題如獰奴應門，印記如美姬黥面，得之者不勝憤惋，何佳話之足云。夫良禽擇木，自古爲難。君種學績文，有聞當世，銓評雅贍，楷寫精良。他日藝苑流傳，必有如王黄州題畢士安手補《毛詩音義》，所謂認得歐、虞舊筆蹤者。河間任達之言，正爲君張目也。」書志刊成，君書來索序，爰疏曩日慰藉語寄之，俾墨於板以告覽者。庚午八月，同里宗舜年序。

序

江南藏書之富，以金陵、吴郡爲最。金陵藏家，宗君子戴前序中言之綦詳。至甘氏津逮樓後，鮮有繼起者。吴郡自明吴文定、王文恪、都元敬、文徵明、毛氏父子，清絳雲、述古、傳是而後，要以黄氏士禮居爲大宗。百宋一廛，形諸賦詠，海内好古之士未能或之先也。其後若汪氏閬源、瞿氏蔭棠，蒐羅輯録，號爲大觀，實則士禮居故物居其泰半。及顧氏藝海樓、潘氏滂喜齋、江氏靈鶼閣後，亦鮮有繼起者，至於世守弗失，長保清芬，僅有瞿、潘兩家，餘皆散失不可問。甚矣，藏弆之難也。

鄧君孝先，世爲金陵望族，少時就昏常熟趙氏，得讀天放樓書，慨然有志於收蓄。通籍後廣事蒐羅，輒傾囊不倦。及從海外歸，始盡收宋元舊刻與精鈔本，積書至二萬餘卷，而逋負亦山積，又得蕘圃舊藏《羣玉》、《碧雲》二集，因以「羣碧」名其樓。顧君之所藏，非盡宋廛舊貯也。君得一書，必躬加題記，蠶眠細書，録稿盈篋。

昔王鐵夫戲蕘翁云，積晦明風雨之勤，奪飲食男女之欲，以沈冥其中。君亦有同悦焉。既寓居吴下，朋舊過從，縱觀不吝。余嘗私語同人，君生於金陵，而移家吴郡，兩地文獻集於一人，他日繼津逮、滂喜諸家而傳者，必在君矣。未幾聞君書盡出，余未之信也，亟叩君，君曰：「昔借債以買書，今鬻書以償債，事本平常，無足爲異。獨念三十年讐校考訂之勤，叢殘舊稿，棄之可惜，又鬻而未盡諸書，亦頗有可録者，當別成一目，彙刊行世，則書雖亡而題識目録具在也。」余曰：「達哉君也！魏晉以來，帝王公府之所儲，炳耀史册，經五胡、劉石、侯景之亂，盡成灰燼。牛弘『五厄』之説，自古然矣。顧此猶遠代也。明清兩朝，天府之富，陵駕前王，而《大典》淪於異域，『天禄』散在民間，此又何從感慨也。夫以一人之精力，奔走南北，節縮衣食，罄所入，舉巨債，以探求異典，歷卅餘年之久，而插架之豐，等於南面，斯已足自豪矣。及其散也，猶留此盈尺卷帙，一字一語，皆足爲後人考鏡之資，而姓名亦長留於天壤，書雖及身而散，書録則及身而定，不更足以自快耶？況《鬻存書目》多至七卷，古本精鈔，琳琅滿目，取柏梁之餘材，已足庇寒士之大厦，然則君之一身，實爲金陵、吴郡藏家之後勁，余所謂繼津逮、滂喜諸家而傳者，固不繫乎書之存與否也。」刻既成，屬余一言序其端，因述之如此，用廣君意云。庚午十二月，長洲吴梅謹序。

舊敘

此《羣碧樓書目初編》九卷，所收之書爲宋本八百十六卷，元本二千七百四十三卷，鈔本五千三百三十八卷，明本一萬五千四百八十八卷，批校本八百四十九卷，都二萬四千九百六十四卷，蓋竭十年之力，費銀七八萬兩，僅乃得之。所以寫此目者，有三懼焉：新學大昌，典籍漸廢，祕書舊本不惟讀者日稀，且恐知者復罕，不爲表章，則秦火雖熄，仍同滅亡，此一懼也。中學西漸，歐美之人雖不辨之無，而獨喜蒐討，皕宋遺籍轉入東瀛，敦煌墜簡復非吾有，後之學者欲抱殘守闕，亦云難矣，此二懼也。家本寒素，世襲清德，雖爲民牧，時念山林，然而買山無資，樓如虛構，誃臺累築，貧無所歸，昔者借債以買書，今且將鬻書以償債，及身而散，恐遂不逮子孫，此三懼也。爰付寫官，裒而録之，書而存耶，此爲其朔；其不存耶，覽是目者，可以悲吾志矣。

余年二十二，始就婚於虞山。外舅能靜趙先生築天放樓，藏書數萬卷，得讀未見之籍，然於宋元板本，懵然未之覺也。年三十一，通籍翰林，傭書於外，不足以饘家。及光緒辛丑，入湰陽尚書幕中，尚書收藏金石書畫甚富，始稍稍知考訂鑒別之學，間及書籍，而余脩脯日腆。甲辰居吴門，罄所入之餘，盡以買書，然其時雖貧，猶無債也。明年乙（未）［巳］，徧游環球。又明年，歸居京師，始收宋、元、鈔本。居京師不足一年，積書萬餘卷，廠肆書賈，雲集響應，昕夕候於門者常十數人。遇善本，往往出善價不吝，每用以自豪。自丁未迄今，雖官於外，書友訪余者，空谷足音，連歲不絶，而債負滿前，豪情鋭減。昔人曰「足吾所好，玩而老焉」，余未老，亦不敢言足。孔子曰「從吾所好」，又曰「沽之哉，沽之哉，我待賈者也」。余雖不敏，請事斯語矣。

言目録者，始於晁、陳，而紀、陸編《四庫總目》，遂爲大觀。然邃於考訂校讐，抉擇至精，非通儒鉅師，未敢語此。其講板本者，則始於錢遵王，而彭芸楣以骨董家譏之，雖爲定評，然其支流派衍，於今爲烈。愛日精廬始收明本，而平津館、皕宋樓采録尤夥。百宋一廛始著行款，而鐵琴銅劍樓、海源閣考訂加詳。有其舉之，莫敢廢也。近人如江建緞之《宋元行格表》、楊星吾之《留真譜》、葉鞠裳之《藏書紀事詩》，皆别開生面，自成一家，嘉惠後學，益夥於是。同光間尊奉邵位西所批之《四庫目録》，乃稍稍後焉。

藏書之家久而弗替者，海内無幾。絳雲樓之炬、文選樓之災，繫諸天者也；皕宋樓之鬻，繫諸人者也。今所存者，罟里瞿氏、聊城楊氏，實爲鉅觀，然皆拾士禮居之遺編，遂乃分峙南北。若豐潤丁氏得宜稼堂遺籍，炳於粵東，亦足附庸兩家。以千餘年之文明舊國，存者僅如鼎足，吾道之衰久矣，斯文之喪如何。

近人如翁瓶生相國、潘鄭盦尚書、盛意園祭酒、費西蠡編修，身後楹書，未歸零落。京師學者若繆小山編修，沈子培布政、子封提法兩昆仲，前輩風流，賴以勿墜。而羅刖存、陳士可、董授經之精於鑒別，袁伯夔之鋭於收藏，亦爲生平畏友。若夫李猛庵之記問淵博，趙止非之强識洽聞，則吾藏書之導師也。

獨山莫郘亭，處咸同之季，學識深邃，卓然經師。先成《經眼録》三卷，後成《知見傳本目録》十六卷，兩書世競傳之。其《經眼録》後，附《書衣筆識》一卷。余披覽之暇，亦嘗於書衣施以朱墨，得數十篇，寫目之後，援莫書例存之。要其體制，不免雜糅，偶有論述，輒自比於遵王、蕘圃，不盡師郘亭也。

余得蕘圃所藏《羣玉》、《碧雲》兩集，始自名藏書之所爲羣碧樓，然兩書實吴中書友柳蓉邨爲余收之。初，余歷游歐美，未行之先，蓉邨以此二書見眎，而余方戒裝，橐無餘蓄，遂卻謝之。及余歸也，蓉邨猶留以相待。余感其意，乃亟藏之篋中，而以名吾樓，此不可謂非一段因緣也。京師助余收書者爲何慕滄，惜其年少竟死；外則譚篤生、何厚甫、韓左泉，助余彌勤；而吴中舍蓉邨外，亦有徐敏甫能識舊書，皆一時廠肆中之表表者也。爲余裝池之工曰于贊臣。因用葉氏録錢聽默、錢半巖之例書之。宣統三年六月，正闇居士書於吉林官廨之退學軒。

目録

五經白文 八册……四六
大學 一册……四六
前漢書一百二十卷 二十册……四七
後漢書一百三十卷 二十册……四七
京本增修五代史詳節十卷 八册……四八
通鑑紀事本末四十二卷 四十二册……四八
古史六十卷 十二册……四八
新刊名臣碑傳琬琰之集上二十七卷中五十五卷下二十五卷 三十二册……四九
增入諸儒議論杜氏通典詳節存二十五卷 十三册……五〇
書學會編六卷 四册……五〇
致堂讀史管見存七卷 八册……五一
纂圖互注荀子二十卷 八册……五二
説苑二十卷 十册……五三
纂圖互注揚子法言十卷 四册……五三
醫説十卷 十册……五四

李涪刊誤二卷 一册……五五
夢溪筆談二十六卷 八册……五六
桯史十五卷 八册……五七
大學分門增廣聖賢事實存三卷 三册……五八
大學分門增廣漢唐事實存四卷 三册……五八
老子鬳齋口義二卷 二册……五八
莊子鬳齋口義十卷 十册……五九
唐李推官披沙集六卷 二册……五九
李羣玉詩集三卷後集五卷 二册……六〇
碧雲集三卷 二册……六三
范忠宣公文集二十卷 八册……六七
山谷黄先生大全詩注二十卷 十册……六七
東萊吕太史文集十五卷别集十六卷外集五卷文集附録三卷拾遺一卷
麗澤論説集録十卷 三十册……六八
增補六臣注文選六十卷 六十册……六八

羣碧樓善本書録卷二

元刻本

南史八十卷 二十四册……七六
唐書二百二十五卷 四十四册……七七
資治通鑑二百九十四卷附通鑑辨誤十二卷 一百册……七七
資治通鑑綱目前編十八卷舉要三卷外紀一卷 二十四册……七七
通志二百卷 一百二十册……七八
新刊增入諸儒議論杜氏通典詳節四十二卷 十六册……七八
吴越春秋十卷 二册……七九
重刊巢氏諸病源候總論五十卷 十四册……七九
新編證類圖注本草四十二卷 十六册……七九
吕氏春秋二十六卷 十册……八〇
新編事文類聚翰墨全書甲集十二卷乙集九卷丙集五卷丁集五卷戊集五卷己集七卷庚集二十四卷辛集十卷壬集十二卷癸集十一卷後甲集八卷後乙集聖朝混一方輿勝覽三卷後丙集六卷後丁集八卷後戊集九卷 一百册……八一
新編决科古今源流至論十卷後集十卷續集十卷别集十卷 二十册……八二
增修詩學集成押韻淵海二十卷 二十册……八三

纂圖互注南華真經十卷　六册……八四
沖虛至德真經八卷　四册……八四
集千家注分類杜工部詩二十五卷　二十四册……八四
集千家注批點補遺杜工部詩集二十卷　十六册……八五
增廣註釋音辨唐柳先生集四十三卷……八五
伊川擊壤集二十卷　八册……八五
南豐先生元豐類稿五十卷附録一卷　六册……八六
韋齋集十二卷玉瀾集附　六册……八六
豫章羅先生文集十七卷　三册……八六
松雪齋文集十卷　六册……八七
馬石田文集十五卷　四册……八八
道園學古録五十卷　二十四册……八八
唐音十卷　十二册……八九
風雅翼十四卷　十册……九〇
羣碧樓善本書録卷三……九一

明刻本

春秋經傳集解三十卷　十六册……九一
四書大全十八卷　八册……九二
爾雅二卷　二册……九二
洪武正韻十六卷　五册……九三
元經薛氏傳十卷　六册……九三
司馬温公經進稽古録二十卷　二册……九三
續資治通鑑節要廿六卷　二十四册……九三
路史前紀九卷後紀十三卷國紀六卷國名紀信一卷國姓一卷大衍一卷
發揮六卷餘論十卷　十六册……九四
戰國策十卷　十六册……九四
戰國策譚棷十卷　八册……九四
陸宣公奏議二十二卷　四册……九五
盡言集十三卷　八册……九五
宋丞相李忠定公奏議六十九卷附録九卷　十六册……九五

春秋列傳五卷 四册……九五
兩晉南北奇談六卷 六册……九六
大明一統志九十卷 三十六册……九六
西瀆大河志六卷 四册……九七
邊略五卷 二册……九七
史通二十卷 四册……九八
孔子家語十卷 八册……九八
孔子家語十卷 二册……九八
孔叢子三卷 一册……九九
賈太傅新書十卷 二册……九九
新纂門目五臣音注揚子法言十卷 八册……九九
孔子集語二卷 二册……九九
韓非子二十卷 十六册……一〇〇
新刊銅人鍼灸經七卷 一册……一〇〇
新編西方子明堂灸經八卷 一册……一〇〇

診家樞要一卷　一册……一〇〇
重訂丹溪先生心法二卷　六册……一〇一
衛生易簡方十一卷　六册……一〇一
醫林類證集要十卷　二十册……一〇一
圖繪寶鑑六卷　四册……一〇二
秦漢印統八卷　二十四册……一〇二
顔氏家訓二卷　二册……一〇二
困學紀聞二十卷　四册……一〇二
風俗通義十卷　二册……一〇三
山堂先生羣書考索前集六十六卷後集六十五卷續集五十六卷別集二十五卷　四十册……一〇三
秇林伐山二十卷　四册……一〇四
南村輟耕録三十卷　八册……一〇四
法苑珠林一百二十卷　二十四册……一〇五
周易參同契發揮三卷釋疑一卷　三册……一〇五
子彙　二十册……一〇六

蔡中郎文集十卷　四册……一〇六
陶淵明集十卷附録一卷　四册……一〇七
沈雲卿集二卷　一册……一〇七
宋之問集二卷　一册……一〇七
盧照鄰集二卷　一册……一〇七
駱賓王集二卷　一册……一〇八
唐丞相曲江張先生文集二十卷　四册……一〇八
集千家注杜工部文集二十卷　六册……一〇八
高常侍集二卷　一册……一〇八
顔魯公文集十四卷補遺一卷附録一卷　四册……一〇九
蔡忠惠公文集三十六卷　十六册……一〇九
趙清獻公文集十卷　二册……一〇九
宛陵先生文集六十卷附録三卷　二十四册……一一〇
安陽集五十卷附忠獻韓魏王家傳十卷别録三卷遺事一卷　十六册……一一〇
歐陽文忠公文集一百五十三卷附録五卷　二十五册……一一一

臨川王先生荆公文集一百卷　十六册……一一一
蘇文忠公集一百十二卷　二十八册……一一一
百家註分類東坡先生詩集三十二卷　十二册……一一二
山谷老人刀筆二十卷　十册……一一三
淮海集四十卷　六册……一一三
參寥子詩集十二卷　二册……一一三
濟北晁先生雞肋集七十卷　十二册……一一三
龜山先生集十六卷　八册……一一四
屏山集二十卷　八册……一一四
和靜先生文集四卷　六册……一一四
羅鄂州小集六卷附録一卷　四册……一一五
梅溪王先生廷試策一卷奏議三卷後集二十九卷　六册……一一五
象山先生文集二十八卷外集四卷語録四卷　十六册……一一五
水心先生文集二十九卷　十二册……一一六
江湖長翁集四十卷　二十册……一一六

南軒先生文集四十四卷　八册……一一六
龍川先生文集三十卷　十二册……一一七
滄浪詩集四卷滄浪詩話一卷　四册……一一七
文山先生別集六卷附録三卷　四册……一一七
海瓊玉蟾先生文集六卷續集二卷　八册……一一八
雲峰胡先生文集十卷　四册……一一八
圭齋集十六卷　五册……一一九
高皇帝御製文集二十卷……一一九
宋學士文集七十五卷　十二册……一二〇
太師誠意伯劉文成公集十八卷春秋明經二卷　十册……一二〇
王忠文公文集二十四卷附繼志齋文稿二卷王瞶齋詩稿一卷　十册……一二〇
蘇平仲文集十六卷　八册……一二一
東里文集二十五卷　四册……一二二
瓊臺詩文會稿二十四卷　二十册……一二二
篁墩程先生文集九十二卷拾遺一卷雜著十卷別集二卷　二十四册……一二二

荊川先生文集十七卷 八册 …… 一二三
夏文愍公全集五十卷 三十二册 …… 一二三
滄溟先生集三十卷附録一卷 十六册 …… 一二三
弇州山人四部稿一百七十四卷續稿二百七卷 八十册 …… 一二四
張太岳集四十七卷 十二册 …… 一二四
甔甀洞稿五十四卷 十六册 …… 一二四
歸先生文集三十二卷 八册 …… 一二四
四溟山人詩集二十卷詩家直說四卷 十册 …… 一二五
容臺集九卷 一册 …… 一二五
驪山集十四卷 十六册 …… 一二五
嘉樹齋稿七卷 五册 …… 一二六
穎江漫稿十四卷 三册 …… 一二六
宋文鑑一百五十卷 五十六册 …… 一二六
古賦辨體十卷 四册 …… 一二七
皇朝文衡一百卷 二十二册 …… 一二七

八代詩乘四十五卷附録二卷　十六册……一二八

羣碧樓善本書録卷四……一二九

明嘉靖刻本

周易兼義九卷　五册……一二九
尚書注疏二十卷　八册……一二九
毛詩注疏四十卷　二十册……一三〇
周禮注疏四十二卷　八册……一三〇
周禮六卷　六册……一三〇
太平經國之書十一卷　四册……一三〇
儀禮注疏十七卷　十二册……一三一
禮記注疏七十卷　二十册……一三一
春秋左傳注疏三十六卷　二十册……一三一
春秋公羊傳注疏二十八卷　十册……一三一
春秋穀梁傳注疏二十卷　六册……一三二
爾雅注疏十卷　四册……一三二

史記一百三十卷　一百册……一三二
前漢書一百二十卷　四十二册……一三三
前漢書一百二十卷　二十册……一三四
班馬異同三十五卷　十二册……一三四
後漢書一百三十卷　二十二册……一三四
後漢書一百三十卷　二十四册……一三五
資治通鑑二百九十四卷　一百册……一三五
資治通鑑綱目五十九卷　三十册……一三五
山谷先生年譜三十卷　六册……一三六
宋史新編二百卷　六十册……一三六
皇朝名臣經濟録五十三卷　三十二册……一三七
大唐六典三十卷　八册……一三七
通典二百卷　四十四册……一三七
文獻通考三百四十八卷　一百册……一三七
鹽鐵論十卷　四册……一三八

新序十卷　四册……一三八
小學句讀六卷　四册……一三九
體仁彙編六卷　六册……一三九
太玄經十卷附説玄一卷釋文一卷　五册……一三九
白虎通德論二卷　四册……一四〇
丹鉛總録二十七卷　四册……一四一
論衡三十卷　十六册……一四一
五燈會元二十卷　二十册……一四二
分類補注李太白詩二十五卷　二十册……一四二
集千家注杜工部詩集二十卷文集二卷　十二册……一四二
類箋唐王右丞詩集十卷文集四卷　六册……一四三
柳文四十三卷别集二卷外集二卷附録一卷　十二册……一四三
范文正公集二十卷别集四卷奏議二卷遺事録四卷遺跡鄱陽贊頌論疏合一卷　十册……一四三
文潞公集四十卷　八册……一四四
范忠宣公文集二十卷　四册……一四四

東坡後集二十卷　六册……一四四
東坡應詔集十卷　四册……一四五
洺水集二十六卷　十四册……一四五
西山先生真文忠公文集五十五卷　十二册……一四五
淵潁吴先生文集十二卷附録一卷　六册……一四五
宋學士全集三十二卷附録一卷　二十册……一四六
解學士文集十卷　十册……一四六
椒丘文集三十四卷附録一卷　二十册……一四七
方山先生文録二十二卷　十六册……一四七
陽明先生文録五卷外集九卷别集十四卷　二十册……一四七
大復集三十八卷附録一卷　八册……一四八
渼陂集十六卷續集三卷碧山樂府四卷　十六册……一四八
皇甫司勳集六十卷　十六册……一四九
鈐山堂文集四十卷　十六册……一四九
自知堂集二十四卷　十八册……一四九

唐文粹一百卷 二十四册……一五〇
三蘇先生文粹七十卷 十六册……一五〇
迂齋先生標注崇古文訣三十五卷 十二册……一五〇
唐詩紀事八十一卷 二十册……一五一

羣碧樓善本書録卷五……一五二

鈔校本一

三家詩拾遺十卷 四册……一五二
春秋集注十一卷 十册……一五三
十一經問對四卷 四册……一五三
苑洛志樂存十卷 六册……一五四
大樂律吕元聲六卷大樂律吕考注四卷 二册……一五四
説文字原一卷 一册……一五五
篆从 四册……一五六
新唐書糾繆二十卷 二册……一五七
五代史纂誤三卷 二册……一五七

稽古便覽十八卷 二册……一五八
皇宋十朝綱要二十五卷 十二册……一五八
建炎以來繫年要録二百卷 四十八册……一五八
皇朝編年備要三十卷 三十二册……一五八
靖康要録不分卷 六册……一五九
大金國志四十卷 八册……一五九
孤臣泣血録一卷 二册……一六〇
建炎復辟記一卷 一册……一六〇
金國南遷録一卷 一册……一六〇
僞齊録二卷 二册……一六一
三朝野紀七卷 六册……一六二
酌中志略二十三卷 四册……一六二
編年遺事三卷 六册……一六二
宋遺民録十五卷 六册……一六三
鄭所南先生心史七卷附録一卷 六册……一六三

五代史闕文一卷　一册……一六三
五代史補五卷　二册……一六三
京口耆舊傳九卷　六册……一六四
滿漢名臣傳　一百二十册……一六四
貳臣傳六卷　十册……一六四
儒林文苑傳稿不分卷　四册……一六五
宋儒學案七十八卷　二十册……一六五
江南野史十卷　二册……一六五
元和郡縣圖志四十卷　六册……一六五
讀史方輿紀要一百三十卷　四十四册……一六六
郡國利病書一百二十卷　九十六册……一六六
咸淳臨安志一百卷　五十册……一六六
吳中水利全書二十八卷　十六册……一六七
新疆識略十二卷　十册……一六七
三州輯略九卷　九册……一六七

塔爾巴哈台事宜四卷　四册……一六八
夢粱録二十卷　四册……一六八
翰苑羣書二卷　一册……一六九
宋宰輔編年録二十卷……一六九
歷代職官表　二册……一七〇
太平寶訓政事紀年五卷　五册……一七〇
補漢兵志一卷　一册……一七一
國史經籍志五卷　五册……一七一
述古堂書目一卷　四册……一七一
讀書敏求記四卷　二册……一七二
金石録三十卷　六册……一七三
籀史一卷　一册……一七三
寶刻叢編二十卷　十二册……一七四
石墨鐫華八卷　八册……一七五
竹崦盦金石目録六卷　二册……一七五

雍州金石記十卷　二册……一七五
金石古文十四卷　四册……一七六
金石文七卷　一册……一七六
朱子文集語類纂編十四卷　八册……一七七
多能鄙事十二卷　十册……一七七
金匱要略繹注三卷　三册……一七七
傷寒論集注十卷　七册……一七八
葛仙翁肘後備急方八卷　八册……一七八
大德重校聖濟總録二百卷　一百二十八册……一七九
唐開元占經一百二十卷　十册……一七九
天元玉曆祥異賦十卷　二十册……一八〇
珊瑚木難八卷　八册……一八〇
鐵網珊瑚二十卷　十册……一八一
書畫題跋記十二卷續記十二卷　十二册……一八一
清河書畫舫十一卷　十册……一八一

江村消夏録三卷 三册……一八二
墨緣彙觀四卷 八册……一八二
湛園題跋一卷 二册……一八二
歷代鍾官圖經八卷 二册……一八三
石畫記五卷 二册……一八三
芻言三卷 一册……一八四
能改齋漫録十八卷 八册……一八四
塵史三卷 一册……一八四
曲洧舊聞十卷 一册……一八五
履齋示兒編二十三卷 四册……一八五
志雅堂雜鈔一卷 一册……一八五
羣書治要五十卷 十六册……一八六
説學齋雜鈔二卷 二册……一八六
吴興雜録一卷 二册……一八六
二十一史彈詞注十卷 四册……一八六

類編十二卷　四册……一八七
同書二卷　四册……一八八
清波別志三卷　二册……一八八
四朝聞見録五卷　五册……一八八
山房隨筆一卷　一册……一八九
里門談贅不分卷　四册……一八九
人海記二卷　二册……一九〇
多暇録二卷　一册……一九〇
穆天子傳六卷　四册……一九〇
道德真經指歸七卷　四册……一九一

羣碧樓善本書録卷六……一九二

鈔校本二

李詩通二十一卷　四册……一九二
杜詩通四十卷　七册……一九二
毘陵集二十卷　一册……一九三

逋翁集 一册……一九三
歐陽行周文集十卷 四册……一九四
沈下賢文集十二卷 二册……一九四
文藪十卷 六册……一九四
笠澤叢書三卷 二册……一九五
桂苑筆耕集二十卷 二册……一九五
司空表聖文集十卷 二册……一九五
徐公文集三十卷 十册……一九六
王黃州小畜集三十卷 二十册……一九六
河南穆公集三卷 一册……一九七
鉅鹿東觀集十卷 二册……一九七
孫明復小集 二册……一九八
古靈先生文集二十五卷 十二册……一九八
劉原父公是先生集不分卷 四册……一九九
邕州小集一卷 一册……一九九

都官集十四卷……一九九
淨德集三十八卷　八册……一九九
文定張公樂全集四十卷　十册……二〇〇
廣陵先生文集二十卷附拾遺一卷又荆公贈遺書詩一卷　四册……二〇〇
後山先生集三十卷　八册……二〇〇
姑溪居士文集五十卷後集二十卷　十六册……二〇一
斜川集十卷　二册……二〇一
竹友集十卷　二册……二〇一
慶湖遺老集九卷　四册……二〇二
石林居士建康集八卷　六册……二〇二
樧溪居士集十二卷　十二册……二〇二
筠溪集二十四卷　十二册……二〇三
苕溪集五十五卷　十二册……二〇三
東牟集十四卷　八册……二〇三
盧溪先生文集五十卷　八册……二〇四

宋陳少陽先生盡忠録八卷　四册……二〇四
默堂先生文集二十二卷　四册……二〇五
莆陽知稼翁集十二卷　二册……二〇五
侍郎葛公歸愚集十卷　一册……二〇六
拙齋文集二十卷　八册……二〇六
太倉稊米集七十卷　十四册……二〇七
艾軒先生文集九卷附録一卷　二册……二〇七
文忠集二百卷　六十八册……二〇七
玉堂類稿十卷　二册……二〇七
梅谿先生全集五十四卷　十册……二〇八
定齋集二十卷　四册……二〇九
誠齋全集一百三十五卷　四十册……二〇九
盤洲集八十卷　十八册……二一一
水心先生別集十六卷　六册……二一一
勉齋先生黄文肅公文集四十卷附録一卷　十册……二一一

北溪先生文集五十卷外集一卷　十六册……二一二
後樂集二十卷　八册……二一二
竹齋先生詩鈔八卷　一册……二一二
陳克齋先生集十七卷　十册……二一三
白石道人詩集一卷　一册……二一三
禪幄集一卷　一册……二一三
古逸民先生集三卷　二册……二一四
彝齋文編四卷　三册……二一四
晞髮集六卷　一册……二一四
仁山金先生集三卷　三册……二一五
閑閑老人滏水文集二十卷　二册……二一五
滹南先生文集四十五卷續編一卷　十六册……二一六
湛然居士文集十四卷　二册……二一六
桂隱先生文集四卷附録一卷詩集四卷　六册……二一六
筠溪牧潛集不分卷　二册……二一七

存悔齋詩不分卷　二册……二一七
許白雲先生文集四卷　四册……二一七
默庵集五卷　四册……二一八
周此山先生集四卷　四册……二一八
蒲室集十五卷　一册……二一八
艮齋詩集十四卷　二册……二一九
榘庵集十五卷　四册……二一九
范德機詩集七卷　二册……二一九
閑居叢稿二十六卷　五册……二二〇
近光集三卷扈從詩一卷　二册……二二〇
栲栳山人詩集二卷　二册……二二〇
句曲外史貞居先生詩集七卷附録一卷　四册……二二一
梧溪集七卷　六册……二二二
蟻術詩選六卷　二册……二二二
雲陽李先生文集十卷附録一卷　二册……二二二

吴興沈夢麟先生花谿集三卷　一册……一三三
庸庵集十四卷　六册……一三三
益齋先生亂稿十卷　六册……一三三
張三丰先生全集八卷　十册……一三四
天台林公輔先生文集不分卷　一册……一三五
柘軒先生文集五卷　三册……一三五
清江貝先生詩集十卷　二册……一三五
草澤狂歌五卷　四册……一三六
半軒集十二卷補遺一卷方外補遺一卷　二册……一三六
海桑文集不分卷　六册……一三六
鼓枻稿一卷　一册……一三七
全室外集八卷　四册……一三七
虚齋蔡先生文集五卷　十册……一三七
默庵詩集五卷　一册……一三八
整庵先生存稿二十卷　六册……一三八
王肅敏公集　五册……一三八

涇皋藏稿二十二卷 六册……二二九
青門詩集存五卷 一册……二二九
嘯竹堂集十六卷 三册……二二九
華黍莊詩不分卷 二册……二三〇
小蘭陔詩集二卷 二册……二三〇
蒨山擬存不分卷 十二册……二三〇
畏壘山人文集不分卷 二册……二三一
三楊集 一册……二三一
聖宋文選三十二卷 八册……二三一
增廣聖宋高僧詩選前集一卷後集三卷續集一卷 一册……二三一
二妙集八卷 四册……二三二
太倉稊米後集十二卷 一册……二三二
懷舊集二卷 一册……二三三
玉臺廣詠不分卷 十册……二三四
容齋詩話六卷 三册……二三四
圍爐詩話六卷 二册……二三四

羣碧樓善本書録卷一

宋刻本

周易兼義九卷　十册

晉王弼注，唐孔穎達正義，附王弼《易略例》一卷，陸德明音義。

宋刊本。每半葉十行，行大字十八，小字雙行二十四。

春秋經傳集解三十卷　十六册

晉杜預注，附蜀馮繼先《春秋名號歸一圖》一卷。

宋刊本。每半葉十行，行大字十八，小字二十二。卷末有木記一方云：「謹依監本寫作大字，附以《釋文》，三復校正刊行。如履通衢，了亡窒礙，誠可嘉矣。兼列圖表於卷首，迹夫唐虞三代之本末源流，雖千歲之久，豁然如一日矣。其明經之指南歟。以是衍傳，願垂清鑑。淳熙柔兆涒灘中夏初吉，閩山阮仲猷種德堂刊。」凡九十(四)[三]字。

五經白文　八册

宋刊巾箱本。每半葉二十行，行二十七字。《周易》、《尚書》合一册，《毛詩》一册，《禮記》二册，《左傳》四册，上附音。

有「汪印士鐘」、「閬源真賞」二印。

此結一廬朱氏藏書，匣面有題識可見。《郘亭目》中所稱「字密如牆者」，正是此刻。避諱字如「貞」、「恒」、「慎」闕筆，而「殷」、「敬」、「樹」則不。刻工整細，無一筆苟簡，故是可珍。丙寅三月晝長，正闇檢記。

大學　一册

宋朱子章句。

宋刻本。每半葉七行，行十三字。

《大學章句》一册，凡三十三葉。癸亥得之金陵。書不避「殷」、「慎」字而獨避「恒」。當時刻工習避「恒」字，至明代版本沿襲未已。與獨山莫楚生先生言之，亦云劂氏所知有限，惟「恒」、「匡」二字易曉，久則習以爲常耳。吴門聞有《中庸》半部，已爲他人收去。童習之書，以《大學》爲首。今得此而習之，豈還童之徵耶？長至後五日，邦述記。

序中於「宋」字、「國家」字提行，當時尊王之證。甲子二月述再書。

前漢書一百二十卷 二十册

唐顔師古注。

宋刊元修本。每半葉十行，行大字十九，小字二十六、七、八、九不等。有「蘇齋」、「覃谿」二印，又「紫珊」、「紫珊所得善本」二印，又「吉壽堂藏書」一印。

前、後《漢》宋刻本，余所見惟李木齋師藏本爲最美。其版式與柯、王兩《史記》相同，即袁漱六所得之慶元劉元起刊本也。此書乃昭文張氏所稱宋槧元修本，款式及大德補刊諸葉，皆一一相符。全書有朱筆校過，缺葉亦皆鈔補，惟卷末失一葉，余就副葉書之，差爲完好。《藝文志》後數行，明刻惟汪文盛本有之，知其由宋本出也。丁卯二月晴窗，正闇學人。

後漢書一百三十卷 二十册

唐章懷太子賢注。

宋槧元修本。每半葉十行，行大字十九，小字二十五。有「蘇齋」、「覃谿」二印，又「紫珊所得善本」、「紫珊」二印，又「吉壽堂圖書」一印。

此與《前漢》同爲宋槧元修本。列傳末有「奉淳化五年七月二十五日勅重校定刊正」等字，不知者遂號爲淳化本，可嗤也，此乃翻景祐本耳。景祐本蕘圃所藏，余昔曾見於津門，中有鈔補，行款亦相仿佛。

木齋師所藏則仍爲劉元起刊本，而中有木記云「黄氏梓行」者也。此兩書雖均有缺葉，而已一一補寫校完，雖不工而特勤，前人愛書之篤，又可師也。丁卯二月，正闇學人記。

京本增修五代史詳節十卷　八册

宋歐陽修撰，徐無黨注。

宋刊本。每半葉十三行，行大字二十一，小字雙行同。

吕伯恭《十七史詳節》，《四庫》載之《存目》，此本不知出諸吕氏否。廬陵修《五代史》，簡而有法，未可復節。此殆當時坊刻，取便巾箱，凡世所稱京本、麻沙本、睦親坊本、尹氏書籍鋪本皆坊本也。然刻工之不苟如此，避諱字亦謹嚴。古人藝事，工賈之間，洵可師者多矣。每葉皆有耳，紀篇名，未見他書著録，因並記之。宣統己酉，正闇書于瀋陽。

通鑑紀事本末四十二卷　四十二册

宋袁樞編。

宋刊本。每半葉十一行，行十九字。

前有淳熙元年楊萬里序，又延祐己未陳良弼序，又寶祐丁巳趙與簒序。

古史六十卷　十二册

宋蘇轍撰。

宋刊本。每半葉十四行，行二十四字。《古史》六十卷，南宋衢州刊本也。板心「本紀」一至七爲甲集；「世家」一至九爲乙集，十至十六爲丙、丁；「列傳」一至十四爲戊、己，十五至二十五爲庚、辛，二十六至三十七爲壬、癸。「本紀」七卷後有「左迪功郎衢州司户參軍沈大廉同校勘」一行。「世家」九卷後有「右修職郎衢州録事參軍蔡宙校勘兼監鏤板」一行。字體與余藏婺州本《書學會編》相仿，蓋外郡雕鏤之工，不若臨安坊刻之善，然茂渾之氣，固不可掩。舊爲鄰蘇老人所藏，用明刻本校過，粘簽上方並録明刻序，爲南雍署國子監事孫如游及焦弱侯二首於前。昔人以宋校明，蓋有所是正，兹則不然，細檢所粘之簽，確有勝於宋者，豈因南雍重刊，故校讎特精審耶？書已微蠹，亟待重裝。鄰蘇藏書，裝贉初不介意，惟每書皆有小象一紙，則仿仲魚之意，而彼則木刻已失形似，此則銅模，如見鬚眉。裝時不當棄去，亦仰止之義云爾。太歲周曆甲子年甲子月甲子日，江寧鄧邦述記。

新刊名臣碑傳琬琰之集上二十七卷中五十五卷下二十五卷　三十二册

宋杜大珪編。

宋刊本。題「眉州進士杜大珪編」。每半葉十五行，行二十五字。有「謙牧堂藏書記」、「謙牧堂書畫記」兩印。

宋人編此書，爲後世開蒐集史料之塗，明清繼起，皆有纂述，惜皆不能備也。此宋本，余於光緒丁未得之都中，世頗希遘，而闕葉尚多，須求佳本補寫，方爲完璧。天假以年，此志不難副也。甲寅十月，正闇。

增入諸儒議論杜氏通典詳節存二十五卷　十三册

宋刻殘本。每半葉十四行，行二十三字，小字雙行同。存卷三之五，又十一卷，又十五卷之二十四，又二十六卷，又二十八卷之三十，又三十二卷之三十五，又四十卷之四十二。

有「周印良金」、「毘陵周氏」、「九松迂叟藏書記」諸印。

《諸儒議論通典詳節》余先得一元刊本，書凡四十二卷，版式甚大。後乃見此殘本，爲周九松家舊藏，存廿一卷，已得其半。辛酉二月，晤吴寄荃同年，齋頭忽又得殘本二册，則内府所藏，查其卷次，適足補吾書之闕。於是前後共得二十五卷，殘者乃不及半矣。感寄荃慨贈之意，特記之如此。辛酉二月三日，羣碧。

書學會編六卷　四册

第一卷爲劉次莊《法帖釋文》十卷，第二卷爲米元章《書史》，第三卷爲黄伯思《法帖刊誤》上、下卷，第四卷爲曹士冕《法帖譜系》上、下卷，第五卷爲陳與義《法帖音釋刊誤》，第六卷爲《書法正宗》。

宋刊本。每半葉十三行，行二十三字。

第四卷後有「婺州義烏酥溪蔣宅崇知齋刊」木記一方。

有「史記第一世家」、「玉涵寶藏」、「畢瀧之印」、「澗飛」諸印，又「士禮居藏」一印。

庚午秋孟，邗上閱肆，見是書卷四後有墨圖記二行，與馬嶰谷所藏《禮記注》同，定爲宋槧，亟收之而南。及歸，檢焦氏《經籍志》著録作四卷，余尚疑分卷之不同，以無他本可校，貯諸篋衍，忽忽未暇翻閲也。今年夏五，訪余古農於郡中，述及渠居停滋蘭堂朱氏有此書，因從之轉假。朱所藏爲明天順間肇慶守黄瑜刻本，亦衹四卷，此本之《法帖釋文刊誤》、《書法正宗》，天順本皆無之。然後知黄、焦二家所據，俱非此書足本，不得宋槧，無以正其闕失也。檢畢爲之狂喜，因爲書復仲林，而識數語於後。乾隆丁丑相月三日，沈彤燒燭記。「沈彤」、「果堂」兩印。

沈果堂跋稱五、六兩卷爲明天順間黄氏刻本所無，焦氏《經籍志》亦未之見。近來天順本已不得見，即前四卷乃不過散見諸家叢刻中，自天順來無翻刻是編後二卷者，豈非人間孤本耶？婺州刊板雖不精，然紙係羅紋，墨有古色，確爲宋槧宋印，非明時刊印所可擬也。異時將求他刻校之，意必有勝於今本者。戊午端午，正闇。

致堂讀史管見存七卷　八册

宋胡寅撰。

宋刊本。每半葉十二行，行二十三字。

纂圖互注荀子二十卷　八册

唐楊倞注。

宋刊本。每半葉十一行，行二十、二十一字不等，小字雙行二十五字。

此宋槧也。每葉有耳標題，固是一證。即其刻手峻峭，亦與元時不同。元人刻書凡三變：其筆畫圓整與此相類者，乃元初承南宋之後，故不易判；其一則用趙承旨體；其一則寫刻俱不甚工，而尚有古拙之氣，下逮洪武、成化，自爲一派。此書亦間有補版，詳辨之即可見。宋刊日稀，不得以纂圖互注而輕之也。己未二月，羣碧。

此本每葉皆有耳，紀篇名、卷數。凡書之有耳者，多屬宋刊。余所藏《五代史詳節》及《漢唐事實》諸書皆然，雖中統本《史記》亦有之，然在南宋時刻，不可以元刻論也。唯明刻本亦間有之，如顧氏《文房小説》則世稱佳本，爲仿宋式刊行者也。正闇又記。

卷一前四葉皆景寫，與刻本無異，驟視之，覺更工也。此種寫手當在康乾之際，足見昔時一藝一物之精，非晚近人所能及。正闇學人。

檢陸存齋《儀顧堂續跋》，云此與王伯厚《困學紀聞》所稱建本相合。其舉勘各條，一一對之，亦各不殊，是此爲建本無疑。書避宋諱，惟「敦」、「慎」二字較嚴，餘尚未細勘也。甲子二月，正闇再記。

説苑二十卷　十册

漢劉向撰。

宋刻本。題「鴻嘉四年三月己亥，護左都水使者光禄大夫臣劉向上」。每半葉九行，行十八字。卷尾有「咸淳乙丑九月迪功郎特差充鎮江府府學教授李士龍、迪功郎改差充鎮江府府學教授徐沂命工重刊，鄉貢進士直學胡達之眎役」三行。有「平陽汪氏」、「民部尚書郎」、「汪印士鐘」諸印。

蕘翁生平所見宋刻《説苑》凡五本，一爲二十二行二十字本，指爲北宋本，以多「非桃李也」句爲證。其四本則皆咸淳重刊本也，然抱沖、兔牀兩先生所藏皆有闕卷，獨後見之濂溪坊蔣氏兩本，未知有闕否耳。此書確爲咸淳本，間有補鈔之葉，亦明中葉時書。據蕘圃言，蔣氏書較顧、吴爲勝，直昂未收，頗引爲憾。此書與二十二行本同歸藝芸精舍。目録有「文琛」、「厚齋」二印，不知何人。疑此書即蔣氏物，閬源先後收得，今始散出耳。庚申冬日，正闇檢記。

此書廿卷完整無闕，闕葉六亦原鈔補，可稱全璧。羣碧再記。

蕘圃北宋本《前漢書》跋中，有稱「郡中厚齋都轉」者，近知即閬源尊人，鞠常前輩詩注曾詳記之，余乃粗率未檢耳。羣碧再記。

纂圖互注揚子法言十卷　四册

漢揚雄撰，晉李軌、唐柳宗元注，聖宋宋咸、吴祕、司馬光重添注。

宋刊本。

前有元豐四年宋咸《進重廣注表》，又司馬光序。

此四册前年得之都門，戊申之夏爲燈火所灼，僅免灰燼，已燬數行矣。己酉重裝，剥蝕之餘，復成完帙。其不入敝簏中者，幸也。昔絳雲一炬，火光燭天，有見無數朱衣人於空中撏拾者。夫古籍存亡，豈必有神以主之，況刻本藏弆又其小焉者耶？世嘗侈稱玉樓瓊府，滿軸琳琅，非夙世靈脩，莫能窺伺。頃文字遞變，學術愈漓，天上人間，當亦同歸零落。前之燼者，爲助其摧燒耶，抑真儲之福地耶，吾不能不捧手而問諸祝融矣。正闇居士。

宋刻經、子，頗有纂圖互注本。此書初以爲元刻，細審乃是宋版。其字體固顯而易辨，即前題「聖宋」字亦一證也。丙寅七月，正闇再記。

醫說十卷　十册

宋張杲撰。

宋刊本。每半葉九行，行十八字，小字雙行同。

前有朝奉大夫權發遣郢州羅頌序，後有嘉定甲申彭方、李以制，開禧丁卯江疇、寶慶丁亥徐杲諸跋，又紹定改元諸葛興一跋。

隆慶辛未中元日奉贈鳳橋兄。叔昜。「華氏起龍」、「仕學齋」兩印。

宋刊《醫説》十卷，内惟第二卷乃用明刻本補。此書諸家皆未著録，日本澁江全善、森立之所著《經籍訪古志》，廑存宋刊九、十兩卷，卷尾尚遺紹定諸葛興一跋，未爲完善也。其所舉明本，則有嘉靖甲辰顧定芳、癸卯鄧正初、丙午瀋藩三本，又萬曆己酉張堯直一本。此四本中，獨顧本用宋刻行款，他皆更變矣。是書余於丁未得之都中，紙墨黯黯，喜其卷帙完整。己酉命工裝成，遂覺古香歕溢。第二卷確爲顧本，首尾敘跋，並無闕佚，雖間有漫漶，不足爲病。據《訪古志》云，顧本九、十兩卷，校宋尚有刪節。何時得一明本對之，必有大勝處。古籍日少，豈非前賢未見之孤本耶？字體如率更、永興，尤爲可貴，不可不珍視之。辛酉二月，正闇。

李涪刊誤二卷　一册

唐李涪撰。

宋刊本。每半葉十二行，行二十字。

有「汪印士鋐」、「季印振宜」、「滄葦」、「御史振宜之印」、「松齡私印」、「翠竹齋」諸印。

宋板《刊誤》一册，先君子手澤也。余小子向讀《四庫提要》云「據自序稱，撰成五十篇。此本惟四十九篇，蓋佚其一」云云。今得宋本證之，知五十篇之説乃合自序言之，非有所蓋闕也。咸豐五年三月重裝識此。胡珽。

癸丑春，保山吴慈培借自羣碧樓，影寫一部，上卷「海東之子」，「予」字是「子」字之誤；「卜人日」，「日」字是「曰」字之誤。黄蕘翁云「宋版書雖有訛繆，可以意揣而知」，信然。

宋本《刊誤》一册，光緒丙午，與《羣玉》、《碧雲》二集同得之於吴中，爲余初買宋版書之始，價亦廉於今日數倍。歲逾一紀，值甚兼金。雖同四壁之相如，猶擁百城於鄴下，殆所謂貧而樂者乎。此刻端秀，在宋本又是一格，印工亦極精。亡友吴佩伯君曾影寫一本，存沅叔雙鑑樓中，此當永奉於三李盦爲祕玩也。戊午花朝，邦述。

此即《百川學海》之一，上年有太半部，沅叔欲得之，乃爲他人奪去。庚申花朝，正闇再記。

夢溪筆談二十六卷　八册

宋沈括撰。

南宋刊本。半葉十二行，行十八字。

有「漢唐齋」、「古鹽張氏」、「茂苑香生蔣鳳藻秦漢十印齋祕匧藏書」、「秀水朱氏潛采堂圖書」、「華山馬氏」、「馬氏玉堂」、「笏齋」諸印，又「夢禎」朱文方印，在十二卷後又有「南書房舊史官」一印。孫氏《平津館》記有此書行款、字數、黑口，及書中遇本朝事空一格寫，與此本悉符。此書藏印皆收藏家之表表者，紙墨並美，亦羣碧樓中宋槧之上乘矣。宣統庚戌五月，正闇檢記。

偶讀《知聖道齋讀書記》，見有宋本，不知與此若何。閱《郘亭書目》，亦云文勤家有宋本，且言有避諱字，披覽之暇，當再考訂及之。文勤嘗譏遵王《敏求記》但拳拳於版本、鈔法，爲有骨董家習氣。余不能讀書而好言版本，知不免於骨董之譏。然昔人有云「不爲無益之事，何以遣有涯之生」，吾於此事，亦用此二語者。越日新月如鉤，燈下再記。

屢日披讀，知確有避諱字。宋刊如此本之新好者極少，三復之下，益增珍守之念。余前後三跋皆頗繆舛，佛家所謂散亂心也。戊午二月，正闇。

此書近頗見有明刊者。是本字體樸茂，明刊乃從此出，後有覯者，可細辨也。披玉雲齋再記。

桯史十五卷　八册

宋岳珂撰。

宋刊本。每半葉九行，行十七字。

此《桯史》十五卷，宋刻本也。惟板有漫滅處，自元迄明，時有修補，明時補版，去宋彌遠。宋人刻書，其字體往往摹仿歐、虞。昔陶齋尚書所藏百衲本《史記》即劉燕庭舊物，中有密行小字一本，字體至精，余謂其似虞永興書，陶齋深以爲然。此書有數葉尚是宋刻真面，其結體亦酷肖率更，此真不易得也。明時曾得宋元板，輦而致之南雍，取其闕者補刊以行，史部最多。此書補葉亦多黑口，恐仍是元末明初時補，非入南雍後事。《南雍志》葉吏部德輝刻之湘中，足備考古者之一助，他日當取證之以實吾言。正闇。

舊跋寫於宣統庚戌。後檢《南雍經籍考》，確無是書。又在都中見田伏侯郎中潛在日本收一不完宋本，與此刻正同。卷首多一序，欲影鈔而怱怱未果。忠敏所藏百衲《史記》已爲袁氏奩物，其別藏之百衲《通鑑》亦歸雙鑑樓中。附識於此，余甚惜雙百衲之形單而影隻也。壬戌一星周天九月，羣碧再記。

大學分門增廣聖賢事實存三卷　三册

不著編輯人。

宋刊本。每半葉十行，行十六字。

大學分門增廣漢唐事實存四卷　三册

不著編輯人。

宋刊本，每半葉十行，行十六字。

此與《聖賢事實》兩殘本皆袖珍本，版心長廣不及三寸，闌外有耳，記篇名。雖屬坊間陋書，然剞劂精美，所采事實爲當時應舉場屋之用，與《決科源流至論》正相類也。光緒丙午，余居京師時，正專意典籍，賈人以此六册見示，索價三百金，且曰非余殆無問津者。余懷千金市骨之意，竟脱鏹予之。辛亥國變，貧不自給，沅叔同年介而歸之洹上袁氏，並《周易》、《春秋》、《五代史》諸宋刊凡七八部，得直極廉，今亦不知散歸何所矣。己巳五月，羣碧補記。

老子鬳齋口義二卷　二册

宋林希逸撰。

宋刊本。每半葉十行，行二十一字。

前有發題二葉。

此刻當是宋末本。自宋嬗元，自有此將變未變之字體，入元後則失其勁挺之姿矣。《三子口義》明刊本亦不多見。余得《老》、《莊》二種，若《沖虛至德真經》，未知能否續見耳。甲子二月，羣碧。

莊子鬳齋口義十卷 十册

宋林希逸撰。

宋刊本。每半葉十行，行二十一字。

前有景定改元宣教郎知邵武軍建寧林經德序。

又希逸發題二葉。

讀林序「吾邑雖陋，縮節衺飪，幸而集事」云云，知此板鏤於建寧。景定在理宗末，宋臘已垂盡矣。目凡二葉，而補刊一葉，紙亦略殊。若云印書時補刊，則紙色不應兩歧；若謂後人所補，又何以不逐寫而獨刊一葉以補之，此真不得其解者矣。發題後失數行，文雖已完，然使有刊行木記在此數行中，未始不可作一證也。甲子二月，正闇。

唐李推官披沙集六卷 二册

唐李咸用撰。

宋書棚本。每半葉十行，行十八字。題隴西李咸用。前有紹熙四年楊萬里序。序後有「臨安府棚北大街陳宅書籍鋪印行」一行，有「好古堂圖書記」、「藤井方明」、「讀杜艸堂」、「仁壽山莊」諸印。

又「星吾海外訪得祕笈」、「宜都楊氏藏書記」兩印。

《披沙集》六卷，亦臨安陳氏刻本。世之好古書者言宋刊，或輕視棚本，其實陳氏在當日頗負時譽，如所編《宋人小集》，藏家至今重之，非若後來坊賈徒競於利之爲也，況所刻唐賢集在今日已成孤本耶。此書初爲東瀛所收，鄰蘇老人攜以歸國，老人殁後，張菊生前輩購藏之於涵芬樓。沅叔告余何不爲三李之合，因代請於菊翁，慨然允之，遂歸余齋。惜蕘圃未之見，然「三李」自吾而創，已足突過前賢矣。既正《羣》、《碧》次第，《披沙》復在《羣玉》之前，他日當別刻一「披玉雲齋」印，以志此遇合之幸也。戊午三月裝成記，正闇。

李羣玉詩集三卷後集五卷　二册

唐李羣玉撰。

宋書棚本。每半葉十行，行十八字。

有羣玉《進詩表》，又《延英口宣勑旨》，又大學士僕射令狐相公綯《薦狀》及《勑旨》，下署「中書侍郎兼户部尚書平章事令狐綯宣奉司勳郎中知制誥鄭處約行表」，後有「臨安府棚前睦親坊南陳宅書籍鋪刊行」一行。又《後集》第五卷後有「臨安府棚北大街睦親坊南陳解元宅書籍鋪印」一行。

有「宋本」、「玉蘭堂」、「竹塢」、「辛夷館印」、「春艸堂印」、「梅溪精舍」、「江左」諸印，又「乾學」、「徐健菴」兩印，又「張雋之印」、「一字文通」兩印，又「季印振宜」、「滄葦」、「季振宜藏書」、「季滄葦圖書記」、「揚州季氏御史振宜之印」、「吾道在滄州」諸印，又「馮新之印」、「復初」、「良常馮靜觀藏書」、「良常馮氏汲古齋藏書」諸印，又「安麓邨藏書印」、「安岐之印」兩印，又「黄印丕烈」、「復翁」、「平江黄氏藏書」、「碧雲羣玉之居」、「百宋一廛」諸印，又「三松過眼」一印。

卷首目下有「癸巳九月潯寓收」七字，卷尾有「泰興季振宜滄葦氏珍藏」十字。

卷中舊藏書家圖記皆散見於各書，唯此馮氏諸印未曾一見，想非海虞諸馮族類也。「乾學」、「徐健菴」兩印亦俱鈐在最上處，似其先不即歸於徐，其後又不常於徐，物之轉徙靡定矣。今仍在崑山得之，後又將歸郡中。竹塢、玉蘭堂、辛夷館皆爲郡中人家藏書所，是「寓」之一説，實無所逃於天地之間。物寓，人何獨不寓耶？復爲兩絶句以寄意。其一向傳常熟空居閣，今見良常汲古齋。馮與一毛兩爭勝，靜觀二字早安排。其二考棚忽遇書棚本，傳是樓頭幾轉移。信宿借人堂館勝，玉蘭開後又辛夷。余所寓亦愛廬有玉蘭、辛夷，余兩度來此皆見之，雖謂此書之重寓玉蘭堂、辛夷館何獨不可。三月七日晨起，共得絶句十首：《碧雲》四首一、《客中》四首二、《向傳》二首三，參錯書之，故記次第於此。蕘夫。

余藏宋板唐人集亦夥矣，多載《百宋一廛賦》中，即今散逸將盡，而至精極美者，尚有一二種，歷經名家藏弆，世罕其匹也。猶憶《孟東野集》爲蔣賓嵎同年所贈，亦得自送考金陵時冷攤收得，其爲安麓邨藏則同。麓邨者，貴家門客，專識骨董，渠手得必鈐斯印。《孟集》而外，止此二集。因想當時非特藏書之家勝於今日，即識書之人優於我輩。昔因門客而收，今因門客而去，試問物之所出，果知爲真宋板乎，抑視爲贋宋板也，吾恐主人與客皆茫如。所賴者尚有一二冷眼人躭讀翫市，無意得之，不致湮没。賓嵎之得《孟集》在甲寅年，今余之得「二李」集在癸未年，事隔三朝，時爲一世，何遥遥相對之，湊成一段奇聞也耶。前跋書於《碧雲》之首，後跋書於《羣玉》之尾，互爲聯絡，他日斷不可分而二之矣。上巳後三日玉峰寓，蕘夫記於俞氏之亦愛廬。

越日不寐，晨起未起時，先有《枕上吟》四絶句，隨意口占，稍縱即逝，故急起書之，大旨言得此書之歡喜無量也。**其一**碧雲羣玉兩才人，宋板唐詩鑑賞真。捧出一函有雙璧，隴西果是數家珍。**其二**書集街頭無一書，汗筠修綆復何如。可憐湖賈皆盲目，枉説嫏嬛盡子虚。**其三**良金揀得在沙披，求寶重過郝李祠。玉石磁銅並書畫，我無特識信還疑。**其四**獨有羣書一顧空，驪黄牝牡態何窮。宋廛百一添清賞，老眼無花我仲翁。紀事題詩，又將倩人作畫，「冷客攤錢問故書」，當繢圖諸扇頭。蕘夫。

壬子殘臘，江安傅增湘借校一過。時大雪怒飛，孝先將有遼瀋之行，整裝待發，覆勘後遂持書送別。後之覽者，幸勿以「借書一痴，還書一痴」相誚也。

頃在南中收得宋板《披沙集》，旋以歸涵芬樓。孝先聞之，浼余向菊生商讓，復函亦至欣然。今觀蕘夫題此集，有「良金揀得在沙披」之句，豈「三李」合併，信有前緣耶？ 沅叔附志。

此百宋一廛舊物也。蕘圃前後題跋皆滿，乃不見録於潘鄭盦尚書所刊《士禮居題跋》中。吴中自汪閬源後，藏家俱未之見。蕘圃得此書晚，其後散出，未知流轉何所。光緒乙巳，余應端忠敏之約，將游歐美，書友柳蓉邨持此與《碧雲集》同來，謂蕘翁重視「二李」過於他書。讀其跋語，良信。時方戒裝，不及議價，還之。明年四月，歸國至滬，而蓉邨又以書要於客邸，云特留以餉我。余感其意，如價收之，實余收宋刻之初桃也。人世尤物，遇合之故，誠有不可解者。沅叔嘗謂余「雖貧，他書可去，而此必不可去」，吾固將抱此以没世矣。既得《披沙集》，乃重裝而悉存其舊，蕘翁封題並實存焉。戊午三月，正闇記。

蕘翁推重麓邨收書之識甚至，實則麓邨好古精鑒，不獨書籍也。又云「他日斷不可分而二之」，迄今百年，尚如鶼之與鰈，兹且益而三之矣。後日倘再得隴西遺籍弆之篋中，則誦千旌之詩，雖四之、五之、六之，又何多耶？ 羣碧。

碧雲集三卷　二册

唐李中撰。

宋書棚本。每半葉十行，行十八字。題「登仕郎守新淦縣令知鎮事賜緋魚袋李中」。

前有「朝議郎守尚書水部郎中武騎尉賜紫金魚袋孟賓」，于序目後有「臨安府棚北睦親坊南陳宅書籍鋪印」一行。

有「宋本」、「玉蘭堂」、「竹塢」、「鐵研齋」、「辛夷館印」、「春艸堂印」、「林下閑人」諸印，又「乾學」、「徐健菴」兩印，又「張雋之印」、「一字文通」兩印，又「季振宜藏書」、「季滄葦圖書記」、「季印振宜」、「滄葦」、「揚州季氏御史振宜之印」諸印，又「安麓邨藏書印」、「安岐之印」兩印，又「良常馮靜觀藏書」、「良常馮氏汲古齋藏書」、「馮新之印」、「復初」諸印，又「黄印丕烈」、「復翁」、「碧雲羣玉之居」、「平江黄氏藏書」諸印，又「三松過眼」一印。

卷首序下有「癸巳九月潯寓收」七字，卷尾有「泰興季振宜滄葦氏珍藏」十字。

道光癸未歲三月，余挈兒輩就試玉峰，因遍觀骨董鋪中，見有標題宋板者，無不取閲。聞有郝、李二公祠中爲邑故家某氏所藏物聚處，遂過之。舉所云宋板者，非特元明之物視如珍寶，即近日覆刊本亦重價居奇。無他，欲以贋亂真，欺人不識也。故各肆皆嬾過之，唯郝、李祠有常熟蔣板《敬一堂帖》，有人托覓，重往議價。忽見書堆添宋板書兩部，其一即此宋板《碧雲集》一套，開函視之，駭甚，何意宋板竟真，且非特《碧雲》，兼有《羣玉》，珍如雙璧，喜出非常。遂舍帖而議書，從所知處借番銀易得。雖物主亦稱宋板，然以他書之號稱宋板者例之，安知其非視爲贋而亂真者乎？因記此得書顛末云。　蕘夫。

卷中有「良常馮静觀藏書」狹長印，「馮新之印」、「復初」四方印，「良常馮氏汲古齋藏書」闊長印，初不知爲何時人。時同年溧陽湯達興阿爲郡學博，送考崑山，余往詢之，得云「良常」茅山地名，取以名金壇，因地相近也。金壇確有故家姓馮者，此藏書之人未之稔也。越日考罷歸，忽有札示余，云良常馮新，號勉齋，太史馮秉彝之子。伊子名浩，拔貢，武陟例捐教諭，現選巢縣學，來省考驗領憑。馮新亦送伊子浩來蘇，昨日開船去。據云自金壇移居揚州，汲古齋藏書大部帶揚，小部遺失。就湯所言，余得此書，藏書人現來此地，亦奇緣也。五月望後重檢，因附誌之。蕘夫。

《碧雲》、《羣玉》兩集皆刊入《八唐人集》中，向偶見其他集，此二種卻未之收過。《羣玉》尚有諸家所藏舊鈔本，《碧雲》絶無鈔本。崑山徐氏書目載宋刻二集，今見卷中有徐氏印，信即其舊藏也。余得此書後適過西山堂，爲余言修綆山房有不全《八唐人集》，遂訪之。兩李卻有，然《羣玉》無《後集》五卷，未知曾全刻否，抑此刻廑存三卷。《晁志》止載《羣玉集》三卷，無《後集》，並《碧雲》亦無之，知《碧雲》更祕矣。毛刻未知何據，今校宋本，有宋本不缺而毛刻反缺，甚至字句有極可笑者，知所據非古刻，宜此書之無汲古閣印也。毛刻《李羣玉》大異宋本，所分三卷同，其次第則異，暇日當取諸家舊鈔手校一過。毛刻無所取材。甚哉，書不得宋刻，竟未可信有如此者。三月望後一日雨窗，蕘夫書于百宋廛之北窗。

七月下澣，湖估以毛子晉舊藏黑格竹紙鈔本示余，方曉毛所據以入刻者乃元本也，上有「元本」

二字印知之。硃、墨二筆校字，皆子晉手跡。毛未遇宋本，故此書無汲古圖記。九月中澣十日。蕘夫記。

余得此書在崑山考棚爲癸未春。兹二集卷首各標墨書一行云「癸巳九月，潯寓收」。竊思此書必發見於癸，又皆在流寓時，何巧乃爾。且余家讀書成名者，每在癸生人，今三孫美鎬又以詩受知於學使者，則此書之入余手，未始非前定數矣。復賦四絶句。其一客中清況閱春秋，名物還從暗地收。潯寓不知何處所，我來卻在玉山頭。其二作合奇書在癸年，癸生人更有書緣。一家三癸是書業，叔姪祖孫今已然。其三碧雲可作雲程望，羣玉當成玉局材。自此登龍長身價，詩名合得替人來。其四萬物何常盡寓公，人亡人得楚弓同。他年想像藏書者，説是宋廛中一翁。蕘夫。

余既收蕘圃所藏《二李集》，狂喜累日，遂名吾藏書之所曰「羣碧樓」。始亦姑漫名之，既見蕘圃亦刻一印曰「碧雲羣玉之居」，此兩書中皆鈐之。比爲張菊生前輩介得袁氏《通鑑紀事本末撮要》宋本二册，亦蕘圃舊物，並鈐此章。然考羣玉生於晚唐，碧雲已入南唐，論其後先，余之命名爲較確矣。昔江建霞前輩刊《五十唐人集》，皆用棚本，惜未覯其真面。他日余當景刊三李，以與好古之士一晤對也。戊午三月裝成未題，庚申十月，羣碧居士補記。

羣玉授弘文館校書郎在令狐相公綯時，而碧雲與孟賓于同時，相去遠矣。壬戌新秋，正闇再記。

范忠宣公文集二十卷　八册

宋范純仁撰。

宋刊本。每半葉十二行，行二十字。

前有四明樓鑰序，又嘉定辛未元姪孫范之柔跋，又嘉定壬申沈圻、廖視、陳宗衛三跋。《忠宣集》是初印本，而紙墨頗劣。永州地僻工窳，與宋本佳刻相去懸殊。觀序跋疑是單行，不與元天曆歲寒堂同也。嘉靖翻《二范集》，余篋中有之，暇時一對勘焉。庚申十月。正闇。

陸存齋以此書爲宋嘉定刻本，亦云永州地僻，刻工不精。近人書目但録元天曆刊《二范》本，未見此刻，當用陸説，定爲宋本也。丁卯六月，正闇。

山谷黄先生大全詩注二十卷　十册

宋黄庭堅撰，任淵注。

宋刊本。每半葉十行，行大字二十。注雙行低一格，二十三字。

此《大全詩注》確爲宋雕，然實不全也。不惟注不全，即詩亦不全。余往與義州李文石觀察相過從，輒語余明刻《王臨川集》每卷中有將原詩割棄者，外雖百卷，失詩甚多，莫從補正。後得一本，果如所言，猶謂明人書帕本苟簡或然耳，乃宋之坊刻又往往如是，如此本及《崇古文訣》皆是也。藏家不重坊刻，豈不以此。然語諸佞宋主人，則曰不然。此書後爲沅叔攜去。己巳五月，正闇補記。

東萊吕太史文集十五卷别集十六卷外集五卷文集附録三卷拾遺一卷　麗澤論説集録十卷　三十册

宋吕祖謙撰。

宋刊本，每半葉十行，行二十字。

有「鞠園藏書」、「温陵張氏藏書」兩印。

《吕伯恭集》，瞿氏《鐵琴銅劍樓目》有之，卣宋無《麗澤集》。此書具存，雖稍有闕失，亦只《麗澤》缺七卷之半，又八卷一卷，餘即有闕葉，並無多也。補版及漫漶處不能免，但如此鉅集，能完善者鮮矣。伯恭爲理學名儒，其專集乃不能與文人比衡，此亦邇時風尚所趨，要之非定論也。庚申二月，邦述。

乙丑二月，在海上得識罟里後人瞿良士君，亦同避兵滬瀆。知其藏書皆捆載以俱，頗欲借觀並補鈔一卷有半。良士温雅，當不金玉爾音，奈賃居湫隘，因循未言，而萍蹤又散矣。姑記於此，以爲後日乞鈔之券。乙丑六月朔日，正闇。

增補六臣注文選六十卷　六十册

題梁昭明太子蕭統撰，唐文林郎守太子右内率府録事參軍事崇賢館直學士李善、衢州常山縣尉吕延濟、都水使者劉承祖、男劉良、處士張銑、吕向、李周翰注。

宋茶陵陳氏刻本。

前有昭明太子序、唐吕延祚《進五臣集注表》、《上遣高力士宣口敕李善上文選注表》，目録題下有「茶陵前進士陳仁子校補」一行，後有「淳祐七年丁未春月上元日刊」木記一方。

有「萬卷樓印」，又「靜逸山人印」，又「徐氏元晦印」，又「竹里」、「子承學」、「馬弘道印」三印，又「翰林學士文節世家藏書畫印」，又「顧氏藏書印」，又「謙牧堂藏書記」、「謙牧堂書畫記」二印，又「天放樓印」。

此外舅能靜先生藏書也。明翻茶陵本，丁氏《善本書室》載之，内有「《諸儒議論》一卷，凡十三條。大德己亥茶陵古迂陳仁子識」云云。此書無《諸儒議論》，而木記則云「淳祐丁未刊」。丁未與己亥相距五十三年，豈仁子入元後始刊行耶？諸家有目茶陵本爲宋本者，而翻刻乃有「大德己亥」識語，是元本也。此書木記，諸家何以從未著録，豈諸家皆未之見耶？洪氏翻本，余在京師見之，有《諸儒議論》一卷，行款與此相類，而木記則無，然則有《諸儒議論》者，别是一本。《丁目》所舉「茶陵東山陳氏古迂書院刊行」木記，此本亦無，或明翻本從大德本出，而此刻在前，或既輯《諸儒議論》乃刊補於此刻之前，皆不可知。要之，此本既有宋刊木記，凡言明翻本者，皆未之見，自當定爲陳刻祖本，爲吾藏《蕭選》之甲觀也。甲子冬月，正闇讀記。

文粹一百卷 四十八册

宋姚鉉纂。

宋刊本。每半葉十五行，行二十五字。

此宋刻也。諸家著録云有題《唐賢文粹》者，俱是宋本。此書自八十二卷後，題始見「唐賢」之稱，八十三、八十四、八十五、八十六、九十九、一百諸卷皆同，而八十七、九十三、九十四、九十五四卷則前後題並有之，八十九、九十二兩卷則獨前題有之，九十卷則前題《唐文粹》，後題《唐賢》，又與諸卷不同。要皆坊賈隨意書之，初無準尺，至今日遂爲宋刻之左證耳。昔亡友李猛庵告余，《唐文粹》明刻中往往見宋刻，坊賈不知也，今觀此編，益服猛庵精鑒。余先得一本，僅首尾兩函，此乃全帙，而蠹蝕較多，命工綴補，雖不能一律完好，而古香盎然，或不至再飽蟫腹，是斯編之幸也。戊午二月，正闇檢記。

迂齋先生標注崇古文訣存十卷 三册

宋樓昉編。

宋刊本。每半葉十二行，行二十三字。

有「周印良金」、「毘陵周氏」、「九松迂叟藏書」諸印。

此《崇古文訣》四卷至十一卷，又十九、二十兩卷，共十卷，乃殘宋本也。蕘圃有此書，亦殘宋本，存十四卷，鈔補四卷，仍缺二卷，比余所得差多四卷耳，而余書九、十、十一三卷并爲蕘圃所無。黄書不知散歸何許，但於《百宋一廛賦注》中見之。今年來瀋陽，所得宋元版書不止此一種。書賈攜此來時，殘破不完，以故紙封之，不甚愛惜，索價纔三十金，比之近時書價乃極賤矣，故竊私幸如入五都之市，獲利三倍也。宣統紀元七月，正闇記。

頃都中寄一本來，乃明嘉靖時刻本，前有聞人詮序，凡三十五卷，多於宋刻十五卷，文且前後淆亂，就此本所存十卷校之，多出者已復不少。謂明本有增輯耶，則散入於各卷之中，不似後人補選；謂宋刻獨苟簡耶，則本朝人刻本朝人選本，似更不應如是。此真不能索解矣。正闇再記。

後余見一殘元本，亦三十五卷。此本恐是坊友妄加刪削，以省劂氏之工耳。己巳五月補記。

新刊名賢叢話詩林廣記前集十卷後集十卷　十八册

宋蔡正孫撰。

宋刊本。每半葉八行，行十六字，小字低三格，亦十六字。

前有正孫自序，有「煦齋新購」一印。目後木記一方云：「予性頗愛書，一書未有，必罄囊市之。窘於厥志未伸，羣書無由悉備。凡所有者，不過薄於自奉以致之耳。閒有先世所遺，十不一二，凡我子孫，宜珍惜寶愛，以承厥志。苟不思得之之難，輕視泛借，以致狼籍損失，不孝之罪莫大焉。至於借匿陰盜之徒，又不仁不義之甚者矣。予故著之簡端，使借者、守者惕然知警云。大冢宰從孫句容曹洪文漢謹識。」

《詩林廣記》前、後集，世所傳僅明刊本汪諒本，且不易見。周季貺言曾見元本，不知版式若何。此書雕印俱精，似是宋末刊行之本。宋時刊手與元人不同處，祇在筆畫間，如玉筋銀鉤，毫無渣滓，非復元人圓麗而不能潔也，余所藏《老》、《莊鬳齋口義》正與此類。目録後曹氏墨記，藏家亦罕見之。同一珍護古籍，遠之不及松雪，近之不及仲魚，是何有幸有不幸耶？辛酉二月春寒燈窗書此，羣碧居士。

羣碧樓善本書録卷二

元刻本

東萊先生博議句解十六卷　六册

不著句解人。

元刻本。

有「秀埜艸堂顧氏藏書印」、「休寧黄氏珍藏書帖印記」二印。

春秋師説三卷附録二卷　二册

元趙汸編。

元刊本。

前有汸序。

春秋屬辭十五卷 八册

元趙汸撰。

元刻本。

前有宋濂序，又汸自序。後有「前鄉貢進士池州路儒學學正朱升校正」、「學生倪尚誼校對」、「金居敬覆校」三行。

有「金元功藏書記」一印。

春秋左氏傳補注十卷 二册

元趙汸撰。

元刻本。

前有汸自序。

六書統二十卷 十册

元楊桓撰。

元刻本。

前有至大改元倪堅序，又劉泰序，又桓自序。卷末有「至正三年八月江浙等處儒學提舉余謙補修」一行。

六書統溯原十三卷　六册

元楊桓撰。

元刻本。

六書正譌五卷　五册

元周伯琦編注。

元刊本後有「男宗義同門人謝以信校正」一行。

前有至正辛卯伯琦自序，後有至正壬辰臨川吴當後序。

有「嘉蔭簃」、「劉印喜海」、「燕庭」、「燕庭藏書」諸印。

漢隸分韻七卷　六册

不著撰人。

元刻本。

有「黄丕烈印」、「平江黄氏圖書」二印。

古今韻會舉要三十卷　十六册

元黄公紹編，熊忠舉要。

元刻本。每半葉八行，小字雙行，行二十二字。

前附《禮部韻略七音三十六母通考》。

有劉辰翁序，熊忠自序並凡例，又元統乙亥孛术魯翀序，又至順(己)[辛]未余謙序。熊序後有「後學陳寀刊書」木記一方。

《古今韻會舉要》前得殘本十餘帙，頃來吴中，又購得殘帙數卷，乃得首尾完具。《韻會》爲黄在軒所著，熊子中病其浩瀚，更爲《舉要》，世所傳本極希。序後陳寀記云「昨承先師架閣黄公在軒委刊」云云，是初刻時即《舉要》本，其《古今韻會》之原著，遂終不可復見矣。著作家務爲浩博，書成而不能付刊，寖至湮晦者何限。吾雖病熊氏之獨擅，而《韻會》之名藉以不朽，未可謂非幸也。乙丑二月，正闇。

史記一百三十卷 三十二册

宋裴駰集解，唐司馬貞索隱。

元中統刊本。每半葉十四行，行二十五字，小字雙行同。

前有中統二年董浦序。

宣統己酉之冬，余以述職入都，時正好古書，舉債收之，初無吝色。一日，坊友攜此書來，余審知爲中統真本。坊友不能辨也，索三百金，余立予之。中統真本不多見，世往往用游明本代之，而真者轉晦。此書字體瘦勁，開卷董浦一序，尤有宋槧風格。蓋中統當理宗景定間，蒙古初雕中原典籍，實用宋工，故字體相去不遠，非至元、至正時手民可比，彌可珍也。書中間有補版，亦在明正、嘉前，上下小黑口，全書不過十數葉。前數册稍有磨滅，入後則精采焕著，不讓宋之佳本矣。每葉皆有耳標題，無者極少。宋刻往往有耳，余所藏如京本《五代史詳節》及殘本《大學分門增廣聖賢事實》、《漢唐事實》皆有耳標題篇名，今歸袁寒雲公子許。前年在虞山邑中，藏家持一本來，謂是中統本，頗自矜異。余告以中統有耳，是本則無，客乃恍然，蓋所持即游明本也。讀書之事無窮，小小版本之學亦足耐人尋索。今年夏托厰估趙平甫爲余重装，費紙絹工料錢五十番。近年百物騰漲，書生悦古，亦不易言，如此装訂之費，在蕘圃時可得一宋刊佳書，今乃一書直千數番或數千番。因並記之，以告後之覽者。戊午大雪，正闇居士記。

檢楊勰卿《楹書隅録》，載錢警石《校史記雜識》，中見拜經樓藏中統本，與此本吻合無間。其云「每葉末行外上角標題篇名」，固矣。若所舉《五帝紀》注「益陽縣」譌「益縣」耳，《夏本紀》「出入五言汝聽」奪「聽」字，及《田敬仲世家》角題「後齊世家」，一一相符。至董浦序，此本「中統」上實無「皇元」二字。勰卿以所藏推想吴本亦從段本重雕，而謂曉徵宫詹直以吴本刊於中統爲非，則因未見吴本而懸斷之，不自知其非也。余是書之爲中統真本，閲此更增一確證。皕宋所收殘本，董序已失，唯有耳可證。其云二十二字，則筆誤也。乙丑六月，羣碧。

南史八十卷　二十四册

唐李延壽撰。

元刻本。

前有大德□午蒯東寅序。

唐書二百二十五卷 四十四册

宋歐陽修、宋祁同撰。

元刊明修本。

有「南窗祕藏」一印。

資治通鑑二百九十四卷附通鑑辨誤十二卷 一百册

宋司馬光奉敕編，胡三省音注。

元興元署刻本。

資治通鑑綱目前編十八卷舉要三卷外紀一卷 二十四册

宋金履祥編，《外紀》元陳子桱編。

元刻本。

前有天曆元年許謙序，又進書表，又履祥後序，又至正辛丑周伯琦《外紀》序。

此刻世不多見，邵位西先生批注云「入《舉要》於十八卷中者，皆非原次」，此刻確在十八卷外。又以陳子桱之《外紀》刊於卷首，而下署「書林楊氏歸仁齋刊」云云，疑元時刊本也。元時坊本每稱書林，其刻手亦不似明，在吾齋廿年而不能辨，今將别去，故書數語以諗後之鑒者。戊辰三月，羣碧記。

通志二百卷　一百二十册

宋鄭樵撰。

元刻本。每半葉九行，行二十一字。

前有至治二祀壬戌吴繹序。

又《通志》疏後題「福州路總管可堂吴繹題」，又「至治二年九月印造」一行，下列江浙等處行中書省所委官：將仕佐郎太平路當塗縣主簿袁矩、承務郎福建道宣慰使司都元帥府都事江正、承務郎福建道宣慰使司都元帥府都事紀昱、福州路總管府提調官經歷侯惟清、福州路總管府提調官知事楊也先、福州路總管府所委提調官福州路儒學教授李長翁、福州路所委提調官福州路録事司判官蓋從杞等銜名七行。

又樵自序。

崇禎四年辛未二月廿又八日閱于快書堂。歸翁識。

新刊增入諸儒議論杜氏通典詳節四十二卷　十六册

不著輯人。

元刻本。每半葉十一行，行二十三字，小字雙行同。目録後有「至元丙戌重新繡梓」兩行。

此至元丙戌刻本，完整如新，較杜氏原本節去良多，幾於盡改其舊。所增入者，有宋諸儒之議論耳。書止四十二卷，未標輯者姓氏，殆宋人表章先哲之意，無關宏恉者也。乙丑正月，正闇。

吴越春秋十卷　二册

後漢趙曄撰，元徐天祜音注。

元大德刻本。每半葉九行，行十七字，小字雙行同。前有徐天祜序。卷末有「大德十年歲在丙午三月音注，越六月書成刊板，十二月畢工」兩行。又「前文林郎國子監書庫官徐天祜音注，紹興路儒學學録留堅，紹興路儒學學正陳昺伯，紹興路儒學教授梁相，正議大夫紹興路總管提調學校官劉克昌」五行。

重刊巢氏諸病源候總論五十卷　十四册

隋巢元方等奉勑撰。

元刻本。題「隋大業六年太醫博士巢元方等奉勑撰」。每半葉十三行，行二十三字。有「舊史徐釚」、「松風老人」、「吴江菊莊徐氏珍藏書畫圖記」諸印。

《巢氏諸病源候》流傳極稀，此書完美無闕，元刻之上乘也。前葉不知何人録盧紹弓跋，云曾得竹垞舊藏，兼録竹垞原跋，知此書在當時頗足重矣。書有徐電發藏印，電發與竹垞同舉鴻博，得書者蓋未之審，今盧氏所藏不知存否。朱、徐二公同時並奔，其時去古未遠，蒐討亦尚易也。庚申十月，正闇記。

新編證類圖注本草四十二卷　十六册

題桃谿儒醫劉信甫校正。

元刊本。每半葉十三行，行二十二字，小字雙行同。

有「酌舫生活」一印。

前有木記云：「本艸之書，最爲備急，出不可闕。舊有《神農圖經證類》，板皆漫滅。大則浩博而難閱，小則疏略而不備，圖相雕刻而不真，舛誤者多。今將是書鼎新刊行，方以類聚，物以羣分，附入衍義，草木蟲魚，圖相真楷，藥性畏惡，炮炙制度，標列綱領，瞭然在目，易於檢閱，色色詳具，三復參校，並無毫髮之差。庶使用者無疑，豈曰小補哉。伏幸詳鑒。」

此書合唐慎微《證類》、寇宗奭《衍義》，加以圖相炮製，彙爲一編。前題「桃谿儒醫劉信甫校正」云云，疑即劉所編也。書爲元刊，各家未著録，首尾完整，至可愛玩。壬戌三月，正闇。

呂氏春秋二十六卷 十册

秦呂不韋撰，漢高誘注。

元嘉禾學宫本。每半葉十行，行二十字，小字雙行同。馮孟亭手校。

有「養吾」一印，又「馬印玉堂」、「笏齋」二印。

前有鄭元祐序。目後有鏡湖遺老記：「乾隆辛丑之歲，炎暑熾烈，因讎校是書，以消永晝。高氏訓解簡略，乃重複既多，舛誤不少，欲爲補正，錯舉其端，而施功不易也。區區汲古之意，未知他日克成之否。六月十有三日，孟亭識。」「孟亭浩印」一印。

此嘉禾學宫本，惜印手稍晚，明補葉已多，要不失本來面目也。馮孟亭校筆用心甚勤，初不云據何本。嘉慶後學者校例始嚴，不復入己意矣。卷後馬笏齋印，亦道光時藏書先輩也。戊午二月，正闇學人。

新編事文類聚翰墨全書甲集十二卷乙集九卷丙集五卷丁集五卷戊集五卷己集七卷庚集二十四卷辛集十卷壬集十二卷癸集十一卷後甲集八卷後乙集聖朝混一方輿勝覽三卷後丙集六卷後丁集八卷後戊集九卷 一百册

元劉應李編。

元刻本。每半葉十四行，行二十四字。

有「景濂」一印。

前有洪武九年金華宋濂記一則。

光緒庚辰觀於都門寶森堂，越一歲得之。内有《混一方輿勝覽》三巨卷，可考訂《元史》地理，良可寶貴。君堅。

此書總目分二十五門，考《甲集》爲諸式、活套；《乙集》爲冠禮、婚禮；《丙》、《丁》二集爲慶誕、慶壽；《戊集》爲喪禮；《己集》爲薦悼、祭禮、祈禳；《庚集》爲詔誥、表牋、官職、吏道、仕進；《辛集》爲儒學、科舉；《壬集》爲人倫、人品、人事；《癸集》爲釋教、道教、神祠；《後甲》集爲天文、時令、地理；《後乙集》爲州郡；《後丙集》爲氏族；《後丁集》爲第宅、器物、服飾；《後戊集》爲飲食、花木、禽獸、雜題。實則子目凡三十五，且間有參互，與總目初不相符。每集題下大半有木記一方，敘本門事文編類之大意，書雖蕪而近陋，然廣蒐博采，宋人詩文雜著，藉之以傳，不獨《後乙集方輿勝覽》足資考訂，爲可貴也。壬子八月津門寓齋，羣碧寫記。

新編決科古今源流至論十卷後集十卷續集十卷別集十卷　二十册

宋林駉編，《別集》宋黄履翁編。

元刊本。每半葉十五行，行二十五字。

前集有嘉熙丁酉黄履翁序。

《源流至論》一書，議論精確，毫分縷析，場屋之士得而讀之，如射之中乎正鵠，甚有賴焉。然此書板行於世久矣，先因回禄之餘，遂爲缺典。本堂今求到邑校官孟聲董先生鏞鈔本，欲便刊行，惟恐中間魯魚亥豕者多，更於好事處訪購到原本，端請名儒重加標點，參考無誤。仍分四集，敬壽諸梓，嘉與四方君子共之。幸鑒。□□彊圉協洽之歲仲夏，建陽書林朱士全敬識。木記，在目録後。

此宋人應舉場屋中之夾袋册子也，故曰「決科」。郘亭《經眼録》云有宋刻，楊氏《海源閣目》則云元雕，行款卷數皆復相同。彦合編修録其牌記，與余此藏本亦相符合。惟「彊圉協洽之歲」上空二格，余書則補德祐年號，不知德祐乙亥改元祚只二年，實無丁未。若作理宗之淳祐，可以無憾。惜作僞者未讀《爾雅》，致鄰於妄耳。又楊書「書林」下爲「劉克常」，余書則爲「朱世全」（整理者按：原文如此。上文作「朱士全」)。建陽書林被燹之後,同時翻刻或且不止一家。邵亭但記行款,不言有無牌記,無可取證。余則以爲此書當是宋刻。何以明之?制舉之書,當王者貴,入元以後,無取宋制,坊間投時之器,自有新編,何須故紙,此其一也。「彊圉協洽」假定爲理宗淳祐之七年,後六十年爲元成宗大德之十一年,又後爲順帝至正之末年,元得天下已久,後且瀕亡,豈有刻書遇大宋國朝仍復空格之理。彥合謂爲雖出重雕,猶沿宋槧;余則謂爲書非古籍,何待翻雕,惟其空格謹嚴,益見書非元槧,此其二也。宋刻有耳,此書有之,雖云取便檢尋,實亦沿用慣習,此其三也。此書本非佳刻,無事詳稽,而事實瞭然。晝長無俚,爰爲申莫、正楊之説如此,以破午倦。丙寅三月,羣碧。

頃檢《邵亭知見傳本目》,稱嘉祐丁酉刊本,每半葉十二行,行二十二字。元刻則云延祐丁巳圓沙書院刊行,有木記。此二本皆與吾書不同,總之以「彊圉協洽」考之,其爲淳祐無疑。若目爲元刻,則惟大德略近,而決非至正之末年也。羣碧再記。

增修詩學集成押韻淵海二十卷　二十册

元嚴毅編。

元刻本。每半葉十二行,行大二十一字,小二十七、八、九字不等,前有後至元庚辰張復序。

此書開後來《韻府》諸書之奇觀,惟僅限於平聲,其上、去、入三部略而不收,又不及後人之博洽矣,豈專爲律詩押韻而設者耶。甲子二月,羣碧。

纂圖互注南華真經十卷　六册

晉郭象注。

元刻本。

有「蒙泉精舍」、「吴印以淳」、「雲甫」諸印。

沖虚至德真經八卷　四册

周列禦寇撰，晉張湛注。

元刻本。每半葉十一行，行二十一字，小字雙行同。

有「吴印以淳」、「雲甫」、「佳日堂」諸印。

集千家注分類杜工部詩二十五卷　二十四册

宋徐居仁編，黄鶴補注。

元刻本。每半葉十二行，行二十字，小字雙行，二十六字。

前有碑銘序詞一卷，年譜一卷，目録後有集注姓氏一卷，又前第十六葉魚口下有「至正戊子二月印」七字，後有篆書「積慶堂刊」木記一方。

有「元本」一印，又「毛印文焕」、「毛仲章氏」、「東吴毛氏圖書」諸印，又「周昌齡」一印，又「汪厚齋藏書」、「汪士鐘讀書」兩印，又王懿榮「長壽□宜子孫」一印。

《千家注杜》世傳元本，惟余勤有堂刊於皇慶壬子，其行款與此本同。此則刊於至正戊子，後余刊廿四年，爲積慶堂本，書極完好，中間偶有補葉，亦屬舊鈔，至可珍也。元時刻工以此書版式爲正，其字體雕鐫，樸而不率，猶非明人所能。正闇。

集千家注批點補遺杜工部詩集二十卷 十六册

唐杜甫撰，宋劉會孟評點，黄鶴補注。

元刊本。每半葉十行，行二十三字，小字雙行同。

增廣註釋音辨唐柳先生集四十三卷

唐柳宗元撰。宋童宗説註釋，張敦頤音辨，潘緯音義。

元刊本。每半葉十三行，行三十三字。

伊川擊壤集二十卷 八册

宋邵雍撰。

元刻本。每半葉十行，行二十一字。

前有雍自序，又元祐辛未邢恕序。

《擊壤集》各家著録皆稱元本，蕘圃見殘宋本衹三、四、五、六四卷，而《存寸堂目》稱有宋版十八卷，十行，行二十一字。余此書二十卷，首尾皆完，行款與《存寸目》同。其源自宋刊出，特各家元本不記行款，又不知成化本是否覆宋本也。自序後有邢恕一序，惜缺首二葉，尚待補寫，以成全璧。丙寅八月，羣碧居士。

南豐先生元豐類稿五十卷附録一卷　六册

宋曾鞏撰。

元刊本。每半葉十一行，行二十一字，前三卷以明王忬刻本補。

韋齋集十二卷玉瀾集附　六册

宋朱松撰，《玉瀾》朱槔撰。

元刻本。每半葉十行，行二十字。

前有淳熙七年傅自得序，至元丁丑劉性序，後有淳熙辛丑尤袤跋。《韋齋集》爲晦庵朱子之父喬年先生詩文集也，後附《玉瀾集》則喬年弟逢年所作，版是至元三年劉性所刊。余往見廠肆割去性序，以贋宋刻，此册尚存，可喜也。尤袤跋亦未失，遂初遺集傳世獨尠，此亦吉光片羽矣。癸亥試燈之夕，江寧鄧邦述記。

豫章羅先生文集十七卷　三册

宋羅從彦撰。

元刻本。每半葉十三行，行二十三字，目後有「至正乙巳秋沙陽豫章書院刊」木記一方。

前有至正丁未福建儒學提舉卓説序，又《年譜》爲進士曹道振編次校正。

松雪齋文集十卷　六册

元趙孟頫撰。

元刻本。每半葉十二行，行二十二字。

前有大德戊戌戴表元敘，後有至元後己卯何貞立跋。

《松雪集》今通行康熙城書堂[本]，即據此校正。曹培廉自敘謂其家舊有鈔本，故所刻誌銘諸篇字句，有出此本之外者。知沈伯玉付刻時，曾删削其無關大要處耳。此書完善不多見，足與《天禄琳琅》所收者並重。《書》僞古文爲二百餘年來經學中大公案，松雪當時已直斷爲僞，分今文、古文爲之集注，洵推先覺。其書今未見傳本，手書序例曾見於仁和王氏，前裝文敏冠服真像。玄黓困(頓)[敦]九月借校，因識其端，章鈺。

鷗波人品不足論，而書畫文字照耀一代，固自斐然。此《松雪集》十卷，乃元花谿沈伯玉手寫付刻者，其結體與鷗波正同。有元風尚，如鮮于伯幾、鄧文原、俞紫芝輩，書法皆與文敏相類。學者風行，下至刻書亦各摹其體格，如《樂府詩集》及此書皆精妙。又如《茅山志》則相傳爲張伯雨書，亦皆瓣香文敏者也。宣統元年八月，塞外早寒，丙夜書此，羣碧樓主人記。

《松雪集》明時亦有翻本，刻手甚佳，不僅中郎之於虎賁也，惟中有數字不同耳。此獨山莫楚生丈爲吾言之。但余於書刻，覺古今時代相懸，譬之丹青碑版，摹本非不形似，而氣體自不相侔，字裹行間，天然流露，非明眼人不能辨也。前年攜歸吴門，墮水中，重付裝池，焕然若新矣。癸亥小除，北窗陰雪，正闇。

馬石田文集十五卷　四册

元馬祖常撰。

元刊本。每半葉十行，行二十一字。

前有至元己卯王守誠、蘇天爵二序，又陳旅序。

後有牒揚州路總管府文一通，署江北淮東道肅政廉訪官職姓名七行。書吏秃林台李信。

《馬石田集》在元刻中致爲妍雅，字體真、行間見。觀卷末刊書一牒，乃刊於淮東路學中者。又云「依前例移文江淮拘該學校錢糧内刊行傳布」，是凡文學之士，但能著述斐然，皆可上之朝廷，取旨刊布，比於官書，亦爲著書而不能刊者開一先例。至牒中所援兩例，一王結、一元明善，两集世均罕見。葉吏部《書林清話》所舉更多，亦無此二集。然則傳與不傳，猶視其人，不必譏爲濫也。乙丑二月，正闇。

道園學古録五十卷　二十四册

元虞集撰。

元刻本。每半葉十三行，行二十三字。

有「王昶之印」、「述盦」、「鴻臚寺卿」三印，又「拜經樓吴氏藏書」一印。

雍虞公爲有元一代宗匠，述作斐然。此刻確爲元刻，首尾完好如新，非明時翻本可擬。亡友保山吴佩伯慈培自辛亥迄甲寅五年中，酷耆古書，尤工影寫。余時避地津門，往還鑒定，幾無虚日。一日，滬估寄此書一二葉來，且言曰「是書世人多以明刻爲元刻，魚目混珠，不可不辨」。佩伯亟趨余所，展此書對看，謂余曰：「是真元刻，而印手過於滬所寄者，可寶也。」記此以志當時考訂之樂。佩伯後於乙卯冬以瘵疾卒，年甫三十。觀摩之益，至今思之泫然。戊午二月，正闇。

按目一至二十爲《在朝稿》，二十一至二十六爲《應制録》，二十七至四十四爲《歸田稿》，四十五至五十爲《方外稿》。全集如初印者，古意濃郁中有時妝麗都之態。宋元故籍經數百年，逾舊逾新，真瓌奇之寶也。庚申十月，正闇又記。

唐音十卷 十二册

元楊士弘編。

元刻本。半葉十行，行十八字。

前有虞集序，又《唐音》名氏及士弘自序。

有「廬江王文房記」一印。

《唐音》舊題十四卷，孫伯淵記元刻甚詳，此則又一本也。《始音》一卷，《正音》六卷皆同，獨《遺響》只三卷，比之孫記七卷少四卷，故爲十卷本耳。《遺響》分盛、中、晚，第三卷録及僧釋、女子、無名氏等詩，篇幅具完，不得謂佚四卷也。至伯謙自序則云凡十五卷，更不得其説。此書無輯注，而「尚白齋」、「鑑池春艸」兩木記尚存，確與孫本爲二元刻。位西先生亦見所謂十卷本，且有一五卷本。古人刻書，往往前後不同如此。正闇居士。

風雅翼十四卷　十册

元劉履編。

元刻本。每半葉十行，行二十字。

前有至正二十三年戴良序，又至正二十一年謝肅補注序，又至正乙巳夏時補注序。

此爲吴兔牀藏書，書面有「拜經樓」三篆字木記，至精，每册有之。後人宜護惜之，不可毁也。書凡十四卷，一至八爲《選詩補注》，又《續編》四卷，又《補遺》二卷，總名之爲《風雅翼》，讀金華戴氏序自明。邵亭目别注《續編》一卷，不知何指，或未據全書一勘耳。正闇。

羣碧樓善本書録卷三

明刻本

春秋經傳集解三十卷　十六册

晉杜預解，唐陸德明音義。

明仿宋本。

有「竹坨」、「朱印彝尊」二印。

前有《春秋名號歸一圖》二卷，又《諸侯興廢》、《春秋始終》、《春秋傳授次序》三篇。

壬寅六月，趙平甫持來一本，每卷後有「淳熙三年中夏初吉鄭莊兹刊」楷書木戳一，係王文敏公家藏本也。細校一過，與此本毫釐不爽。其字畫中有斷缺者，亦皆吻合，洵爲一板所印無疑。鐵雲記。「鐵雲所藏」。

《春秋經傳集解》余前藏一阮仲猷本，有木記爲信。此書似是明翻，而劉鐵雲則云所見王文敏家本，每卷後木記又爲鄭莊玆刊，與此毫髮無異，是此非翻阮，乃翻鄭矣。文敏之書不知流入何手，惜不得見。至半葉十行十八字，則與阮本相同。由此觀之，宋巾箱淳熙刻已有二本，且均在三年丙申，何以世只知有阮本，而鄭本又湮没而不彰耶？此書古致盎然，不減宋雕，自是翻刻中之佳者。惜卷中末葉及首葉間有闕失，皆用《句解詳節》本補之，尚不若補鈔之完善耳。乙丑三月，羣碧。

四書大全十八卷　八册

明胡廣等奉勅纂。

明刻本。

前有永樂十三年御製序，又胡廣等進書表，又宣德丁未楊榮書後。

一卷《大學》、二卷《大學或問》、三至九卷《論語》、十至十六《孟子》、十七《中庸》、十八《中庸或問》。

爾雅二卷　二册

晉郭璞注，宋邢昺疏。

明刻本。

有郭序、邢序。每卷附「音釋」。

洪武正韻十六卷 五册

明樂韶鳳等奉勅編。

明大黑口本。

前有洪武八年宋濂序。

元經薛氏傳十卷 六册

隋王通撰經，唐薛收撰傳。

明刻單行本。

前有收序。

司馬温公經進稽古録二十卷 二册

宋司馬光撰。

明黑口本。

前有弘治辛酉黃珣序，又楊璋序，又司馬光進書表。

續資治通鑑節要廿六卷 二十四册

不著撰人。

明刻本。

有「謙牧堂藏書記」、「謙牧堂書畫記」二印，又「錢印謙益」、「牧翁蒙叟」二印。

路史前紀九卷後紀十三卷國紀六卷國名紀信一卷國姓一卷大衍一卷發揮六卷餘論十卷　十六册

宋羅泌撰。

明刊本。

前有乾道庚寅泌自序，又丙申費煇序。

戰國策十卷　十六册

元吴師道校注。

明刻本。

前有劉向校録，曾鞏序，紹興丁卯鮑彪序，泰定乙丑吴師道校注序，王覺序，至正十五年陳祖仁序，李文叔書後，紹興丙寅姚宏序，姚寬序。

戰國策譚棷十卷　八册

明張文爟輯。

明刻本。

陸宣公奏議二十二卷　四册

唐陸贄撰。

明刻本。

前有萬曆辛巳葉逢春序，又天順丁丑項忠序，又弘治壬戌錢福序。

盡言集十三卷　八册

宋劉安世撰。

明刻本。

前有紹興丙辰王絢序，淳熙戊戌梁安世序，又紹興丙子張九成序。

宋丞相李忠定公奏議六十九卷附録九卷　十六册

宋李綱撰。

明邵武縣知縣泰和蕭泮刻本。

前有陳俊卿及朱子序。

春秋列傳五卷　四册

明劉節編。

明刻本。

前有丘九仞序。

兩晉南北奇談六卷　六册

明王涣纂。

明刊本。

前有辛未年涣自序。

有「南昌彭氏」、「知聖道齋藏書」、「遇讀者善」三印。

朱子謂《南北史》除卻《通鑑》所採，衹是一部小説。此正朱子所謂小説耳，且裁截無法，不足貴也。洪容齋有《晉書精語》、《南北史精語》，不知與此體例奚似。聞武林尚有其本，已上之四庫館，還朝當借録之。芸楣。辛丑二月六日，吴淞舟次。

此書《四庫》著録在《存目》，彭文勤雖云裁截無法，然後人《識小録》之作，不過玩其詞藻，擷其芳華，猶未能取其實也。蓋兩晉、南北之史，多逞妍鬭縟之文，度容齋《精語》、《四庫》並入《存目》，亦《識小》之類耳。墨池自標「奇談」，殆鈔史之奇者，以資談助，不得以著述目之。刻本既舊，復尠流傳，亦海内罕窺之祕册也。甲子正月，羣碧讀記。

大明一統志九十卷　三十六册

明李賢等奉勅修。

明刻本。

前有御製序，又天順五年賢等進書表，有「天放樓」一印。

西瀆大河志六卷　四册

明張光孝撰。

明刻本。

前有萬曆庚戌劉士忠序。

邊略五卷　二册

明高拱撰。

明刻本。

前有萬曆癸酉拱自序。

是書一卷爲《防邊紀事録》、《防邊諸疏書》；二爲《伏戎紀事》，紀俺答封貢事；三爲《撻虜紀事》，紀李成梁敵清兵事；四爲《靖夷紀事》，紀處貴州土官安國亨等起兵讎殺事；五爲《綏廣紀事》，則因廣東久遭寇亂，整飭吏治，亦録疏書爲多，蓋皆新鄭爲首揆時所贊畫措施者。序頗自負。然其時國勢尚隆，邊患亦未甚急，故能自抒偉略，後則國日益衰，變日益多，人才亦日益頹弱，不可同年而語矣。甲子四月，羣碧。

史通二十卷　四册

唐鳳閣舍人劉子玄撰。

明萬曆張之象翻宋刊本。

前有子玄序録，後有陸深蜀本敘，又程一枝書札一通。

此萬曆張鼎思據宋本翻雕者也。全書有刻工姓名、字數。抱經言其無大乖舛，勝於郭孔延本，足知宋本之可貴。卷尾附刻程氏札一通，内詆淩稚隆《史漢評林》盜人著作之非，亦明人一故實。此書余有義門、千里兩校本，他日彙校於此，此刻轉不足異矣。丙寅三月，羣碧。

孔子家語十卷　八册

魏王肅注。

明陸治刻本。

前有王鏊序、陸治序，後有隆慶壬申徐祚錫序。

有王肅序、漢序孔安國傳略、古文辯義、總目考證、凡例、附録。

孔子家語十卷　二册

無注。

明刻本。

前有漢序孔安國傳略、魏王肅注序。

孔叢子三卷 一册

漢孔鮒撰。

明刻本。

賈太傅新書十卷 二册

漢賈誼撰，明何孟春訂注。

明正德刻本。

前有正德庚辰張志淳序，又孟春自序，後有正德己卯周廷用序。

明時舊裝，書籤全。

新纂門目五臣音注揚子法言十卷 八册

唐李軌、柳宗元、宋宋咸、吴祕、司馬光注。

明刊本。

前有景祐三年宋咸序，又四年咸進表，又元豐四年司馬光序。

孔子集語二卷 二册

宋薛據撰。

明范欽刻本。

前有淳祐丙午據自序。

韓非子二十卷　十六册

周韓非撰。

明趙用賢刊本。

新刊銅人鍼灸經七卷　一册

不著撰人。

明刻本。署山西平陽府刊。

新編西方子明堂灸經八卷　一册

不著撰人。

明山西平陽府刊本。

診家樞要一卷　一册

元滑壽撰。

明天順刻本。

前有天順癸未陳贇序，又壽自序。

有「明善堂珍藏書畫印記」一印，又「安樂堂藏書記」一印，又「宗室盛昱之印」、「宗室文慤公家世藏」、「聖清宗室盛昱伯羲之印」三印。

重訂丹溪先生心法二卷 六册

元朱震亨撰，明程充訂。

明成化刻本。

前有成化辛丑程充序。後有弘治癸丑程曾序。

有「明善堂覽書畫印記」，又「安樂堂藏書記」二印。

衛生易簡方十一卷 六册

明胡濙編。

明宣德刻本。

前有宣德丁未楊士奇序，又濙進書表。後有濙自跋，又夏原吉跋。

有「閬川潘氏小逍遥樓藏書」一印，又「檇李項藥師藏」一印，又「徐印大椿」、「靈胎」二印。

醫林類證集要十卷 二十册

明王璽輯。

明活字本。

前有成化壬寅璽序。

圖繪寶鑑六卷　四册

元夏文彦撰。

明刊本。

前有楊維楨序。

秦漢印統八卷　二十四册

明羅王常編。

明長洲龔善長刻本。

前有萬曆戊申臧懋循序，又乙亥王穉登序，又隆慶辛未黄姬水序。

顔氏家訓二卷　二册

北齊顔之推撰。

明刻本。

前有萬曆甲戌張一桂序，又萬曆乙亥復聖六十四代孫嗣慎跋。

困學紀聞二十卷　四册

宋王應麟撰。

明刻本。

前有萬曆癸卯吴獻合序，又至治二年牟應龍序。

風俗通義十卷 二册

漢應劭撰。

明翻大德刻本。

前有劭自序。

有大德丁未李果序，又嘉定三年丁黼跋。

此乃明翻大德本，其行款與大德本同，而字體方整，又似翻宋。《丁目》列元、明兩本，其不同處只首篇前題，一云「新校正」，一云「新刊校正」。其於明本，又云當用宋本重雕者。余謂明人刻書，例不謹嚴。如此書翻宋而刻元人之序，不免自相矛盾。翻元又增一「刊」字，使其顯有異同，仍是自行己意。觀其刻手，與冷宗元《白虎通》極相類，恐二書皆同時刊行。《白虎通》亦十行十六字。後人因此書與元本行款適合，往往撤去明刻序以贋元刻，轉致埋没姓名耳。乙丑春日，正闇檢記。

山堂先生羣書考索前集六十六卷後集六十五卷續集五十六卷别集二十五卷 四十册

宋章俊卿撰。

明正德慎獨齋刊本。

前有正德戊辰鄭京序。

秇林伐山二十卷　四册

明楊慎撰。

明刻本。

前有萬曆乙亥鍾崇文序。

南村輟耕録三十卷　八册

元陶宗儀撰。

明玉蘭堂刻本。

前有至正丙午孫作序，又《南村先生傳》，又邵亨貞《募刻書疏》。

此書皆以玉蘭草堂刻本爲佳，獨周星詒云「雪蘭堂本最好」，豈「雪」、「玉」一聲之訛耶？又云元本有「目記」五百八十四字。九成已入明，洪武間曾見徵辟，所謂元刻，即至正丙午刊行，去元亡祇一年。「目記」之五百餘字，疑有觸新朝忌諱者，故見删耳。又抱經云舊刻難得，今所行多脱去數葉，書賈因去其目。此書總目完好，不知抱經所見是何本也。乙丑正月，述記。

余前在京師，於沅叔處見有過校元本，曾假録於《津逮》本中。惜只校七卷，因事閣置，怱怱爲沅叔索歸，致爲可惜。今撿與此校，則可以是正此刻者正多。此書惟每條不標題，及遇元室提行空格，尚是舊觀耳。丁卯元夕，正闇再記。

法苑珠林一百二十卷 二十四册

唐沙門釋道世玄惲撰。

明刻本。

前有李儼序。

周易參同契發揮三卷釋疑一卷 三册

宋俞琰撰。

明黑口本。

前有至大庚戌張與材序，又杜道堅序，又至元甲申琰自序，又阮登炳序。有「古潭州袁卧雪廬收藏」印。

此書似是元刊，周星詒云至正間張與材有刻本，即明刻所祖，且舉張、阮、杜三序，不得不目爲明刻。實則阮、杜皆同時人，非入明以後人所序也。俞自序有「林屋山人參同契自序，申欽書」一行，阮序有「宋狀元阮菊存序」一行，首葉有「嚴陵鄭本立助刊」一行，皆在魚尾下，居中楷書，字體版式，亦均雅好。惜申欽、鄭本立名氏翳微，未能證其爲何時人耳。道書自《老子》、《南華》、《沖虛》諸子外，以此爲最古。儒宗研誦，不以爲異端玄奥而少輕之，吾固當奉爲攝生不老之祕册也。辛酉九月，羣碧道人。

子彙 二十冊

《鬻子》一卷，《晏子春秋》二卷，《孔叢子》三卷，《陸子》一卷陸賈，《賈子新書》二卷，《小荀子》一卷荀悦，《鹿門子》一卷皮日休，以上儒家；

《文子》二卷辛鈃，《關尹子》一卷，《亢倉子》一卷，《鶡冠子》一卷，《黄石公素書》一卷，《天隱子》一卷，《玄真子》一卷張志和，《无能子》三卷，《齊丘子》一卷譚峭，以上道家；

《慎子》一卷，法家；

《鬼谷子》一卷，縱横家；

《鄧析子》一卷，《尹文子》一卷，《公孫龍子》一卷，以上名家；

《墨子》一卷，墨家；

《子華子》二卷程本，《劉子》二卷劉晝，以上雜家。

明刻本。

蔡中郎文集十卷 四冊

漢蔡邕撰。

明刻本。

前有天聖癸亥歐静序，又萬曆元年王乾章序，後有萬曆二年徐子器跋。

《中郎集》，華氏活字本外，以此本爲最佳，蓋從宋本出也。書中墨筆點勘，爲孝劼太守寶康，乃伯羲祭酒之婿，雅好書史，奄有冰清玉潤之譽。身後遺書，余得四五種，亦篤生舊識也。甲子二月，正闇。

陶淵明集十卷附録一卷　四册

晉陶潛撰。

明刻本。

前有梁昭明太子序，又《陶淵明傳》。

沈雲卿集二卷　一册

唐沈佺期撰。

明刊本。

宋之問集二卷　一册

唐宋之問撰。

明刊本。

盧照鄰集二卷　一册

唐盧照鄰撰。

明刊本。

駱賓王集二卷　一册

唐駱賓王撰。

明刊本。

唐丞相曲江張先生文集二十卷　四册

唐張九齡撰

明正嘉間本。

前有成化癸巳丘濬序。

據《邵目》云，丘濬成化刊本題「張子壽集」，此本則否。又他刻皆作十二卷，且有附《千秋金鑑録》者，非丘氏所許。此本確從丘本翻雕，其版式字體，不似成化時録，吾姑庋之百靖齋中，以俟他日之證明可耳。丙寅六月，正闇讀記。

集千家注杜工部文集二十卷　六册

宋蔡夢弼輯注。

明刻本。

高常侍集二卷　一册

唐高適撰。

明王應皋刻本。

顔魯公文集十四卷補遺一卷附録一卷 四册

唐顔真卿撰。

明刻本。

前有萬曆己丑趙焞重刻序，又嘉靖癸未楊一清序，又劉敞舊序。後有萬曆己丑羅樹聲序，又嘉靖癸未都穆跋。

蔡忠惠公文集三十六卷 十六册

宋蔡襄撰。

明刻本。

趙清獻公文集十卷 二册

宋趙抃撰。

明正統刻本。

前有成化辛卯閻鐸序，至治首元蒙古晉人僧家奴鈞元卿序，景定元年陳仁玉序。後有正統辛酉魏驥跋。

成化本《趙清獻文集》兩册，明時原裝，書籤亦原黏册上不損。開函相對，古香盎然，即書衣片紙，亦三百年物。余乃濡墨書之，不自知其暴殄也。陸氏《書目記》曾著録，書不多見，而原裝未改者尤少。後有覽者，勿徒矜爲黑口善本，遽加裝池，使人有焚琴之感也。癸亥冬，正闇。

宛陵先生文集六十卷附録三卷　二十四册

宋梅聖俞撰。

明刻本。

前有萬曆六年歐陽修序，又書後，又紹興十年汪伯彦序，正統己未楊士奇重刻序，又吴肅公序，又宋儀望序。

安陽集五十卷附忠獻韓魏王家傳十卷别録三卷遺事一卷　十六册

宋韓琦撰。

明正德刊本。

前有正德甲戌曾大有序。

此張士隆刻本，附《家傳》、《别録》、《遺事》，可稱完備。刻楮精美，真初印本，新若手未觸者。舊書無蠹損水漬、圈點塗乙，實所罕覯。余於壬戌秋冬之間，還居京師半年，見此書愛不忍釋，雖貧不能自存，猶亟抱之而歸。貪根未淨，即遇如來棒喝，亦難猛醒，如是如是。羣碧居士。

歐陽文忠公文集一百五十三卷附録五卷　二十五册

宋歐陽修撰。

明天順刻本。

集内分《居士集》五十卷、《外集》二十五卷、《易童子問》三卷、《外制集》三卷、《内制集》八卷、《表奏書啟四六集》七卷、《奏議集》十八卷、《雜著述》十九卷、《集古録跋尾》十卷、《書簡》十卷。附録五卷。

前有年譜、蘇軾《居士集序》，後有周必大跋，又編定校正銜名一行。

臨川王先生荆公文集一百卷　十六册

宋王安石撰。

明刻本。

前有吳澄序。

有「沈慈印信」一印。

蘇文忠公集一百十二卷　二十八册

宋蘇軾撰。

明黑口本。

前有孝宗御製《文集贊賜蘇嶠》一篇，又贈太師誥詞，又《宋史》本傳，又墓誌銘，又年譜。

此明刻不知在何時，要在嘉靖以前之雕本也，無總目。其編次則一二爲古賦，三至十七爲古詩，十八至二十七爲律詩，二十八、二十九爲歌辭，三十爲詩六言、四言，三十一爲和陶詩，三十二爲程試論，三十三爲應制科論，三十四爲經史論，三十五、三十六爲人物論，三十七爲雜論，三十八爲史論，三十九爲策，四十爲策問，四十一、四十二爲策略、策别，四十三爲策斷，四十四爲經説，四十五至五十一爲書，五十二爲擬作，五十三至六十五爲書簡，六十六、六十七爲啟，六十八爲傳，六十九至七十二爲記，七十三、七十四爲碑，七十五、七十六爲序，七十七、七十八爲表、狀，七十九至九十一爲奏議，九十二至九十四爲制誥，九十五爲内制貼子、詞語，九十六至九十八爲内制口宣，九十九爲内制批答，一百、一百一爲内制詔敕，一百二爲青詞，一百三爲辭，一百四爲行狀，一百五爲銘，一百六、一百七爲贊，一百八爲頌，一百九、一百十爲墓誌，一百十一爲祝文，一百十二爲祭文。其分體獨詳瑣，凡有闕葉則印一有行無字者補之，亦可謂詳且慎矣。後沅叔在京師亦得一本，亦未知爲何人刻也。丙寅三月，正闇檢記。

百家註分類東坡先生詩集三十二卷　十二册

宋王十朋輯注。

明刻本。

前有十朋序。

山谷老人刀筆二十卷 十册

宋黄庭堅撰。

明黑口本。

前有《山谷老人傳》一篇。

有「查映山太史藏書印」。

淮海集四十卷 六册

宋秦觀撰。

明正德刻本。

參寥子詩集十二卷 二册

宋釋道潛撰。

明刻本。

前有陳無己序，又崇禎壬午陳朝輔序，又崇禎丙子吴之屏序，又崇禎乙亥汪汝謙序。

有「赤堇山人」一印。

濟北晁先生雞肋集七十卷 十二册

宋晁補之撰。

明詩瘦閣刊本。

前有元祐九年補之自序，後有紹興丁巳弟謙之序。

有「徐印時棟」、「水北閣」二印。

龜山先生集十六卷　八册

宋楊時撰。

明弘治刻本。

前有咸淳己巳丁應奎序，又弘治辛丑程敏政序，後有弘治戊戌李熙序。

屏山集二十卷　八册

宋劉子翬撰。

明正德刊本。上下大黑口。

前有慶元己未門人朱熹序，又乾道癸巳朱熹跋。有「天禄繼鑑」、「乾隆御覽之寶」、「五福五代堂寶」、「八徵耄念之寶」、「太上皇帝之寶」、「天禄琳琅」諸印。

和靜先生文集四卷　六册

宋尹焞撰。

明黑口本。

有「一六淵海」、「古閩拙軒藏書印」，又「晉安蔣絢臣家藏書」、又「温陵黄氏藏書」諸印。

羅鄂州小集六卷附録一卷 四册

宋羅願撰。

明正德刻本。

前有洪武二年宋濂序，又乙巳趙壎序，又李宗頤序，又洪武二年蘇伯衡序，又林公慶序，又洪武己酉馬城序，又鄭玉序。後有甲午趙汸序，又洪武二年王褘序。

附録有弟頌《鄂州文集》。

梅溪王先生廷試策一卷奏議三卷後集二十九卷 六册

宋王十朋撰。

明正統刻本。

前有天順六年周琰序，又正統五年黄淮序。

有「雲間陸耳山珍藏書籍」一印。

象山先生文集二十八卷外集四卷語録四卷 十六册

宋陸九淵撰。

明黑口本。

前有開禧元年楊簡敬序，又嘉定庚辰吴杰序。

水心先生文集二十九卷　十二册

宋葉適撰。

明黑口本。

前有趙汝讜序，又景泰二年王直序，又正統戊辰黎諒刊書序。有「季印振宜」、「滄（筆）［葦］」、「御史振宜之印」三印。

江湖長翁集四十卷　二十册

宋陳造撰。

明刻本。

前有萬曆戊午李之藻序。

南軒先生文集四十四卷　八册

宋張栻撰。

明小黑口本。

前有淳熙甲辰朱子序。

龍川先生文集三十卷 十二册

宋陳亮撰。

明黑口本。

前有嘉泰甲子葉適序。

《龍川集》當是成弘間刻，世所謂黑口本也。刻書序跋不全，標題後校刊姓氏兩行已被剷去，第二卷以下皆增印「九世甥朱潤刊行」一行，殊非本來面目。疑朱氏得此版後，改題以邀名者耳。印手稍漫漶，然不失爲罕見之珍也。壬戌元月，正闇。

滄浪詩集四卷滄浪詩話一卷 四册

宋嚴羽撰。

明刻本。

前有徐㶿序，《詩話》有咸淳四年黄公紹序。

文山先生别集六卷附録三卷 四册

宋文天祥撰。

明黑口本。

前有景泰乙亥李奎序。

有「西溪九沙居士」、「萬經印信」二印。

此《别集》第一卷爲《指南録》，二卷爲《指南後録》，凡三卷。三卷爲《吟嘯集》，四、五卷爲《集杜詩》，六卷爲《紀年録》，皆文山遭國難時所作。嗚呼，宋亡於厓山，尚有文山苦節殉國，身囚六年，卒遂死志。文山真不負科第者矣。世有身掇大魁，而讒切本朝，甘爲戎首者，見文山於九泉，能不戰慄愧汗也耶？書爲萬九沙所藏，尤足珍異。甲子春日，百靖齋書。

海瓊玉蟾先生文集六卷續集二卷　八册

宋葛長庚撰。

明刻本。

前有正統壬戌臞仙序，又端平丙申潘枋敘，又嘉熙改元彭耜書《白玉蟾事實》一篇。

雲峰胡先生文集十卷　四册

元胡炳文撰。

明正德刻本。

前有正德丁卯三山林瀚序，又弘治戊申莆田陳音序，又海陵儲巏序，又弘治己酉汪舜民序。後有正德丁卯博羅何歆序，又正德戊辰孫濬序，又九世孫璉序。

有「天都陳氏承雅堂圖書」、「陳氏家藏」、「書崖珍祕」諸印。

圭齋集十六卷　五册

元歐陽玄撰。

明黑口本。

前有金華宋濂序，又至元六年揭傒斯序，後有成化庚寅彭時序，又成化辛卯劉釪題後。揭、彭、劉三序皆鈔。

每卷前題下皆有「宗孫銘鏞編集，安成後學劉釪校正」兩行。

成化劉釪刊《圭齋集》十六卷，亦藝風物，印稍漫漶，而元人別集流傳極少，明刻本尤難見，故不因其印稍後而棄之也。余所收古籍以史部、集部爲多，近年老而益貧，所欲步五松園之後，寫定《祠堂書目》，以爲後人世守，不能復與世人爭千元、皕宋之奢望矣。壬戌試燈之夕，假歸吴門，正闇。

高皇帝御製文集二十卷

明太祖御撰。

明刻本。

大題下署「巡按直隸監察御史臣謝正蒙、整飭揚州兵備副使臣熊尚文同訂」。後有劉基、郭傳、宋濂三序。

宋學士文集七十五卷　十二册

明宋濂撰。

明刻本。

此本分八集，一爲《翰苑前集》十卷，次爲《鑾坡集》十卷，次爲《翰苑續集》十卷，次爲《翰苑别集》十卷，次爲《芝園集》十卷，次爲《芝園後集》十卷，次爲《芝園續集》十卷，次爲《朝京稿》五卷。

前有洪武庚戌楊維楨序，又揭汯序，又貝瓊序，後有嘉靖乙丑劉祐重修跋。

太師誠意伯劉文成公集十八卷春秋明經二卷　十册

明劉基撰。

明刻本。

前有隆慶壬申謝廷傑序，又洪武庚申葉蓄《寫情集序》，又洪武十九年徐一夔《郁離子序》，又吴從善《郁離子序》，又永樂甲申王景《翊運録序》，又宣德五年羅汝敬《覆瓿集序》，又宣德五年李時勉《犂眉公集序》，又成化六年楊守陳重鋟序，又正德己卯林富序，又嘉靖戊子葉式序，又嘉靖丙辰李本序，又樊獻科刻書引，又隆慶六年何鏜重刻序，後有隆慶六年陳烈後序。

王忠文公文集二十四卷附繼志齋文稿二卷王曠齋詩稿一卷　十册

明王禕撰，《繼志齋稿》禕子紳撰，《曠齋詩稿》紳子稌撰。

明刻本。

前有嘉靖十八年李默《祠墓記》，又楊士奇序，又胡翰序，又胡行簡序，又宋濂序，又吴寬祠記，又萬曆甲辰張維樞重刻序，又《忠文公傳》。

蘇平仲文集十六卷 八册

明蘇伯衡撰。

明黑口本。

前有洪武四年劉基序，又洪武十三年宋濂序，又正統壬戌八月處州府推官章貢黎諒重梓序。每卷下題「章貢黎諒校正重刊」，目録下題「迪功郎蒙陰縣主簿永嘉林與直編集」。劉序後有「浙江按察司副使劉發紹興府學公貯備覽，計四册，正德戊寅季夏二日」兩行，上鈐「提督浙江等處學校」關防。

此集爲正統七年黎諒刊本，而正德十三年劉副使發貯紹興府學者也。中更六七十年，故印本漫漶處甚多。明刻除此本外僅正德本，亦不多見，不得不以此爲第一覆本。「提督學校」一印，不知屬之何人。劉副使固無公私章記，此印標爲「浙江等處學校」，又絶非府學所鈐。明制，行人司多儲官書，間有流傳於世者。若以按察副使發儲學官，則此書爲僅見，不獨書刻罕覯，即藏書之掌故亦爲特出，故詳記之，以待考訂明制者。丙寅五月，正闇檢記。

頃閲《世美堂未刻稿》，前有沔陽陳文燭序，銜稱「前奉勅督理盧鳳淮陽糧儲四川按察司提學副使」云云，然則按察副使固常爲提學官也。按《明史·職官志》「按察使司」條下，稱副使、僉事分道巡察，其兵備、提學、撫民、巡海、清軍、驛傳、水利、屯田、招練、監軍，各專事置併。又「儒學」條下，正統元年始設提督學校官，是劉副使確爲提學專官。而關防所稱「提督學校」，乃沿正統舊制，固無疑義矣。七月晦日，正闇學人。

東里文集二十五卷　四册

明楊士奇撰。

明正德刻本。

瓊臺詩文會稿二十四卷　二十册

明丘濬撰。

明刻本。

前有正德辛未費宏序，後有吕柟序，又朱應登續集序。

篁墩程先生文集九十二卷拾遺一卷雜著十卷别集二卷　二十四册

明程敏政撰。

明刻本。

前有正德丁卯李東陽序，後有正德丁卯李汎序，又何歆序。

有「孔繼涵」、「葒谷」二印。

荊川先生文集十七卷　八册

明唐順之撰。

明刻本。

前有嘉靖己酉王慎中序，序後有「萬曆元年孟春吉旦重刊於純白齋」一行。

夏文愍公全集五十卷　三十二册

明夏言撰。

明刻本。

首載隆慶四年賜諡卹制，次《恩綸録》，次《桂洲先生年譜》，次萬曆乙亥楊時喬序。

滄溟先生集三十卷附録一卷　十六册

明李攀龍撰。

明刻本。

前有隆慶壬申張佳胤序。

有「蒼巖山人書屋記」、「蕉林藏書」二印。

弇州山人四部稿一百七十四卷續稿二百七卷　八十册

明王世貞撰。

明刻本。

前有萬曆五年汪道昆序，《續稿》有王錫爵序，又劉鳳序，又李維楨全集序。

張太岳集四十七卷　十二册

明張居正撰。

明刻本。

前有萬曆壬子沈鯉序，又吕坤書後。後有馬啟圖跋，又高以儉跋。

甔甀洞稿五十四卷　十六册

明吴有倫撰。

明刻本。

前有萬曆甲申許國序，又王世貞序，又萬曆癸未張鳴鳳序，又隆慶壬申胡心得序，又萬曆紀元孫應鼇序。

歸先生文集三十二卷　八册

明歸有光撰。

明刻本。

前有萬曆三年周詩序。

四溟山人詩集二十卷詩家直説四卷 十册

明謝榛撰。

明趙府冰玉堂刻本。

前有嘉靖丁未太祖八世孫趙王枕易道人序，萬曆丙申趙王恒易道人序，又嘉靖庚戌蘇祐序，又萬曆二十三年張泰徵跋，又邢雲路序，後有蘇潢跋。

容臺集九卷 一册

明董其昌撰。

明刻本。

前有崇禎庚午陳繼儒序。

驪山集十四卷 十六册

明趙統撰。

明刻本。

前有萬曆癸卯楊光訓序，又吴中明序，又宗正勤荑序。

嘉樹齋稿七卷　五册

明吴繼茂撰。

明刻本。

前有李維楨序，又萬曆辛丑朱國禎序，又喻均序，又詹景鳳序，後有壬寅弟繼裘跋。

潁江漫稿十四卷　三册

明符錫撰。

明刻本。

有「金星軺藏書印」一印。

宋文鑑一百五十卷　五十六册

宋吕祖謙奉勑編。

明刻本。題「朝奉郎行祕書省著作佐郎兼國史院編修官兼權禮部郎官臣吕祖謙奉聖旨詮次」。前有周必大奉聖旨撰序，天順甲申商輅重刊序，弘治甲子胡拱辰序，嘉靖丙戌王文補刻序，弘治甲子胡韶後序。

《文鑑》一書當以此刻爲古，蓋此據宋刻上板，世鮮宋板而得窺宋之面目，不得不謂之古矣。周益公《淳熙玉堂雜記》云，淳熙丁酉十一月壬寅，内直奏事畢，問「陛下命臨安府開雕《文海》，有諸」，上曰

「然」。因奏「《文選》後有《文粹》，已遠不及。《文海》乃近時江鈿編類，殊無倫理，坊間刊行可也。今降旨校刻事重，恐難傳後，莫若委館閣官銓擇本朝文章，爲一代之書」。其後遂付之吕伯恭，書成，乞賜名《皇朝文鑑》。又令必大作序進呈。將刊版，會近臣密啟所載臣僚章疏毁及祖宗政事，遂不果刻云云。是當日書成未雕。商弘載序稱當時臨安書坊有刊版，意且在後。此刻明言翻本，款識仍舊，故仍沿《皇朝文鑑》之名，後乃鏟去，或改題《宋朝文鑑》。其鏟而未盡者，猶比比也。因疑此刻每半葉十三行，行廿一字，亦是宋舊。當日坊版刊行，或不僅罟里瞿氏所收之十行十九字本耳。甲子十月，正闇。

古賦辨體十卷 四册

宋祝堯編。

明刻本。

前有成化丙戌錢溥序，後有□□甲戌康河跋。

有「青浦王昶字曰德甫」、「一字述菴别號蘭泉」二印。

皇朝文衡一百卷 二十二册

明程敏政編。

明正德刊本。

前有敏政自序，目録後有正德庚午程曾跋，附尚義助刻姓氏半葉，後有正德庚午張鵬序。

自《蕭選》著稱後世，於是一代有一代之選，由唐迄元，蔚爲鉅觀。《明文衡》爲篁墩手編，足以上繼前軌，雖正、嘉以後遺文尚多，然宋之《文鑑》、元之《文類》選輯亦非異代，初不害也。此刻殊不多覯，程目止九十八卷。兹刻百卷，其二卷刻時所補，故標曰「補缺」。張推官後序僅云别爲一卷，而此得兩卷，則不欲虧此一簣耳。壬戌臘盡，正闇。

八代詩乘四十五卷附録二卷　十六册

明梅鼎祚輯。

明刻本。

前有萬曆乙巳史起欽序，又萬曆丙午祁承㸁序，又鼎祚自序。有「羣玉山房藏書印」一印，又「龔印文照」、「野夫所藏」二印。

羣碧樓善本書録卷四

明嘉靖刻本

周易兼義九卷 五册

魏王弼注，唐孔穎達正義。

明嘉靖李元陽刊本。

前有孔穎達《正義序》。

後附唐陸德明《周易音義》一卷、王弼《易略例》一卷。

尚書注疏二十卷 八册

漢孔安國注，唐孔穎達疏。

明嘉靖李元陽刊本。

前有孔穎達《正義序》。

每卷題「明御史李元陽、提學僉事江以達校刊」。

毛詩注疏四十卷　二十册

漢鄭氏箋，唐孔穎達疏。

明嘉靖李元陽刊本。

前有鄭氏《詩譜》一卷。

周禮注疏四十二卷　八册

漢鄭氏注，唐賈公彦疏。

明嘉靖李元陽刊本。

周禮六卷　六册

漢鄭玄注。

嘉靖丁亥何鼇刊本。

前有嘉靖丁亥陳鳳梧序。

太平經國之書十一卷　四册

宋鄭伯謙撰。

嘉靖丙申山西布政司刊本。

前有嘉靖丙申高叔嗣刊書序，又伯謙自序。

儀禮注疏十七卷 十二册

漢鄭氏注，唐賈公彦疏。

明嘉靖李元陽刊本。

禮記注疏七十卷 二十册

漢鄭氏注，唐孔穎達疏。

明嘉靖李元陽刊本。

前有孔穎達等《正義序》。

春秋左傳注疏三十六卷 二十册

晉杜預注，唐孔穎達疏。

明嘉靖李元陽刊本。

前有孔穎達《正義序》。

春秋公羊傳注疏二十八卷 十册

漢何休注，唐徐彦疏。

明嘉靖李元陽刊本。

前有宋景德二年六月中書門下牒。

每卷題「明御史李元陽、僉事江以達校刊」。

春秋穀梁傳注疏二十卷　六册

晉范寧集解，唐楊士勛疏。

明嘉靖李元陽刊本。

前有范寧《集解序》。

爾雅注疏十卷　四册

晉郭璞注，宋邢昺疏。

明嘉靖李元陽刊本。

前有昺序。

史記一百三十卷　一百册

漢司馬遷撰，宋裴駰集解，唐司馬貞索隱，張守節正義。

明嘉靖震澤王氏刊本。

前有《集解序》、《索隱序》、《正義序》、《補史記序》，又《史記正義論例謚法解》，後有《索隱後序》、

《集解序》，後有「震澤王氏刻於恩褒四世之堂」木記。後序後及目後題字均已剜失。

前漢書一百二十卷　四十二册

漢班固撰，唐顔師古注。

嘉靖丁酉廣東崇正書院重修本。

前有《漢書敘例》。

目録後及卷末皆有「嘉靖丁酉冬月廣東崇正書院重修」木記一方。

有「姚印元之」、「桐城姚伯印氏藏書記」、「鳫青姚氏收藏」、「南齋舊史」諸印。

崇禎十五年壬午，時余年六十有一，發《前漢書》讀之。會諸紳衿日徵文事，腕不得息。至本年七月七日，迺卒業。堞明父江南錦記。

同年劉大尹克齋丙官浮梁，余嘉慶己卯過饒州省視叔大母，因往訪之。克齋贈是書，並言官上高時，有被訟者，官利其財，累年不得直，伊廉其枉，爲雪之。其人感謝，迺以家傳此本爲獻，卻之。於去任時，復以獻，以其誠且非賄也，受之。得書之由如此，今以遺余，循吏甘棠之愛，可不寶諸。道光元年秋八月，檢閲藏書，因爲記之，姚元之書。

范氏《天一閣書目》，有崇正書院重修《後漢》本，而無班《書》，豈其時板已散佚，不可多得耶？此本雖不佳，然亦足以罕見珍矣。江君所評，未能免俗，殊可惜也。元之記。

前漢書一百二十卷　二十册

漢班固撰，唐顔師古注。

明嘉靖南監本。

班馬異同三十五卷　十二册

宋倪思撰。

嘉靖丁酉刻本。

前有嘉靖丁酉汪佃序，後有永樂壬寅楊士奇跋。

題「宋倪思撰，元劉會孟評，明李元陽校」。

卷末有「嘉靖十六年歲次丁酉山人高（瀔）〔瀫〕覆校」一行。

丁氏藏目明刻，别是一本。邵位西標注此本爲汪佃校刊，則非也。佃序言「侍御李公出所輯《史記題評》一帙，將校刻以廣其傳。中采《史漢異同》，欲並存之，而無善本。佃以少宰鍾石費公所手録三册致之於李，命前侍御高君世魁、隱士高生（瀔）〔瀫〕精校入梓」云云，是仍爲李元陽校刻者也。元陽在建刻書甚多，高（瀔）〔瀫〕以精校稱，殆如嘉慶中吾吴之顧千里云。丙寅四月，羣碧讀記。

後漢書一百三十卷　二十二册

宋范曄撰，唐章懷太子賢注。

明嘉靖丁酉廣東崇正書院本。

前有景祐元年余靖上言。

有「嘉靖丁酉冬月廣東崇正書院重修」木記一方。

崇正書院《兩漢書》，世極罕見，范氏天一閣僅得范《書》。其時山川間阻，輪軌未通，購致誠爲不易。余同時得兩書，班《書》爲姚伯昂所藏，崇禎時江氏批點狼籍，殊不若此書之潔雅可誦也。乙丑六月，羣碧讀記。

後漢書一百三十卷 二十四册

宋范曄撰，唐章懷太子賢注。

明嘉靖南監本。

資治通鑑二百九十四卷 一百册

宋司馬光撰。

明嘉靖甲辰刊本。

前有孔天胤序。

資治通鑑綱目五十九卷 三十册

宋朱子撰。

明嘉靖趙府居敬堂本。
前有朱子乾道壬辰序。
有《資治通鑑綱目凡例》一卷。
序後有「嘉靖歲在柔兆執徐玄月，皇明趙府居敬堂重校刊」篆書木記一方。

山谷先生年譜三十卷　六册

宋黄罃編。
明嘉靖刻本。
前有罃自序。
有「滇生」、「許印乃普」二印。

宋史新編二百卷　六十册

明柯維騏編。
嘉靖丁巳刻本。
有「明福州府印」一方，又「海鹽鄭琦圖書」一印。
前序殘佚待鈔。後有嘉靖丁巳康大和後序，又鄭應旂頌一篇。

皇朝名臣經濟録五十三卷 三十二册

明黄訓輯。

明嘉靖刻本。首卷鈔補。

前有嘉靖辛亥汪雲程校刻序。

大唐六典三十卷 八册

唐(德)[玄]宗御撰，李林甫等奉勑注。

明嘉靖刻本。

前有正德乙亥王鏊序。

卷末有「嘉靖甲辰長至浙江按察司校録重刊」一行。

通典二百卷 四十四册

唐杜佑撰。

明嘉靖方獻夫刻本。

前有李翰序。

文獻通考三百四十八卷 一百册

元馬端臨撰。

明嘉靖刻本。

前有至大戊申李謹思序、延祐六年王壽衍進書表。每卷題「明蘄陽馮天駁應房校刊」一行。首卷後有「吴應龍寫」四字。

丁《目》言元刻十三行，行二十六字。此刻亦十三行，只二十四字，又明人刻書之痼習也。刻書人馮天駁，寫者吴應龍，當有可考。其字樣則爲嘉靖間版刻，暇當詳稽，以訂正之。乙丑五月，羣碧。

丁《目》舉李序，皆名謙思，此刻獨曰謹思，亦一疑問，待考。正闇又記。

鹽鐵論十卷　四册

漢桓寬撰。

明嘉靖本。

前有弘治辛酉都穆序。

有「曾在王鹿鳴處」、「平（吉室）〔臺〕王瓊宴鹿鳴藏書記」，又「紅豆」一印。

新序十卷　四册

漢劉向撰。

明嘉靖丁未何良俊刊本。

此嘉靖丁未何良俊刊本，尚有《説苑》一種，惜未配入。此書得之吴門，喜其刻印尚精。年來老懶清貧，非復曩時情況，但有攜佳書到門者，或不能如泄柳之峻閉不内耳。丙寅八月，百靖齋記。

小學句讀六卷　四册

宋朱子撰，明陳選句讀。

嘉靖靛印本。

靛印或初刻時樣本，與近時朱印本同。自明以後，用靛者少。邇來吾國顔料日窳，皆取舶來品，喜其鮮麗，而入水則濡，以之染絲漬帛，猶不可久，況印書耶。此嘉靖乙未台州刊本，爲百靖齋頭一特色。世態日漓，教化胥變，朱子《小學》一書，新進之徒，誰復齒及。然吾生幼所講肄所不敢棄，後人珍而守之，儒業果不廢喪，必有昌明之者。吾且忍死待之矣。癸亥四月，邦述寫記。

體仁彙編六卷　六册

明彭用光撰。

嘉靖刻本。

前有嘉靖己酉傅鳳翱序，又嘉靖甲辰蔡經序，後有嘉靖甲辰游居敬序，又嘉靖己酉吴鵬後序。

太玄經十卷附説玄一卷釋文一卷　五册

漢揚雄撰，晉范望注。

嘉靖甲申刻本。題「明郝梁子高校刊」。

前有陸績《述玄》一篇。

有「内府圖書之印」，又「牧齋藏書」，又「花江伊子」、「積善苹園」、「苹園清賞」、「晰道堂書畫印」。

《玄經》十卷，乃江都郝梁嘉靖甲申刊本。不知何人妄作，每卷剜去「明」字而實以「宋」，且黤紙以惑人，梁刻序跋亦皆抽去。夫世之作僞者衆矣，不圖史籍亦蒙不白之辱。彼蓋不明宋刻亦有紙墨嶄新者，不必黯敝然後爲古。況郝梁名氏初未嘗没，徒毁一書而已，豈所謂心勞日拙者耶？雖然，今之鬻古籍者，並此不辨，且不暇作僞矣。丙寅八月，正闇居士。

白虎通德論二卷　四册

漢班固撰。

明嘉靖改元傅鑰刊本。

前有嘉靖改元泠宗元序。

有大德九年張楷序，大德乙巳嚴度序。

有「桂馥信印」、「濆井復民」二印，又「東武尹氏收藏」一印，又「蔣印士銓」、「心餘」二印。

《白虎通》以元大德九年本爲善，顧不易得。此嘉靖改元傅鑰刊本，蓋出於劉平父。張、嚴二序，尚存簡端。惜明人刊書，好改卷第、行款，不能存古書之真，爲可惜耳。要之，已較他本爲佳。余好收嘉靖刻書，嘗刻「百靖齋」印，遇前刻輒與「羣碧樓印」雙鈐之，冀遲數百年，爲藏家增一故實也。戊午六月，正闇檢記。

書有未谷、心餘藏印，兩君非藏家，而學問各有專長，於故籍中同晤之，彌可寶已。正闇再記。

丹鉛總録二十七卷　四册

明楊慎撰。

明嘉靖梁佐刻本。

前有嘉靖壬寅慎自序，又嘉靖三十三年梁佐序，後有嘉靖甲寅趙文同後序。

論衡三十卷　十六册

漢王充撰。

明嘉靖通津草堂本。

明刻本以嘉靖間梓工爲最有矩矱。此通津草堂本，紙印極美，於宋爲似，特宋刻楷法用顔、柳體，方勁中有渾茂之氣，非明人所能。宋版譬之漢隸，明刻止如唐碑，姿媚非不勝古，而氣勢厚薄，則有時會之殊。此刻源出於元翻宋慶曆楊文昌本，而《累害篇》「汙爲江河」下所闕之一葉，凡三百九十餘字，乃不求完本補入，而奮筆於「髮」上增一「毫」字，後人沿謬襲訛，皆此本作之俑也。吾於明人刻書，見其無知妄作者多矣，不圖於佳刻亦蹈此痼習也。甲子重裝後正闇記。

五燈會元二十卷　二十册

宋釋普濟纂。

明嘉靖甲子刻本。

前有至正甲辰釋廷俊序，又嘉靖辛酉陸光祖《重刻募緣文》。

分類補注李太白詩二十五卷　二十册

唐李白撰，元蕭士贇補注。

嘉靖丙午玉几山人校刻本。

前有重刻序。失名。

有寶應元年李陽冰序，咸平元年樂史後序，治平元年宋敏求後序，曾鞏序，元豐三年毛鴻漸跋。

目前有至元辛卯蕭士贇序例，薛仲邕編年譜。

集千家注杜工部詩集二十卷文集二卷　十二册

唐杜甫撰。

嘉靖丙申明易山人校刻本。

録查初白評。

前有寶元二年王洙、皇祐壬辰王安石、元祐庚午胡宗愈、嘉泰甲子蔡夢弼諸序。

有「中山郡圖書印」，又「不是醇夫手種田」一印，又「許焞收藏」一印。

壬寅正月初十日閲起，評點悉照龍山先生原本，並録龍山兩跋。

類箋唐王右丞詩集十卷文集四卷 六册

唐王維撰，明顧起經編。

明嘉靖奇字齋刊本。

前有起經自序，次進表、列傳世系，次年譜，次外編，次諸家同詠集，次諸家贈題集，次詩畫評，次凡例、正訛，次詩目，次文目，後有起經自跋。

年譜後有「丙辰孟陬月得辛日錫山武陵顧伯子圖籍之字刻」木記一方。目後有「無錫顧氏奇字齋開局氏里」一葉，記寫勘、雕梓、裝潢程限。每卷後有校閲姓氏半葉，並記刻書月日。

柳文四十三卷別集二卷外集二卷附録一卷 十二册

唐柳宗元撰。

明嘉靖游居敬刻本。

范文正公集二十卷別集四卷奏議二卷遺事録四卷遺跡鄱陽贊頌論疏合一卷 十册

宋范仲淹撰。

明嘉靖翻元天曆歲寒堂本。

前有元祐四年蘇軾敘，叙後有「翻刻天曆戊辰改元褒賢世家重刻于家塾歲寒堂」木記一方。題「後學時兆文、黄姬水、李鳳翔校正，十五世孫啟乂同校，十六世孫惟元同校」五行。

文潞公集四十卷 八册

宋文彦博撰。

嘉靖五年吕柟刻本。

前有柟序。

有「池北書庫」、「士禛藏書」二印。

范忠宣公文集二十卷 四册

宋范純仁撰。

明嘉靖刻本。

前有四明樓鑰序，後有長樂王賓後序，又范之柔、沈圻、廖視、陳宗衜諸跋。題「後學時兆文、黄姬水、李鳳翔校正，十五世孫啟乂、十六世孫惟元同校」五行。

東坡後集二十卷 六册

宋蘇軾撰。

明嘉靖本。

東坡應詔集十卷 四册

宋蘇軾撰。

明嘉靖刻本。

此即「嘉靖七集」之一種也，後有「嘉靖十三年江西布政司重刊」及「繆宗道校正」兩行。

洺水集二十六卷 十四册

宋程珌撰。

明嘉靖刻本。

前有珌自序。後有嘉靖丙辰裔孫元昞序。

有「南昌彭氏」、「知聖道齋藏書」、「遇讀者善」三印。

西山先生真文忠公文集五十五卷 十二册

宋真德秀撰。

明嘉靖刻本。題「後學常熟張文麟刊」。

有「摛藻堂藏書印」、「平陽季子收藏圖書」、「古香樓」、「休寧汪季青家藏書籍」諸印。

淵潁吴先生文集十二卷附録一卷 六册

元吴萊撰。

明嘉靖翻洪武本。題「門人金華宋濂編」。

前有青田劉基序，又東陽胡助序，又至正十二年金華胡翰序。目録後有男士謌跋。下有「金華後學宋璲謄寫」一行。

有「惠棟之印」、「字曰定宇」、「新若手未觸」諸印。

宋學士全集三十二卷附録一卷　二十册

明宋濂撰。

嘉靖刻本。

前有嘉靖庚戌雷禮序，又嘉靖辛亥陳元柯序。

有「越府圖書之寶」，又「小竹齋圖書」二印。

解學士文集十卷　十册

明解縉撰。

嘉靖刻本。

前有嘉靖壬戌羅洪先重刻序，又天順元年黄諫序，又任亨泰序，又天順甲申蔡朔序。

有「鄭氏注韓居珍藏記」、「鄭杰之印」二印。

椒丘文集三十四卷附録一卷 二十册

明何喬新撰。

嘉靖刻本。

前有嘉靖元年舒芬序，後有嘉靖壬午余瑩序。

有「兵部標下千總關防」一印，又「鳴野山房」、「葉氏菉竹堂藏書」二印。

方山先生文録二十二卷 十六册

明薛應旂撰。

嘉靖刻本。

前有嘉靖癸丑歐陽德序。目後有「嘉靖歲在焉逢攝提格東吴書林校刻」一行。

陽明先生文録五卷外集九卷别集十四卷 二十册

明王守仁撰。

嘉靖刻本。

前有嘉靖乙未黄綰序，又嘉靖丙申鄒守益序，又嘉靖庚戌閭東重刻序。

《文録》一至三爲書，四爲序、爲記、爲説，五爲雜著；《外集》一爲賦、爲騒、爲詩，二至四皆爲詩，五爲書，六爲序，七爲記，八爲説、爲雜著，九爲墓誌、傳、碑、贊、箴、祭文，又《陽明遺言》、《稽山承語》；

《别集》爲奏疏、文移，與鄒序詮次者相合。閭序則云「盡取先生《文録》，附以《傳習録》，並《則言》共若干卷刻之」，與此刻不侔矣。《文録》刊本，據邵位西云以嘉靖刻爲最舊，其所記卷數與此刻同，是此本固舊本也。《别録》雖是配入，而寬大精潔，印尚在前，致可珍異。陽明道德功業，炳然千古，學者固當盥手誦之。丙辰十月，正闇謹記。

大復集三十八卷附録一卷　八册

明何景明撰。

明嘉靖刻本。

前有嘉靖三年唐龍序，又康海序，又嘉靖戊午王世貞序。

渼陂集十六卷續集三卷碧山樂府四卷　十六册

明王九思撰。

嘉靖刻本。

《渼陂集》十六卷，《續》上、中、下三卷。《碧山樂府》四卷，則所填之曲子也。敬夫在明正、嘉中與康德涵同爲陝中名宿，其詩文亦非明季諸人所可企及，儼有老輩風骨。兩人皆以事劉瑾而敗，集中頗以抨擊奄寺自文，用心甚苦。然以翰林改文選，復斥逐爲壽州同知，卒被黜退。當時之摧斥奄黨者，罰止於此，較之後之君子横受誅撻者，有厚幸矣。集雖漫漶，而確爲嘉靖刻本，古拙未盡泯也。乙丑二月，正闇。

皇甫司勳集六十卷　十六册

明皇甫汸撰。

明嘉靖刻本，缺後十卷，待補。

鈐山堂文集四十卷　十六册

明嚴嵩撰。

嘉靖刻本。

前有嘉靖三十年湛若水序，嘉靖乙巳張治序，嘉靖癸巳王廷相序，嘉靖辛卯唐龍序，嘉靖壬辰劉節序，嘉靖癸巳黄琯序，嘉靖己亥崔銑序，正德乙亥孫偉序，嘉靖丙午王維楨序，嘉靖丙午楊慎序。

有「从吾好齋」方印。

自知堂集二十四卷　十八册

明蔡汝楠撰。

嘉靖刻本。

前有嘉靖己未朱衡序，又嘉靖甲寅楊慎序，又趙維垣題辭，又嘉靖甲辰侯一元序，又嘉靖戊午胡定序。

唐文粹一百卷　二十四册

宋姚鉉編。

嘉靖張大輪刻本。

後有木記云：「《唐文粹》閩坊舊本舛不可句，蘇州近本視昔加善，第中間缺誤尚多，蓋校讎之漸，其勢有如此者。政暇參伍他書，偶有所得，因合郡庠生魏耕、楊應詔、謝阜録付坊間梓行。仍習之訛，猶有未得者，不能不致望於海内文獻之士也。嘉靖六年冬十月甲子，後學東陽張大輪識。」有「天菴」、「錫麒」、「來雲館」三印，又一印云「積書比積金，誦言聞在昔。金多誨淫佚，開卷乃有獲。世守原非易，散佚良足惜。不寧誡後人，尚慎珍手澤。懷溪誡」。

三蘇先生文粹七十卷　十六册

十卷以上爲老泉先生，十一卷至四十三卷爲東坡先生，四十四卷至七十卷爲潁濱先生。

明嘉靖刻本。

迂齋先生標注崇古文訣三十五卷　十二册

宋樓昉編。

明嘉靖王鴻漸刊本。

前有閩人詮序，正德二年姚鏌序，後有嘉靖癸巳鴻漸序，又聶曼跋。

有「甬上」、「城西草堂」、「月湖長」、「柳泉書畫」四印。

唐詩紀事八十一卷 二十册

宋計敏夫撰。

嘉靖乙巳張子立刻本。

此張子立刻本，與洪楩同時上版。宋本不可見，猶賴後世翻刻以永其傳。明人翻刻宋本，雖不能謹守行款，使後人得見古籍真象，然異書祕籍湮没者多，刻猶勝於不刻，故明人喜刻書，自是前賢功臣，不可非也。此刻正復端好，卷尾稍有霉損，倩工裝成，寒牕無俚，因補成之。年來於舊籍殘闕者，往往手自鈔綴以成完書，是亦刻書者之功臣也。壬戌正月，正闇居士。

羣碧樓善本書録卷五

鈔校本一

三家詩拾遺十卷　四册

清陳鱣纂。

稿本。

有「陳鱣」、「仲魚」二印，又「吴騫讀過」一印。

此仲魚先生稿本也。朱筆增寫數十條，皆工書不苟。余所見仲魚校本皆如此，蓋不工行草，故涉筆即端楷。此書前後無序跋，唯有「兔牀」一印。王葵園祭酒刻《續經解》搜采最備，而未見此書，則除此稿外當無福本。近來士子不復研經，殆成絶學。古人通經致用，必以經爲初基，考訂拾遺，猶爲餘事，然亦見稽古之勤矣。甲寅六月，正闇。

春秋集注十一卷　十册

宋張洽撰。

鈔本。

前有「朝奉郎直祕閣主管建康府崇禧觀賜緋張洽照會」一通。

十一經問對四卷　四册

明何異孫撰。

鈔本。

孫志祖手校。缺二《禮》、《春秋》、《孝經》。

前有異孫自序。

有「志祖校過」一印，又「香修」一印。

乾隆四十一年八月十九日，盧抱經閲，是日於鍾山書院中砌芍藥花臺。

乾隆五十九年八月初十日，元照校，時遲抱經學士未至。

乾隆五十九年十一月初五日，仁和孫志祖以《通志堂經解》本校。

何氏自序云，就《六經》、《四書》、《十七史》、《左傳》、《通鑑》、《文公綱目》擇其可助蒙訓，輯爲《小學問對》，今此書以《四書》及《書》、《詩》、三《禮》、《春秋》、《孝經》爲十一經，而不及史傳，且不名《小學問對》，疑此有經無史，爲何氏未成之書，後人强以「十一經」名之。通志堂刻《經解》時，見其序與書不相符合，故刊去耶。志祖又記。

凡通志堂本義可兩通者，以墨筆識於旁，其此本顯誤者則改之。通志堂誤而此本不誤者，不悉著也。

八月二十八日閲。接儀徵汪庸夫書，以《孟子章指》借我。予辛巳年所見本，尚缺末一卷，今得録全矣，快甚。抱經盧文弨識。

即於是日校完次卷，微覺心痛，足見其精神衰短也，悽然。

即日閲。是日忽雨忽霽，不下二十回。翻手作雲覆手雨，天公亦作此世態耶？

苑洛志樂存十卷　六册

明韓邦奇撰。

明藍格鈔本。缺下十卷。

前有邦奇自序。

有「兔牀經眼」一印。

大樂律吕元聲六卷大樂律吕考注四卷　二册

明李文利撰。

鈔本。

前有嘉靖三年巡按四川監察御史范永鑾進書題本，門人范輅序，弘治辛酉李元序。輅，永鑾之叔。元，文利之兄也。後有「嘉靖十四年仲春□□浙江布政司」一行。《元聲》第六卷後亦有一行已剜去，疑是刊刻年月也。

有「朱彝尊」、「錫鬯父」、「某會里朱氏潛采堂藏書」、「謙牧堂藏書記」、「謙牧堂書畫記」諸印。

《大樂律呂元聲》舊鈔本，爲朱氏所藏，後乃歸之謙牧。樂律之學，近世幾無人講，不惟古樂淪亡，即音律之原，黄鍾之變，如以語人，或瞠目而不能辨。此書正太史公黄鍾爲九寸之失，論極精微奥妙，惜世無知者，遂泯没而不彰耳。舊鈔雖有蠹損，而紕繆尚少，他日當校而刊之，以永其傳。癸亥十一月得之吴中，正闇記。

說文字原一卷 一册

元周伯琦撰。

景鈔本。

前有嘉靖元年黄芳重刊序，又至正乙未宇文公諒序，又至正己丑伯琦自序。

有「秀水朱氏潛采堂圖書」一印，又「竹泉珍玩圖籍」、「謏聞齋」二印，又「遂初堂」一印，又「芷齋圖籍」一印。

篆从　四册

不著撰人。

寫稿本。

有「竹垞」一印，「嘉禾謝東墅藏」、「謝印墉」、「東墅」三印，又「太原喬松年收藏圖書」一印。

此書無撰人，謝金圃題籤以爲竹垞所作，亦無的證也。其書以類相從，不循始一終亥之例，篆文大書居中，下以楷字釋之，右俗左正，分部則以俗字，不依正文，頗可以發明假借之旨，非苟作也。前人皓首佔畢，論其功力，奚啻百倍於今人，而鼂没不傳如此。今人每校一集，搆一藝，輒刻梓衒鬻，而世亦從而奉之。方之古人，何厚幸耶。光緒壬午十一月初十日，鬱華閣題記。

《篆从》四册，蓋以篆書依俗字編定，故曰「从」也。今人不通籀書，作篆則以意爲之。攻籀書者，又或謹守汶長之訓。於是通用之字益少，臆造之字益多，兩皆失之，而尤不便於作篆。且作篆墨守古義，彌乖俗情。其實秦斯作篆，往往與籀書不同。今人所見秦篆，除繹山、芝罘、琅琊臺及詔版外，存字無幾，使秦斯有一字書傳世，焉知後世臆造之字必不與古合者，特不可爲墨守師承之小學家言之耳。此書有益於作篆，比之朱氏《通訓定聲》、張氏《諧聲譜》尤爲簡易。緣以聲求字，泥於六書「形聲」之一訓，而於「假借」之用尚難貫通；以篆从俗，不言「假借」，而字字皆可以發明「假借」之用。此其有益於作篆，豈淺鮮哉？意園祭酒真讀書者，觀其跋語，約而有要，余特引而申之，以告學者。甲子正月，正闇學人。

新唐書糾繆二十卷 二册

宋吴縝撰。

鈔本。

前有紹聖元年進書表，又元祐己巳縝自序，後有紹興戊午吴元美序。

五代史纂誤三卷 二册

宋吴縝撰。

鈔本。

有「王鳴盛印」、「西莊居士」、「鳳喈」、「光禄卿之章」四印，又「佳日堂」一印。

乾隆乙未、丙申間，朝廷開四庫全書館，收訪遺書。先取前明所遺《永樂大典》中古書，鈔出有用者，命儒臣校而刊之。此《五代[史]纂誤》，亦其一也。吾友邵編修名晉涵，字二耘，浙江餘姚人，辛卯恩科會元。在館中搜得薛居正《舊五代史》，聞其已經繕録清本，行將進御。因先呈總裁掌院相國于公，名敏中，字耐圃，江南金壇人，丁巳狀元。公留閲未竟。己亥冬，于公卒，書遂浮沈不可復得，誠恨事也。予家居，聞此書將有刻本流傳，翹企待之。今秋錢進士塘自都下歸，爲述如此，可禁悵然？然他日若晤邵編修，宜再訪之。庚子十月，王鳴盛記。

稽古便覽十八卷　二册

不著撰人。

鈔本。

有「虞山錢曾遵王藏書」一印。

此書編次極簡，當是明時人所爲，然簡而不陋，可以參考。書亦雅飭，遇帝王名及每甲子皆朱書，尤見精審，知前人讀書具有斟酌，非率爾也。甲子五月，羣碧。

皇宋十朝綱要二十五卷　十二册

宋李𡌴編。

鈔本。

建炎以來繫年要録二百卷　四十八册

宋李心傳撰。

鈔本。

有「士鐘」、「閬源父」二印，又「讀易樓祕笈印」，又「八千卷樓所藏」一印。

皇朝編年備要三十卷　三十二册

宋陳均撰。

鈔本。

前有紹定二年真德秀序，又林岊序，又紹定己丑鄭性之序，又均自序。

有「禮邸珍翫」、「檀尊藏本」、「禮府藏書」三印，又「鄭盦」一印。

靖康要録不分卷　六册

不著撰人。

鈔本。

有「楝亭曹氏藏書」印，又「長白敷槎氏堇齋昌齡圖書印」。

《四庫》著録作十六卷，此不分卷，似較古也。彭文勤云，此書采入《三朝北盟會編》者十之六七，可用以校補。余讀宋代小史，關於金源入汴諸紀録，未嘗不驚心動魄，廢書長喟。然竊喜觀之，豈所謂生於憂患者耶？丙寅夏日，酷熱揮汗，羣碧樓記。

大金國志四十卷　八册

宋宇文懋昭撰。

鈔本。

前有端平元年懋昭進書表，自署「淮西歸正人改授承事郎工架閣」。

孤臣泣血録一卷　二册

宋丁特起撰。

鈔本。

前有萬曆丙午王在公序。

有「吴江史氏貞燿堂圖書」、「松陵史蓉莊藏」二印。

建炎復辟記一卷　一册

不著撰人。

舊鈔本。

金國南遷録一卷　一册

金張師顔撰。

陳西畇手校。

後有大德丙午浦元玠跋，又至正戊戌一跋。

有「平江陳氏西畇藏書」、「西畇草堂」，又「西畇草堂藏本」，又「章綬銜」、「章龔読堂」、「章氏所得之書」諸印。

嘉慶癸酉，借蕘翁藏書鈔本影寫。今年夏，書賈以蔣子宣藏本來售，遂從蔣本增入闕文，訂正訛舛字，并録二跋於後。甲戌仲秋，仲遵。

《南遷録》刊本希見，此本雖經校勘，而脱誤處猶不能免。古書賴鈔寫以傳，然往往無從讎對。昔人謂「思誤書亦是一適」，此言雖可喜，而古書之湮没者多矣。金自世宗荒淫失政，國勢日弱，章、宣之世，見逼於元。觀是書所載天定南遷，已不亞於靖康北狩。追原禍始，基於趙后之進宸妃。佛氏因果之説，信不誣耶。忠獻、忠烈開基之功，一再言之，乃未幾而敗於愛王之手，引寇入室，卒以滅亡。禍福無不自己求之者，有國家者所深戒也。辛亥三月，正闇居士讀記。

是書所載紀年及人地名，與正史不合。大定之後，既有興慶，泰和亦不止八年。尤奇者，章宗後繼立者爲磁王允明，及被弑又立濰王允文，又次立者淄王允德，且允明廟謚昭宗，允文廟謚德宗，正史未嘗一見。脱脱修輯《遼》、《金》諸史，未能采及私乘，恐官書亦正闕略不完耳。浦氏跋已云《金國志》刊行，與此書俱各殊異，張則親侍乘輿，朝夕執筆，豈復差舛。可知異域典籍不具，又益以文字轉譯之訛，求其徵信難矣。此書固世間祕笈，不可輕視。正闇再記。

僞齊録二卷 二册

宋楊堯弼撰。

鈔本。

有朱筆校。

三朝野紀七卷　六册

明李遜之撰。

鈔本。

酌中志略二十三卷　四册

明劉若愚撰。

吟秋草堂汪氏鈔本。

前有若愚自序。

有「吟秋草堂」、「汪氏吟秋草堂藏書印」二印。

此志尚有「黑頭爰立伎倆」一卷，載涿州通閹事最詳。兹本全行删去，并諸卷中有涉涿州者，亦概削之，豈涿州門下所爲耶？立身一敗，萬事瓦裂，涿州既不能逃後世之史筆，而顧欲曲爲之諱也。噫。嘉慶癸酉十月，石樵施紹武識。「石樵」。

編年遺事三卷　六册

明于謙編。

鈔本。

前有謙自序。

有「燭湖孫氏」、「世濟忠清」、「孫印星華」三印。

宋遺民録十五卷 六册

明程敏政編。

鈔本。

前有成化己亥敏政自序。

有「崑山周彦章」、「玉峯周氏珍藏」、「周彦原名龍文字彦伯號秀野」、「益公子孫」、「良士堂」諸印。

鄭所南先生心史七卷附録一卷 六册

宋鄭思肖撰。

鈔本。

前有崇禎己卯張國維序。

五代史闕文一卷 一册

宋王禹偁撰。

鈔本。

五代史補五卷 二册

宋陶岳撰。

鈔本。

有朱筆校。

京口耆舊傳九卷　六册

不著撰人。

鈔本。

有「重遠書樓」一印，又「邵氏二雲」一印。

書有二雲先生印，疑即先生纂輯《大典》時所録之（福）［副］本也。守山閣已梓入叢書中，不知有異同否。乙丑二月，正闇。

滿漢名臣傳　一百二十册

清史館編。

鈔本。

貳臣傳六卷　十册

清乾隆間奉敕撰。

鈔本。

儒林文苑傳稿不分卷 四册

清阮元編。

鈔本。

宋儒學案七十八卷 二十册

清黄宗羲撰，全祖望修。

稿本。

馮登府校。

前有祖望《發凡序録》。

有「登府手校」一印，又「柳東生」一印。

江南野史十卷 二册

宋龍衮撰。

鈔本。

有「玉雨堂印」、「韓氏藏書」二印，又「聖清宗室盛昱伯羲之印」。

元和郡縣圖志四十卷 六册

唐李吉甫撰。

鈔本。

前有吉甫自序，後有淳熙二年程大昌序，又張子顔序。

讀史方輿紀要一百三十卷 四十四册

清顧祖禹撰。

鈔本。

前有（鼓）〔彭〕士望序，又自序三首。

郡國利病書一百二十卷 九十六册

清顧炎武撰。

鈔本。

前有炎武自序。

咸淳臨安志一百卷 五十册

宋潛説友撰。

敦宿好齋鈔本。

前有説友序。

吴中水利全書二十八卷 十六册

明張國維撰。

鈔本。

前有國維崇禎九年序，又十年蔡懋德序，又戊寅陳繼儒序，後有十年萬任序。

新疆識略十二卷 十册

清松筠纂輯。

鈔本。

前有宣宗御製序。

三州輯略九卷 九册

清和寧撰。

鈔本。

前有和寧自序。

三州者，哈密曰伊州，吐魯番曰西州，烏魯木齊曰庭州。有清疆宇廣拓，過於歷代，三州置戍，皆用滿官。此編乃嘉慶十五年所纂，序後「太庵和瑛」四字用紅紙粘署，則避宣宗御名，當係道光時重定之本。嗣後曾否刊行，此時未見刻本，要亦言有清掌故者所必存之書也。庚戌五月，正闇檢記。

塔爾巴哈台事宜四卷　四册

清貢□纂。

鈔本。

前有嘉慶壬戌貢□自序。貢，字果亭，名原缺。又嘉慶乙丑宗室興□序。

夢粱録二十卷　四册

宋吴自牧撰。

鈔本。

前有自牧自序。

有「秦伯敦父」、「秦印恩復」、「石研齋秦氏印」三印，又「翁同書字祖庚」、「祖庚在軍中所讀書」諸印。

《曝書亭集》有《夢粱録跋》，云徐舍人鏤板吴下。此本乃從宋槧景鈔，當取刻本一勘之。翁同書考藏并志。

《十駕齋養新録》云，自牧自序後題「甲戌歲中秋日」，蓋元順帝元統二年也。若前六十年則爲宋咸淳十年，宋祚未亡，不當有滄桑之感。與《四庫提要》所論相同。案自序云「焉保其常如疇昔」，並無滄桑之感。竊謂書成於宋咸淳十年無疑，敢質諸世之讀是書者。咸豐七年元夕，祖庚氏跋。

翰苑羣書二卷 一册

宋洪遵編。

鈔本。

後有乾道九年遵跋。

此編蓋取唐宋諸家著述彙爲一編，上卷爲唐李肇《翰林志》、元稹《承旨學士院記》、韋處厚《翰林學士記》、韋執誼《翰林院故事》、楊鉅《翰林學士院舊規》、丁居晦《重修承旨學士壁記》、宋李昉《禁林讌會集》；下卷爲蘇易簡《續翰林志》、蘇耆次《續翰林志》、《宋學士年表》、《宋翰苑題名》，洪遵《翰苑遺事》，凡十二篇。自有唐以來，以玉堂爲清秩，明時非翰林不得大拜，有清因之，而士以躋玉堂爲榮者，蓋千餘年矣。唐宋翰林皆知制誥，有明至今則僅與修國史，康雍、乾嘉之際，南齋翰林有得預機要者，然亦謹守温室之義，外人靡得而詳，近惟朝朝染翰而已。邇者制科已廢，翰苑㢈存，後數十年，必有不能復知玉堂之足貴者。余自戊戌通籍，忝列史官，丙午乞外，蒙清要之秩，忽忽九年，真有顧瞻玉堂如在天上之感。兹讀洪氏是編，益念世事遷流，未知所極，不有廢者，其何以興，亦惟守此殘編，存文人之掌故云爾。

宣統己酉，江寧鄧邦述記。

宋宰輔編年録二十卷

宋徐自明纂。

鈔本。

前有寶祐丁巳陸德輿序，又寶祐五年知宗正趙□□序，又陳昉序，又章鑄序。

歷代職官表　二册

不著撰人。

鈔本。

此係半聾道人所藏，蓋隱士也。炳其氏，隆其名，半聾其字。能詩詞，善作字，尤善鼓琴。攜妻一、女一，居龍樹寺光碧樓中。修竹嘉木，罨依户牖，春秋佳日，一碧瑩然，擁善本書百餘卷於其中，亦至樂也。君所藏不若葉盦之夥而精過之，乃没未月餘而書已散佚，讀其書未一見其人，可感也已。丁酉暮春，孝劼記。

又君與文治、庵錫、厚庵相友善，同時爲瑠璃廠三友，皆滿洲世胄，皆知好書。今之富兒惟嗜煙花、賭博，可勝浩歎。

太平寶訓政事紀年五卷　五册

不著編纂人。

鈔本。

有「曾在當湖胡篴江家」一印。

補漢兵志一卷　一册

宋錢文子撰。

鈔本。

前有嘉定甲戌陳元粹序，後有嘉定乙亥程大昌序。

國史經籍志五卷　五册

明焦（竑）［竑］輯。

鈔本。

前有（竑）［竑］自序。

有「查氏珍賞圖書」一印。

述古堂書目一卷　四册

明錢曾撰。

鈔本。

前有曾自序，又吴門朱邦衡跋。

有「盛昱之印」、「宗室文慤公家世藏」二印。

讀書敏求記四卷　二册

清錢曾撰。

鈔本。

宋蔚如手校。

有「宋賓王印」、「蔚如氏校」(三)[二]印。

間嘗謂鈔本欲善，在勤於校對，雖互有差繆，遇本輒校，自然完善也。《敏求記》原稿，昔顧子蒼史求假不得，乃賄其館童逸出，匆匆鈔録，無怪其譌也。康熙丙申，予復假諸蒼史，倩友録得，躬自校閱，凡傳寫之譌，或於想像，或從理會，已得二三，其未解者標諸上方，俟搜校也。庚寅春，將此稿録送蓮涇先生，借鈔《周益公全集》。雍正甲辰，於郡又獲交王子逸陶，於其藏目，得此借校，凡諸標識，又得六七。於校之頃，庸志先友曩時借得之難，是亦挂劍之義也。「宋蔚如收藏記」。

此書字體端雅，確係舊鈔，宋氏所校前三卷，用朱筆讎勘者，皆有所據。末卷墨筆則多臆改之字，頗疑爲妄人假託。余僅得沈氏翻趙本，其譌脱處至夥，然亦有足正此本之誤者。舟車多暇，互勘一過，他日再求善本以是正之。乙巳二月，述。

自後得此書校本及前後刻本，不下十數，悉録諸趙本上，丹黄斑駁，彌慰初心。蔚如校鈔，爲康雍時名筆，今吾所見益夥，與此印證，始知疑人妄託之非，甚矣吾向日之淺也。正閏丁未八月再記。

金石録三十卷　六册

宋趙明誠輯。

鈔本。

前有明誠自序，後有政和七年劉跂序，又紹興二年李易安序，又開禧改元趙不譾跋，又成化九年葉仲盛鈔書跋。

有「海寧許槤藏書畫印」一印，又「古韻閣主人」一印，又「琅邪王氏藏書」、「王印一飛」、「羽豐」三印，又「鬱華閣金石文字記」一印。

籀史一卷　一册

宋翟耆年纂。

孫秋山手鈔本。

有「蓉鏡」、「張伯元別字芙川」二印，又「琴川張氏小嫏嬛清閟精鈔祕帙」一印，又「小嫏嬛福墜祕笈」一印。

此秋山先生手鈔也，傳自愛日精廬僅見之祕帙。秋山篤學力行，其書意在筆先，直入晉人堂奥，非時人所能及也。今已歸道山，閱之不勝人琴之感。壬寅三月二十三日戌刻，芙川誌。

寒家亦有《籀史》鈔本，亦芙川舊藏，朱筆校正數十字，卷末朱筆題「乾隆四年十二月廿有八日，燈下校畢。青芝」。不知青芝爲何許人也，以校此本，則校正處悉已依改，是此本傳鈔在後矣。芙川極好寫書，人間所傳，往往一書數本。余所藏景金大定本《類林》，亦從愛日精廬傳録者。近歲劉翰怡京卿又得一副本，余力不能刻，而翰怡刻之。乃知芙川寫書之勤，嘉惠來者，功至鉅也。壬戌閏夏，正闇來虞山，攜舊鈔名校多種見示，暢觀記此。舜年。

秋山之名，虞人亦罕知之，得正闇爲之表章，可以附芙川而傳矣。耿吾又記。

余得此書，但知爲芙川祕籍，芙川所稱秋山先生手鈔，不知何許人也。嗣又獲芙川所藏鈔本《續談助》，始知秋山姓孫名鋆，其稱芙川爲甥，乃芙川尊戚也。芙川好書，秋山善書，可稱二難。《續談助》寫於道光丙戌，筆尤秀潔。芙川此書跋云已歸道山，此本當寫在後，相距十餘年，其筆致亦較彼爲老遒矣。庚申十一月長至，正闇學人。

寶刻叢編二十卷　十二册

宋陳思纂。

真有益齋鈔本。

前有紹定二年鶴山翁跋，又紹定五年孔山居士跋，又紹定五年辛卯陳直齋跋。

有「芝原」、「麗農精舍藏書」二印。

石墨鐫華八卷 八册

明趙崡撰。

鈔本。

前有陳祖綬序，又萬曆戊午康萬民序，又崡自序。

有「鴻城袁氏延禧堂圖書」一印。

竹崦盦金石目録六卷 二册

清趙魏編。

鈔本。

有「上海徐氏寒木春華館道光壬午後所藏」及「曾爲徐紫珊所藏」二印，又「沈樹鏞寶藏印」一印。

雍州金石記十卷 二册

清朱楓撰。

孔葒谷鈔本。

前有乾隆己卯楓自序。

有「宗室文愨公家世藏」一印。

乾隆丁酉六月，排山老人從光州官署同《漢瓦考》、《貨泉録》遠寄黄小松於上谷。七月，小松寄京師見示，鈔此（福）［副］本。誧孟，九月初七日，早起新晴，記於因居。

金石古文十四卷　四册

明楊慎撰。

鈔本。

前有嘉靖己亥張紀序。

有「泉坫之印」、「獻之」、「十蘭」三印，又「果齋」、「老果金石文字」、「果齋手置」、「果齋祕笈」、「果齋真賞」、「老果珍愛」諸印，又「陳璜私印」一印，又「秀水朱氏潛采堂圖書」一印，又「吴郡石里顧氏家藏」一印，又「茮坡私賞」一印，又「寶山朱氏考藏」、「朱蕃印信長壽」兩印，又「清儀閣」一印。

管領奇書八萬卷，人間此印亦千秋。籤開玉版先經眼，榜賜金題在上頭。七品真推良太史，百城肯拜小諸侯。南垞亭子教重建，同是熙朝第一流。

此明人繕寫本，秀水朱氏舊藏，有「潛采堂圖書」，爰録舊作於卷耑敘末。張廷濟。「張印廷濟」。

此書有竹垞藏印，當是明鈔。卷中復有錢十蘭印及張叔未詩，錢、張皆金石家，宜其互爲珍襲也。宣統三年，正闇讀記。

金石文七卷　一册

明徐獻忠編。

鈔本。

前有獻忠自序，後有嘉靖庚子朱警跋。

卷末有「雍正乙卯孟春上元日，錢塘施禮耕手録」一行。

有「孔繼涵印」、「葒谷」二印，又「熼」一字印。

朱子文集語類纂編十四卷　八册

題南陽講習堂鈔。

鈔本。

多能鄙事十二卷　十册

明劉基纂。

鈔本。

前有嘉靖十九年程法序。

金匱要略繹注三卷　三册

題延陵居士注。

鈔本。

前有雍正辛亥延陵居士自序。

有「瀛海紀氏閱微草堂藏書之印」一印，又「吾未信齋晏氏小亭之章」一印。

此北方醫家之著述也，但署「延陵居士」而不著姓名，亦可謂不好名者。觀其《傷寒論注》自序，知其世傳醫學，揣摩極深，且著書時年已衰老，恐此二書竟未刊行，故無知者耳。閱微藏印，書中罕見，或即其里人遺著耶，未可知也。甲子二月，正闇檢記。

傷寒論集注十卷　七册

題延陵居士注。

鈔本。

前有雍正辛亥延陵居士自序。

有「瀛海紀氏閱微草堂藏書之印」一印，又「吾未信齋晏氏小亭之章」一印。

葛仙翁肘後備急方八卷　八册

晉葛洪撰。

鈔本。

前有至元丙子段成己序，又仙翁自序，又華陽隱居《補闕肘後百一方序》，又鹿鳴山續古序，又皇統戊子楊用道《廣肘後方序》。

有「明善堂珍藏書畫印記」一印，又「安樂堂藏書記」一印。

大德重校聖濟總録二百卷　一百二十八册

宋徽宗御撰。

日本鈔本。

前有徽宗御製序，又大德四年（魚）［焦］養直序。

有「清真堂主」一印。

此足本也，吾國所刊行者曾不及半。往歲吾友馮敏卿善醫，乞余求此本於都門，然卒得吾國所刊者，敏卿審其非足本。因知惟日本尚有流傳鈔本，蓋皆病其卷帙浩繁，不能覆刊。後得此本，確爲日本所鈔，兼用朱筆勘過，至爲罕覯。惜余不知醫，又無力爲之刊布，僅爲吾國留一足本。世有習岐黄者，待其探索可也。壬子七月津門，正闇。

唐開元占經一百二十卷　十册

唐瞿曇悉達撰。

鈔本。

前有御製序，無年月。

有「嘉蔭簃藏書印」一印。

天元玉曆祥異賦十卷　二十册

明仁宗御撰。

鈔本。

《天元玉曆祥異賦》，明仁宗御撰，世無刊本，即傳鈔本亦不易覯。此本係李鹿山中丞所存，余得之故家堆中，以十金易之，攜歸付書賈裝治，珍而藏之。道光二十八年五月八日，嘉興錢儀吉記於小無懷廬，時在汴中。

此書鈔寫甚舊，有可廬先生手跋，言得之故家，而爲李鹿山中丞所藏。今檢書内無鹿山藏印，疑重裝時去之矣。可廬爲先曾祖督部公會試同考所得士，其昆仲學問淹博，名噪一時。此册不獨世所罕覯，即讀先生跋語，亦深一重翰墨因緣矣。宣統辛亥十月，正闇居士。

珊瑚木難八卷　八册

不著纂輯人。

鈔本。

有「珊瑚閣珍藏印」一印。

伯羲祭酒謂，此即朱性甫《珊瑚網》之祖本，特未加整比，而前後頗有錯簡。此書寫手甚舊，余所收書畫題跋諸鈔本，皆能書者所寫，豈此事與風雅相近，故工書者樂爲之而不憚煩耶？「珊瑚閣」相傳納蘭侍御藏印，尤可珍已。乙丑八月，羣碧記。

鐵網珊瑚二十卷　十册

明都穆撰。

明鈔本。

書畫題跋記十二卷續記十二卷　十二册

明郁逢慶編。

鈔本。

有「古鹽黄氏三水唫榭珍藏」一印，又「厚齋目所見書」一印，又「曾在黄厚齋處」一印。

清河書畫舫十一卷　十册

明張丑輯。

鈔本。

前有丙辰丑自序。

有「西莊居士」、「王鳴盛印」二印，又「王印德森」一印。

此二（整理者按：原文如此。）册書法妍雅，非假小胥爲之者。書籤及書面亦一手所書，疑即王氏德森自書而藏之者。太平之時，人多暇日，覩此爲之神往。己未二月，正闇。

江村消夏録三卷　三册

清高士奇輯。

鈔本。

前有宋犖序，又朱彝尊序，又士奇自序。

有「平江黄氏圖書」、「士禮居藏」二印，又「愛日精廬藏書」一印。

墨緣彙觀四卷　八册

清高麗安岐纂。

陳伯恭鈔本。

法書、名畫前皆有乾隆壬戌岐自序。

湛園題跋一卷　二册

清姜宸英撰。

鈔本。

湛園先生跋語最精，惜少傳出。此册乃杭城孫輔之兄得善本借手鈔録者，惜多誤字。且湛園著述等身，題跋當不僅此，隨見隨録，補其未備爲快。松門記。

歷代鍾官圖經八卷 二册

清陳萊孝撰。

鈔本。

前有誰園居士序。

有「沈樹鏞鄭齋考藏記」一印。

石畫記五卷 二册

清阮元撰。

鈔本。

前有元自序，道光乙未吴榮光序。

有「宗室文愨公家世藏」一印。

光緒壬辰春仲，意園先生市書於山左賈人，内雜《石畫記》原稿兩册，僅卷一、卷四、五。先生以吾家故物，因畀引傳。叚刻本校之，有互異處。倩胥鈔全帙歸先生，並附刻本所删於卷末，而刻本序及卷五自《天游圖》以下又爲鈔本所無。夫聚散離合，天實主之。咸豐癸丑，賊陷揚郡，踞文選樓煎硝，藏書半爲所燔。承平後，間覯舊藏，多購還。此稿編於滇，無端而流至山左，又無端而入先生目以畀余，使百餘年手澤遠逮曾雲，豈偶然歟。他日再得二、三卷，復覩當年真面，彙爲全帙，敬謹收庋，永垂至寶，尤所大幸。積古後人引傳謹識。

芻言三卷　一册

宋崔敦禮撰。

鈔本。有校。

後有山漁銑二跋。

能改齋漫録十八卷　八册

宋吴曾撰。

舊鈔本。有墨筆校。

有「黔陬冷氏研經堂藏書印」，又「冷褒德印」、「鑑谿圖章」二印。

後有紹興二十七年男復序，又附録七則，王士禛跋一則，何焯跋四則，吴焯跋一則。

麈史三卷　一册

宋王得臣撰。

鈔本。

有朱筆校過。

前有政和乙未得臣自序。

有「璋煜校正」一印，又「埽葉山房」印。

曲洧舊聞十卷 一册

宋朱弁撰。

鈔本。

有「謙牧堂藏書記」、「謙牧堂書畫記」首尾二印。

履齋示兒編二十三卷 四册

宋孫奕撰。

鈔本。

前有丁巳潘膺祉序，又李維楨序，又開禧元祀奕自序。

有「曾在上海郁泰峯家」一印。

有朱筆校。

志雅堂雜鈔一卷 一册

宋周密撰。

鈔本。

羣書治要五十卷　十六册

唐魏徵等奉敕編。

鈔本。

有日本天明七年丁未四月朝散大夫國子祭酒林信序，又徵序。

有「淮海世家」、「高郵王氏藏書印」二印。

説學齋雜鈔二卷　二册

不著編輯人。

鈔本。

吴興雜録一卷　二册

不著編輯人。

鈔本。

有「璋煜校正」一印，又「埽葉山房」一印。

二十一史彈詞注十卷　四册

明楊慎撰，清孫德威注。

稿本。

前有康熙辛巳嚴虞惇序。

有「德威」、「畏侯」兩印。

司馬温公自言修《通鑑》成，惟王勝之借一讀，他人讀未盡一紙，已欠伸思睡。余注此書，實自思庵發之，能讀者亦無幾人，況《通鑑》二百九十四卷之多耶。觀河生記。

以長短句雜里言入文，始於《荀子·成相篇》之「請成相道聖王」諸節。升庵此作，教兒童爲便，比之近時白話文似饒興味，而確有雅鄭之别。孫觀河注似未刊行，觀末跋亦頗自負，蓋非熟於史部諸書，未能貫穿如此也。他日當詢虞山諸藏家曾見此刊本否。宣統己酉，羣碧。

類編十二卷　四册

明張九韶編。

陳南浦鈔本。

有「大明常熟陳氏德星堂書畫印」、「帝虞公之苗裔」一印。

崇禎壬午，予偶於馮倬宸齋得覯是書，序跋皆脱落，亦不可考其年次，裝褙頗工，知爲舊家物也。遂得假歸，録成七卷，至癸未春始竣。歲乙酉夏，從叔滩文游金陵，予攜諸行篋中，滩叔見而愛之，隨命予更録。會留都之變，踉蹌抵家，不果其事。是秋又罹兵火，不復理筆墨之事。冬十一月，於僅存殘亂書中見此本尚存，滩叔遂命予重録之，歲終甫成六卷。丙戌，止書三卷。今歲清和，方畢其業。

因歎滄桑變更，載歷寒暑，烽警不常，流離奔竄，而此書竟獲無恙，況又成一副本乎，則此書遂無磨滅之患矣，殊快人意。丁亥四月廿一日，南浦帆記。「陳帆私印」、「子發」。

余先收得南浦先生手校《金荃集》一册，字法誠懸。此書爲先生手鈔，觀其歲月，已在南都顛覆之後，而整暇若此，可以知其學養矣。「常」字避諱，乃缺「巾」右一(灣)[彎]，與顧氏所刻《唐詩英華》「由」字中竪至中畫而止，同一法也。甲子三月，羣碧記。

同書二卷　四册

清周亮工纂。

鈔本。

清波别志三卷　二册

宋周煇撰。

鈔本。

前有煇小序。

有「青浦王昶」、「閑存」二印。

四朝聞見録五卷　五册

宋葉紹翁撰。

鈔本。

有「筠」字印，又「雪苑宋氏蘭揮藏書記」一印，又「滇翁」一印。

山房隨筆一卷 一册

元蔣子正撰。

鈔本。

里門談贅不分卷 四册

題渤海書生輯。

鈔本。

有「淵雅堂藏書記」、「惕甫經眼」二印，又「陳氏審定」一印，又「清儀閣」一印。

《里門談贅》無序及撰人姓名，只題云「渤海書生輯」。考《姓氏録》，渤海係高姓，而今海寧陳氏郡名亦屬渤海，蓋陳氏先世乃高姓也。卷中有云「吾寧」，又云「吾邑與禾之海鹽接壤」，則爲陳姓海寧人無疑。其世次在明啟禎間，凡所著述，皆有裨倫紀。書法工整，仿董文敏，尤可寶愛也。道光庚子春日，震澤李王猷跋。

此四册書法甚美，非尋常小胥脱腕所能，李氏考爲崇禎時海寧陳氏所著，其詞頗核，亦未定之稿耳。戊午四月，羣碧。

人海記二卷　二册

清查慎行撰。

鈔本。

有「臣印紹籛」、「瑶華生」二印，「謙受堂藏書」一印。

多暇録二卷　一册

清程庭鷺撰。

鈔本。

前有庭鷺自序。

穆天子傳六卷　四册

晉郭璞注，清陳逢衡補正。

陳氏稿本。

前有陳氏道光辛卯、庚子兩自序。

陳氏於此書用功二十年，可謂懃懃弗輟。其自序云，少時即致力於汲冢三書，《竹書紀年》與《逸周書》先成，刻以問世，此書則垂老始就，未遑付梓。且言熒熒白首，無蓬頭王霸之子相與周旋，牖下窮經之遇，抑何酷耶。此確爲稿本，其云轉托友人謄清定本，屢遭世變，亦不知落何人之手，要當付之手民以表章之。正闇，乙卯三月。

道德真經指歸七卷 四册

漢嚴遵撰。

鈔本。

劉彥清手校。

前有谷神子序，後有沈士龍、胡震亨二跋，又錢牧齋二跋。

卷尾有「同治辛未四月依胡本繕寫，江山劉履芬記」一行。

羣碧樓善本書録卷六

鈔校本二

李詩通二十一卷　四册

明胡震亨編。

鈔本。

黄玉圃録奚禄詒批點本。

前有朱大啟序，又朱茂時序，又子夏客跋。

有「北平黄氏」、「叔璥」、「玉圃」三印，又「玉牒崇恩」、「曾在崇禹舲處」、「香南精舍珍藏」三印。

杜詩通四十卷　七册

明胡震亨編。

鈔本。

黄玉圃録奚禄詒批點。

有「北平黄氏」、「叔瑽」、「玉圃」三印，又「玉牒崇恩」、「香南精舍珍藏」、「曾在崇禹舲處」三印。

毘陵集二十卷 一册

唐獨孤及撰。

鈔本。題「朝請大夫使持節常州諸軍事守常州刺史賜紫金魚袋獨孤及」。

有朱筆、黄筆校。

前有隴西李舟序，後有安定梁肅序。

有「濯纓堂」印。

唐獨孤公《毘陵集》二十卷，祕藏天府，世罕其傳。是本爲吴文定公在東閣時鈔出，以藏於家者也。其孫□經府君與貞山給事爲内兄弟，給事乃得假歸，命傭書者録之。惜乎訛舛艱讀，知余嗜古書，來請校一過。余且校且録，積四旬有二日訖事。噫，余之用心亦勤矣，安能吾子若孫同余之嗜，世而守之也與哉。下未署名。

逋翁集 一册

唐顧況撰。

鈔本。

有「曾在李鹿山處」一印，「鄭氏注韓居珍藏記」一印。

歐陽行周文集十卷　四册

唐歐陽詹撰。

鈔本。

前有李貽孫序。

有「盧鉌」、「世奕」二印，又「半千」一印。

沈下賢文集十二卷　二册

唐沈亞之撰。

鈔本。

有「王鳴盛印」、「鳳喈」、「西莊居士」、「光禄卿之章」四印。

前有宋人序，不著名。

文藪十卷　六册

唐皮日休撰。

鈔本。

前有日休自序，後有柳開序。

有「文選樓」、「阮元伯元父印」二印。

笠澤叢書三卷　二册

唐陸龜蒙撰。

鈔本。

有「蘇州袁氏家藏」一印，有「夢華遺老」、「春巢」二印。

後有至元庚辰十一世孫裛原跋。

桂苑筆耕集二十卷　二册

唐高麗崔致遠撰。

鈔本。

前有致遠進書表。

司空表聖文集十卷　二册

唐司空圖撰。

鮑氏鈔校本。題「一鳴集」。

前有光啟三年泗水司空氏中條王官谷濯纓亭自序。

有「歙西長塘鮑氏知不足齋藏書記」，又「杭州趙之玉完伯父記」諸印。《一鳴集》各家著録皆傳鈔本，近人始有刻者。此爲鮑氏所鈔之本，鉛黄精好，又有朱筆復校，亦極矜慎。惜非渌飲親筆，或其子弟爲之者。癸丑五月，正闇檢記。

徐公文集三十卷　十册

宋徐鉉撰。

鈔本。

前有淳化四年陳彭年序，後有祥符九年晏殊序，又紹興十九年徐琛跋。後附《墓誌》、《行狀》。《行狀》後有「應奉危素讀一過」七字。

騎省文集近世鮮有刻者，此本係虞山錢宗伯於崇禎間從史館印摹南宋本。原本字頗大，予縮以小字鈔存之。集中稱「今上御名」者，高宗名「構」也。太祖諱「匡胤」，太祖之父仁祖諱「殷弘」，真宗諱「恒」，仁宗諱「禎」，英宗諱「曙」，故其字皆缺一筆。太宗諱「炅」，神宗諱「頊」，欽宗諱「桓」，如「敬」、「鏡」、「竟」、「貞」、「徵」、「朂」、「署」、「完」諸字亦缺一筆，蓋諱嫌名。今悉存之然。迂齋金侃識。

王黄州小畜集三十卷　二十册

宋王禹偁撰。

鈔本。

前有咸平三年禹偁自序，後有紹興丁卯沈虞卿序。又黄州契勘一葉。

河南穆公集三卷　一册

宋穆修撰。

鈔本。

有「玉雨堂印」、「韓氏藏書」、「韓印泰華」、「小亭」諸印，又「謙牧堂藏書記」、「謙牧堂書畫記」二印，又「禮邸珍玩」一印。

前有慶曆三年祖無擇序。

鉅鹿東觀集十卷　二册

宋魏野撰。

鈔校本。

余向見譚篤生有鮑以文校此集，索價百番。篤生依附名流，頗識名人校本手跡，故索值常鉅。近篤生死將十年，書直愈昂，而能辨别者尠矣。篤生不獨識古書，兼愛古書。以今日收書者較之，殊與篤生嗜好相左。蓋世之葉公多，而好真龍者益無幾耳。此書舊而不精，篤生一本未知流入何所，安得重見而一校之。壬戌正月六日，正闇。

孫明復小集　二册

宋孫復撰。

鈔本。

有朱筆校。

有李文藻三跋、翁方綱一跋、羅有高一跋、鈔者一跋。

《明復小集》文僅十九首，詩三首，殆非完書。此從李南澗家傳鈔，疑與同時，而圈校甚工，是能讀書者。惜其跋尾年月、名氏皆被剜去，殆後人鬻書時所爲。夫既不能讀楹書，而並先人讀書之長亦務去之，豈非至愚極謬者耶？吾甚爲鈔是書者傷不幸也。丙寅正月，正闇。

古靈先生文集二十五卷　十二册

宋陳襄撰。

鈔本。

前有紹興五年李綱序，後有建炎二年陳公輔跋，又紹興三十一年孫輝跋。

有「蔣氏子屋」、「維基私印」二印。

有朱筆校。

劉原父公是先生集不分卷 四册

宋劉敞撰。

鈔本。

有「伯寅藏書」一印。

有朱筆校。

邕州小集一卷 一册

宋陶弼撰。

鈔本。

有「雪滄所得」一印。

都官集十四卷

宋陳舜俞撰。

鈔本。

前有慶元六年樓鑰序，後有曾孫杞跋。

淨德集三十八卷 八册

宋吕陶撰。

鈔本。

前有馬騏序。

文定張公樂全集四十卷　十册

宋張方平撰。

鈔本。

前有蘇軾序，後有行狀一篇。

廣陵先生文集二十卷附拾遺一卷又荆公贈遺書詩一卷　四册

宋王令撰。

鈔本。

前有王安石墓銘一篇，又劉發傳一篇。

有「朱印彝尊」、「秀水朱氏潛采堂圖書」二印。

後山先生集三十卷　八册

宋陳師道撰。

舊鈔本。

前有政和五年魏衍序，又政和丙申王雲序。

有「謙牧堂藏書記」、「謙牧堂書畫記」(一)[二]印。

姑溪居士文集五十卷後集二十卷　十六册

宋李之儀撰。

鈔本。

前有天台吳芾序。

有「三山陳氏居敬堂圖書」印。

斜川集十卷　二册

宋蘇過撰。

鈔本。

此即《劉龍洲詩鈔》而僞題者。正闇記。

竹友集十卷　二册

宋謝薖撰。

文溯閣傳鈔本。

宣統紀元，余官瀋陽。十一月，入京師述職歸，歲暮無事，時文溯閣《四庫全書》尚存盛京，因假出傳鈔，凡得三四巨部，集寫官十數人，費錢四五百緡，亦一時盛舉也。此二册爲友人林君厚甫書，書法端秀，鋭以自任，不假他手，終始其事，其好古之誼，深爲可佩。林君名亮熙，丹陽人，鈔此書後一年，旋病目告而瞽。計生平所書，獨此集可壽天壤，林君雖不幸，而手蹟存焉矣，後人宜重視之。辛亥九月，羣碧記。

慶湖遺老集九卷　四册

宋賀鑄撰。

鈔本。

前有鑄自序，又政和癸巳程俱序。

石林居士建康集八卷　六册

宋葉夢得撰。

鈔本。

有「玉雨堂印」、「韓氏藏書」二印。

後有孫籀跋。

櫛溪居士集十二卷　十二册

宋劉才邵撰。

鈔本。

前有嘉泰元年周必大序，又嘉泰三年楊萬里序。

筠溪集二十四卷 十二册

宋李彌遜撰。

鈔本。

前有嘉定四年樓鑰序。

此書鈔不精而極舊，通卷皆署「竹谿先生文集」，後附家傳，但云榜别業曰筠莊，自號筠溪真隱。初無竹谿之名，不知其何所據也。似之卒於奸檜之前，故與胡忠簡同貶，而後之恩禮乃不若胡。讀家傳及攻媿序，足知奸檜權燄，而作者正直忠讜之氣，至今猶未泯也。丙寅七月，羣碧。

苕溪集五十五卷 十二册

宋劉一止撰。

文溯閣傳鈔本。

東牟集十四卷 八册

宋王洋撰。

文瀾閣本。

前有淳熙元年周必大序。

有「古稀天子之寶」、「乾隆御覽之寶」兩印。

余初得此書，以爲或從内府流出，以其鈔寫裝潢皆非外間所有也。及書既鬻出，始於滬上晤蕭山單不庵君，謂余《東牟集》乃文瀾閣原本，余始恍然。不庵曾隨丁氏整比文瀾遺籍，故一見即能辨識。余雖屢至杭州，而從未一窺中祕，猶不免自哂孤陋矣。己巳四月，正闇補記。

盧溪先生文集五十卷　八册

宋王庭珪撰。

鈔本。

前有淳熙丁未謝諤序，又乾道壬辰胡銓序，又淳熙戊申楊萬里序。

有「南昌彭氏」、「知聖道齋藏書」、「遇讀者善」三印，又「鈍榜狀元」一印，又「教經堂」、「犀盦藏本」諸印。

此本前後兩手合鈔，前三十卷字小如蠅，後二十卷字大，而每行字數亦不同，要皆舊鈔也。先藏南昌彭文勤家，後爲泰州錢犀盦前輩所收，間有朱筆點勘，亦舊校也。丙寅七月，羣碧檢記。

宋陳少陽先生盡忠録八卷　四册

宋陳東撰，明陳沂編。

鈔本。

前有正德十一年楊一清序。

有「楝亭曹氏藏書」一印，又「阮元」一印，又「伯寅」一印。

默堂先生文集二十二卷　四册

宋陳淵撰。

鈔本。

前有紹興十七年門人沈度序，又淳熙戊戌楊萬里序。

有「四明盧氏抱經樓藏書印」，又「城西草堂」印。

楊誠齋序其集，稱默堂爲了翁之猶子，然集中所云「四明叔祖」、「右司叔祖」皆指了翁。又稱了翁之子得之、正之爲「諸叔」，是默堂實忠肅之從孫也。默堂學問氣節無媿忠肅，惟忠肅佞佛，而此集亦多援墨入儒之語，此其蔽也。是集爲其門人沈度所編。度字公雅，武康人，官至兵部尚書。此本出吾鄉抱經樓，鈔録頗有譌字，其中或留空白，諦視之多宋諱，蓋猶從宋槧本鈔出者。同治九年三月十二日，徐時棟識。

莆陽知稼翁集十二卷　二册

宋黄公度撰。

鈔本。

前有莆陽陳俊卿序，又慶元二年鄱陽洪邁序，後有子沃跋。

每卷後有「孫迪功郎新泉州惠安縣主簿處權校勘」一行。

有「山陰何士祁震无咎齋藏」一印。

侍郎葛公歸愚集十卷　一册

宋葛立方撰。

鈔本。

有朱筆校。

有「盛百二印」、「相舒」二印。

拙齋文集二十卷　八册

宋林之奇撰。

鈔本。

有「朱印彝尊」、「秀水朱氏潛采堂圖書」二印，又「教經堂錢氏章」、「學有用齋」、「海陵錢犀盦校藏書籍」諸印。

三山林氏在宋時以閩學稱，綿綿不絶，迄明至清，遂爲閩中鉅族，其淵源固有自也。閩中自朱文公以道學牖民，遂與關、濂、洛奪席而起。宋既南渡，關中、洛陽幾不爲聲教所暨，閩雖後起，而中原教澤其恃以無墜者，晦庵之功，亦閩人之幸也。少穎學於吕西垣，而東萊乃其弟子，其學之成就甚大。此舊鈔本，惟滄葦有宋本，多八卷，則不可見矣。丙寅八月，羣碧樓記。

太倉稊米集七十卷 十四册

宋周紫芝撰。

文溯閣傳鈔本。

前有唐文若序，又陳天麟序，又紫芝自序。

艾軒先生文集九卷附録一卷 二册

宋林光朝撰。

鈔本。

前有陳宓序，陳克莊序，又淳祐庚戌林希逸序。

有「謙牧堂藏書記」、「謙牧堂書畫記」二印。

文忠集二百卷 六十八册

宋周必大撰。

文溯閣傳鈔本。

玉堂類稿十卷 二册

宋周必大撰。

明藍格鈔本。

有「張照之印」一印，「墨林」、「子京珍祕」二印，「傅山之印」一印，又「萬上遴」一印，又「董誥之印」一印，又「梁印同書」一印。

後有「嘉靖丙戌夏五月望雅宜山人王寵書於石湖草堂」一行。

梅谿先生全集五十四卷　十册

宋王十朋撰。

鈔本。

宋蔚如手校。

前有天順六年周琰序，後有子聞禮跋，又正統庚申何文淵序。

有「宋賓王印」、「蔚如氏」兩小印，又「校」字印。

康熙庚子，借顧夏珍藏本補第二册《經籍志》四十九卷。此五十四卷，全集也，惜多闕訛，無善本一校也。壬寅正月，借書客許程飛本校一次，祗四十九卷。

宋蔚如在康熙時，以賈人嗜書，鈔校俱精審稱，《東湖叢記》載其自述校《周益公集》事綦詳。余所藏蔚如手校本亦不下四五種，其書法雖不工，而無俗氛，蓋其寢饋於書叢者久矣。此集校筆，皆研粉塗改，其第二册鈔自顧夏珍家，非其親筆。而手寫闕葉，則散見於各册之中，册首皆自記葉數，可謂矜慎者矣。

世治則賈販亦近詩書，而或奪其操奇計贏之智；世變則士夫雖勤鉛槧，而不敵其憂生念亂之心。可慨也夫。丙寅九月，羣碧。

定齋集二十卷　四册

宋蔡戡撰。

鈔本。

前有紹定庚寅李𡌴序。

乾隆丙申十二月，借莊庶子承籛本鈔。

有莊谷自寫集目八葉。嘉慶元年丙辰臘月十七戊子，雨雪終日，微波榭録。是日季衡自濟南歸。

無印記。

誠齋全集一百三十五卷　四十册

宋楊萬里撰。

鈔本。

前有端平二年劉煒叔序。

有「八千卷樓收藏書籍」一印。

楊誠齋集絶少完本，如前所傳或八十卷、或一百二十卷者，皆非全書。至一百又三十三卷者，可稱全璧。癸卯春三月，予於他處忽得《誠齋集》二卷，即附於卷末，合成一百三十五卷，真至寶也。古人有知，當亦默有感於予也。柳齋識。

《文獻通考》、《江湖》、《荆溪》、《南海》俱自有序，而集中《江西道院》及《朝天續集》二序見焉。《通考》題一百三十三卷，《内閣書目》同，豈别有一本歟？此本終詩話，完本也。康熙戊戌清和晦日，繡谷焯記。

楊誠齋集世行本八十卷，或一百二十卷者，皆非完書。先君子向曾疑之，以不得善本一校爲憾。余近見宋氏賓王、汪氏秀峰兩家所藏，俱一百三十三卷，始知插架舊本卷帙前後頗有錯亂，甚至以一卷分而爲二者，亦有以兩卷併而爲一者，妄行增損，欲謂之無心之誤，可乎？余重加編次，闕者補之，宜分宜併者，悉以宋氏本爲據，於是始無遺憾矣。讀公贈誥，有「文規堯姒，蓋一百三十卷之多；詩到陰何，積四千二百首之富」云云，則是集在公子長孺付梓時，已釐定一百三十三卷之數矣。然舊序闕如，兩本同之。賓王取《宋史》本傳以冠簡端，其汲古之勤可以概見，所惜字句行款，均不免有脱漏之譏。安得宋槧落手中，焚香細讀，一洗老眼蒙翳歟。

老眼昏花，頗以勘書爲苦。是集補録之後，余友董君巨川復加校正。落葉盡掃，快何如之。城又記。

誠齋在南宋爲著作大家，世所稱「范、楊、尤、陸」者是也。此帙鈔手雖前後、新舊互有參錯，然從舊本傳鈔。繡谷、瓶花秀梓跋云假自宋賓王本，復校勘再四，真善本也。柳齋不知何人，又得「策」兩卷以益之，亦可謂好古敏求之士矣。宣統己酉露白之夕，邦述記。

盤洲集八十卷 十八册

宋洪适撰。

鈔本。

有「古香樓」、「休寧汪季青家藏書籍」二印，又「漢唐齋」、「馬印玉堂」、「笏齋」三印。

水心先生別集十六卷 六册

宋葉適撰。

鈔本。

有「璜川吴氏收藏圖書」一印，又「慤庭」一印。

勉齋先生黄文肅公文集四十卷附録一卷 十册

宋黄(幹)[榦]撰。

鈔本。

有「某會里朱氏潛采堂藏書」、「朱彝尊錫鬯父」、「別業小長蘆之南殳史山之東東西峽石大紗横山之北」三印。

北溪先生文集五十卷外集一卷　十六册

宋陳淳撰。

鈔本。

前有弘治庚戌周孟中序。

有「西圃蔣氏手校鈔本」一印，「漢陽葉氏敦夙好齋印」、「葉印澧」二印，「汪印喜孫」一印。

後樂集二十卷　八册

宋衛涇撰。

鈔本。

後有紹興壬辰嗣子樵跋。

有「泰峰」、「田耕堂藏」二印，又「方印功惠」、「柳橋」、「碧琳瑯館主人」、「巴陵方氏碧琳瑯館藏書之印」諸印。

竹齋先生詩鈔八卷　一册

宋裘萬頃撰。

鈔本。

有「宗室文慤公家世藏」、「聖清宗室盛昱伯羲之印」二印。

前有明張鼇序。

陳克齋先生集十七卷 十册

宋陳文蔚撰。

鈔本。

前有張時雨《紀述》一篇。

有「翰林院印」一印，又「璜川吴氏收藏圖書」一印。

白石道人詩集一卷 一册

宋姜夔撰。

鈔本。

有「鄭氏注韓居珍藏記」、「人杰」二印，又「陳恭甫藏楊雪滄得」一印。

前有夔自序二首，序後有「臨安府棚北大街陳宅書籍鋪刊行」兩行，從宋本鈔出。

禆幄集一卷 一册

宋趙萬年撰。

鈔本。

有「明善堂覽書畫印記」、「安樂堂藏書記」二印，又「曹溶」、「潔躬」二印。

前有萬曆戊午吴仕訓序。

古逸民先生集三卷　二册

宋汪炎昶撰。

鈔本。

有朱筆校。

有「蔣氏茹古精舍鈔本」一印，又「蔣維基一名載之字子垕」一印，又「得此書，費辛苦，後之人，其鑒我」一印，又「培經堂印」，又「張氏收藏」一印。

彛齋文編四卷　三册

宋趙孟堅撰。

鈔本。

晞髮集六卷　一册

宋謝翺撰。

鈔本。

前有隆慶壬申淩琯序，又王景象序，後有邵廉跋。

仁山金先生集三卷　三册

宋金履祥撰。

鈔本。

前有正德戊辰潘府敬序。

有「一六淵海」、「温陵黄氏藏書」二印，又「南昌彭氏」、「知聖道齋藏書」、「遇讀者善」三印。

閑閑老人滏水文集二十卷　二册

金趙秉文撰。

鈔本。

前有金元光二年癸未前翰林學士中奉大夫知制誥皋落楊雲翼引。

有「勘書巢」、「勘書巢珍藏印」，又「曰鑑鐵華」，又「曾在寶是堂」，又「陳經之印信」，又「鳳苞之印」、「楊氏傳九」諸印。

金人集部至少，所傳世者滏水、滹南、二妙、遺山諸家而已。元裕之爲閑閑墓銘，所舉如黨承旨、王内翰、周三司、楊禮部、王延州、李右司、雷御史諸公，今惟王從之集尚存，餘皆不可復見。獨滏水之名裒然爲有金之冠，豈非其人與文確有可傳者邪？ 此編鈔手極舊，與所藏《滹南遺老集》俱金人集中之上乘也。壬戌七月曝書之夕，正闇。

滹南先生文集四十五卷續編一卷　十六册

金王若虛撰。

鈔本。

前有李冶序，又王鶚序，又彭應龍序，又大德三年王復翁序，又康熙乙未吴焯跋。

湛然居士文集十四卷　二册

元耶律楚材撰。

鈔本。

前有萬松野老行秀序，又冰岩老人王鄰序，又襄山孟攀鱗序，後有九山居士李微序。

桂隱先生文集四卷附録一卷詩集四卷　六册

元劉銑撰。

鈔本。

前有虞集序，至正七年歐陽玄序，又嘉靖癸亥羅洪先序，南嶺二十三世孫同升序，《詩集》後有至正元年羅如篪跋，嘉靖癸亥谿園十二世孫方興跋，曾孫三德跋，族孫永新跋。

有「笄郇真賞」、「胡維祺鑒賞印」二印，又「巴陵方氏碧琳瑯館珍藏祕笥」一印。

筠溪牧潛集不分卷　二册

元釋圓至撰。

鈔本。

前有大德己亥方回序，後有大德三年洪喬祖跋。

存悔齋詩不分卷　二册

元龔璛撰。

劉燕庭鈔本。

後有至正乙丑俞楨跋，又崇禎十三年毛晉跋。

有「文正曾孫」、「燕庭劉印」、「喜海」、「嘉蔭簃藏書印」諸印。

末有「道光三年癸未仲夏，東武劉氏校鈔」一印。

許白雲先生文集四卷　四册

元許謙撰。

鈔本。

前有成化丙戌陳相序，又正統丁卯李伸序。

默庵集五卷　四册

元安熙撰。

鈔本。

前有泰定丙寅虞集序。

有「翰林院印」，又「温陵黄氏圖書」一印。

周此山先生集四卷　四册

元周權撰。

鈔本。

前有延祐六年袁桷序，又元統二年歐陽玄序，後有元統二年揭傒斯跋。

蒲室集十五卷　一册

元釋大訢撰。

鈔本。

前有至元戊寅虞集跋。

方外以文章名者頗不多。有元之文僧，以吾鄉噩夢堂爲冠冕，笑隱不能逮也。然亦能自寫其胸中所見，又往往能言儒者之言，是亦可嘉矣。同治八年十月，時棟記。

艮齋詩集十四卷　二册

元侯克中撰。

鈔本。

鮑渌飲手校。

有「蔣維基印」、「子垕」兩印。

嘉靖己未十一月二十九日，舟次大麻校畢。

此編校筆確爲鮑渌飲書，末一行記年月而不署款，前後亦無圖記，非熟於先生筆蹟者不知也。昔人校書之勤，雖舟車不舍，其時亦無日行千里之飇輪，篷窗茅店之中，正多寬閑歲月耳。甲子七月，正闇。

榘庵集十五卷　四册

元同恕撰。

鈔本。

前有蘇天爵序。

有「八千卷樓藏書記」印。

范德機詩集七卷　二册

元范梈撰。

景元鈔本。

前有至元六年揭傒斯序，目後有「至元庚辰良月，益友書堂新刊」雙行十二字。題「臨川葛雝仲穆編次，儒學學正孫存吾如山校刊」。

閑居叢稿二十六卷　五册

元蒲道源撰。

階州邢氏守雅堂鈔本。

前有至正十年黄溍序。

近光集三卷扈從詩一卷　二册

元周伯琦撰。

鈔本。

有「璜川吴氏收藏圖書」一印。

前有虞集序，至正乙酉伯琦自序，又《扈從詩》前後自序，又歐陽玄後序，又賈祥麟跋。

栲栳山人詩集二卷　二册

元岑安卿撰。

鈔本。

有「小亭」一印，「春生手藏」一印，「燕庭藏書」一印。

句曲外史貞居先生詩集七卷附録一卷 四册

元張雨撰。

鈔本。

勞羿卿手校。

有「勞權之印」、「蟫𨾴」、「勞格季言」諸印。

前有吴郡徐達左序，後附補遺七葉，又鈔知不足齋據汲古閣本補遺十三葉，又鈔五卷本目十四葉，又鈔徐惟起本目七葉，皆勞氏補鈔。

外史詩文手定本已佚不傳，明成化間姚綬得其稿三卷，嘉靖甲午陳應符刊之，後毛子晉復得佚詩三卷於烏程閔元衢，附以同時酬唱之作，爲補遺三卷，又搜得集外詩一卷，刊於《元人十家集》。此從寫本傳出，凡詩七卷，第八卷爲雜文，然止跋二首，目亦割裂，容有殘缺也。此本相傳出樊榭山房藏本，每卷末增入之詩似徵君所補。道光壬寅祀竈夕，丹鉛生勞權記於鉛槧齋。

甲辰十一月，得舊鈔五卷别本再校，前亦有徐序，卷端有「江浙鄉貢進士姪誼編類，吴郡徐達夫校正」題名。祇有詩而無雜文，詩餘編次與此不同，詩篇亦有多寡，以歌行歸入古詩。今據其本點勘一過，并手録其佚詩附後。别本無目，今案卷録之，以備參考焉。十七日午後，羿卿記。

《貞居集》余别得一鈔本，有厲太鴻手校及印記，不知與此何如。久欲兩本對勘，而卒卒未果，他日終當賈勇爲之。壬戌三月，羣碧記。

梧溪集七卷　六册

元王逢撰。

鈔本。

前有至正丙戌汪澤民序，又至正己亥周伯琦序，後有景泰丙子陳敏政序。

有「芷齋圖籍」一印，又「涉園」一印，又「甌舫」一印，又「泰峰」一印，又「巴陵方氏碧琳瑯館珍藏祕笥」、「方家書庫」、「巴陵方氏功惠柳橋甫印」諸印。又「宸翰敬業堂」一印，又「秦谿張皓字皜亭」、「南曲舊業」二印。

蟻術詩選六卷　二册

元邵復孺撰。

鈔本。

有「長塘」、「鮑家田」、「知不足齋藏書」三印，又「方功惠藏書印」。

雲陽李先生文集十卷附録一卷　二册

元李祁撰。

鈔本。

吴興沈夢麟先生花谿集三卷 一册

元沈夢麟撰。

鈔本。

前有弘治癸丑彭韶序。

庸菴集十四卷 六册

元宋禧撰。

鈔本。

益齋先生亂稿十卷 六册

元高麗李齊賢撰。

鈔本。

前有至正二十三年韓山李穡序，後有萬曆庚子十一代孫時發跋，又豐山柳成龍跋，又宣德壬子金鑌跋。

有「郁印松年」、「泰豐」二印，又「巴陵方氏碧琳瑯館珍藏祕笥」、「巴陵方氏功惠柳橋甫印」、「方家書庫」諸印。

《益齋先生亂稿》十卷，元時高麗國雞林院君李文忠公齊賢撰。公高麗人，從居中域，當時名人如姚牧庵、趙子昂、張養浩諸人皆與之交，所著詩文皆有根底。其集《四庫》未收，各家書目亦多未載，近人刻《粤雅堂叢書》收入三集。此本得之上海郁泰峰家，較粤雅所刻卷帙相同，詩文略多數十首，據明萬曆中公孫李尚書時發刊本重録。粤雅本有許穎之跋，此本無之。此有柳、金二跋，粤雅又無，似此詩文既多，尤可寶貴。惜鈔手不佳，訛謬甚夥，安得原刻本從而校之，亦快事也。辛巳夏六月六日，巴陵方功惠識。

柳橋先生在光緒初年宦粤時收書至夥，及光緒中葉已捆載入都，求善價而鬻斥殆盡矣。余所收尚有十餘種，都非善本。此書鈔雖不精，而紙筆甚舊，又得柳橋手跋數行，足以增重。高麗爲吾屬國，觀其前後諸跋，皆具本國官階，而奉元明正朔，亘千年中，事大彌謹，乃及吾身而其國竟亡，閲之有餘喟焉。甲寅二月，正闇。

張三丰先生全集八卷　十册

元道士張全一撰。

鈔本。

前有雍正元年汪錫齡序，又董承熙序，又李迦秀序，又道光甲辰涵虚生序。

有胡三橋畫像六幅。

有「江山劉履芬彦清父收得」一印。

天台林公輔先生文集不分卷　一册

明林右撰。

鈔本。

有「朱彝尊錫鬯父」、「某會里朱氏潛采堂藏書」二印，又「謙牧堂藏書記」、「謙牧堂書畫記」二印。

栢軒先生文集五卷　三册

明淩雲翰撰。

鈔本。

清江貝先生詩集十卷　二册

明貝瓊撰。

鈔本。

洪武改元，變元人綺靡之習，首立壇坫者青丘公也。一時應之者四友、十傑，英辭飈發，而高季迪樹幟吴江，貝廷琚崛起崇德，尤爲一時巨擘。本朝秀水朱竹垞論詩，所謂「吾鄉數程貝，雙珠握龍蛇」，即謂先生暨僉都程公本立也。鄒貽詩識。

《青丘》、《清江》兩集，文瑞樓刻本致精，今世已不易得。此爲舊鈔本，字極妍雅。下册前數葉下方稍損數字，又十卷末詞十四闋全缺，當取刻本補之。正闇。

草澤狂歌五卷　四册

明王恭撰。

鈔本。

半軒集十二卷補遺一卷方外補遺一卷　二册

明王行撰。

鈔本。

前有洪武辛未金文徵序，後有正統己卯杜瓊所爲行傳，又景泰改元鄒亮後序，弘治辛亥張習跋。

有「謙牧堂藏書記」、「謙牧堂書畫記」二印。

海桑文集不分卷　六册

明陳謨撰。

明藍格鈔本。

此六册舊棉紙，藍格，確爲明時鈔本。海桑生元季，入明而戀戀有故國之思。其時無種族之見，故元季忠節之士踵出，而危太樸雖得時名，猶不爲清議所齒。公論褒誅，其嚴矣哉。文只序、記、跋三類，似不完之帙，特鈔手極舊，傳本復稀，爲可珍耳。甲子三月，羣碧。

鼓枻稿一卷　一册

明虞堪撰。

鈔本。

録宋賓王校。

有「崦西艸堂」、「潘茮坡圖書印」、「潘氏桐西書屋之印」三印，又「宗室文慤公家世藏」、「聖清宗室盛昱伯羲之印」、「宗室盛昱收藏圖書印」、「不在朝廷又無經學」四印。

間甞謂汲古所刻多譌字，惟鈔本獨善。此汲古閣鈔本，不特底本異常，而筆畫皆得篆隸義。若校書如埽落葉，旋埽旋有也。雍正丁未四月十一日校，宋賓王記。

全室外集八卷　四册

明釋宗泐撰。

鈔本。

前有朱右序，徐一夔序，又永樂元年王達序，又有乙巳臘日興公一跋。

虛齋蔡先生文集五卷　十册

明蔡清撰。

鈔本。

前有正德辛巳林俊序。

默庵詩集五卷　一册

明曹義撰。

鈔本。

前有成化四年曹安序。

有「文瑞樓」、「金星軺藏書印」二印，又「汪士鐘藏」一印。

整庵先生存稿二十卷　六册

明羅欽順撰。

鈔本。

前有天啟壬戌黄汝亨序，又郭一鶚序，又嘉靖癸丑喻時序，又萬曆壬辰劉應秋重刊序，又嘉靖甲午整庵自序，後有嗣孫珽仕跋。

有「翰林院印」。

王肅敏公集　五册

明王廷相撰。

明藍格紙鈔本。

集分《溝斷集》，有嘉靖元年廷相自序；《壹史集》，有元年自序；《泉上稿》，有嘉靖丁亥自序；《家居集》，有丁亥自序；《近海集》，有嘉靖二年自序；《吴中稿》，有二年自序；《鄂城稿》、《浚川集》，皆無序。

有「漢陽葉氏藏書」、「名琛」、「崑臣」、「漢陽葉名澧潤臣甫印」諸印。

涇皋藏稿二十二卷 六册

明顧憲成撰。

鈔本。

前有馬世成敘。

青門詩集存五卷 一册

清邵陵撰。

鈔本。

嘯竹堂集十六卷 三册

清王錫撰。

鈔本。

前有康熙丙子毛奇齡序，又朱彝尊序。

華黍莊詩不分卷　二册

清孫炌撰。

鈔本。

前有雍正十一年柯煜序。

小蘭陔詩集二卷　二册

清謝道承撰。

鈔本。

前有乾隆六年錢陳羣序，又八年吴文焕序，又十三年沈德潛序，又十四年沈起元序。

蒨山擬存不分卷　十二册

清蔣廷鉉撰。

未刻稿本。

前有劉蕃序，又康熙甲戌兄廷銓序，又《半關詩藏稿》自序，後有雍正丙午自跋。

有「子晉汲古」一印，「方功惠」、「柳橋」諸印。

首爲《半關詩藏稿》十七卷，次爲《江上詩亭集》若干卷。

畏壘山人文集不分卷 二册

清徐昂發撰。

鈔本。

有「張氏月霄」一印。

三楊集 一册

唐楊憑、楊凝、楊淩撰。

鈔本。

有「鄭氏注韓居珍藏記」一印、「曾在李鹿山處」一印、「陳恭甫藏楊雪滄得」一印。

聖宋文選三十二卷 八册

不著編輯人。

鈔本。

前有康熙己巳嘉善柯崇樸序。

有「翰林院印」。

增廣聖宋高僧詩選前集一卷後集三卷續集一卷 一册

宋陳起編。

鈔本。

有「八千卷樓所藏」一印，「士鐘」、「閬源」兩印，「茶僊」、「審定珍玩」兩印。

余曾收吴伊仲鈔本，有《後》、《續》兩集，另一册署《九僧詩》則《前集》也。此本係從宋刻景鈔，宋諱缺筆甚多，是其一證。《前集》寫手較佳，後則不免有率筆，未能如隱湖毛氏之盡美也。甲子二月，正闇。

二妙集八卷　四册

金段克己、成己撰。

鈔本。

前有臨川吴澂序，後有孫輔一跋。

有「翰林院印」，又「一六淵海」、「閩海清源涺水江夏派皕澤居四部滙覽」印。

二段在金國享文學盛名，世稱遯庵、菊軒兩先生者是也。遯庵磊落，菊軒謹厚，而志節相同。集爲遯庵之孫輔所刊行，鈔多訛而極舊。金人集少，得此聊足娛也。丁巳六月，正闇。

戊辰正月，於吴肆見藝風前輩爲吴仲飴侍郎校刻是集，攜歸對之，於第五卷遯庵先生《花木八詠·梅花月》一題，闕末七字，此本乃不闕，遂可校補。鈔本之可貴如此，惜不及呼藝風起而告之。正闇讀記。

太倉稊米後集十二卷　一册

題廬陵周少隱集。

鈔本。

有「新安孫氏祕本」一印，又「上善堂書畫珍藏」一印，又「錢塘丁氏正修堂藏書」一印。

此皆選宋末元時詩，當時因名《太倉稊米集》，遂誤加「周少隱」字耳。少隱名紫芝，南宋初人，安得選元人詩哉？書爲孫慶增家藏，版匡與汲古《吴郡志》、《中吴紀聞》同，其來甚古，不能以少前集而少之。竹書堂主曼記。

康熙五十有二年，新安孫從添藏書。在卷尾。

懷舊集二卷　一册

清馮舒纂。

鈔本。

前有太歲丁亥舒自序。

《懷舊集》上下卷，已刻入《滂喜齋叢書》。點對一過，潘刻序末「太歲丁亥」，刻作「順治丁亥」，他無異同。此册繕寫秀整，疑即空居閣清本也。前後印章悉在《寶硯齋印譜》中。此册實愛日精廬舊藏，後葉邑傳字跡微異，疑亦張氏所補録。邑傳謂以此集得禍，當屬《顧大武飛將軍賦》及不記順治年號二事而言耳。癸丑秋日羣碧樓新得，長洲章鈺記。

玉臺廣詠不分卷　十册

題扶桑閣主人私記。

鈔本。

有「朱邁印」、「爾邁之印」、「人遠父」三印。

容齋詩話六卷　三册

宋洪邁撰。

鈔本。

洪氏諸賢在南宋著述最富。此六卷近人雖已刻入叢書，而流傳甚少，要當重刊以廣流傳。鈔手極舊，惜無藏印。壬戌五月，羣碧檢記。

圍爐詩話六卷　二册

明吴喬撰。

鈔本。

前有吴喬自序。

有「張紹仁」、「學安」、「讀異齋藏」諸印，又「紹仁之印」、「訒盦」、「長洲張氏印」。

卷中推尊工部不遺餘力，醜詆二李之學工部亦不遺餘力。作者生於明末，蓋曾私淑二李，晚乃獨出隻眼，尚論古人，而自悔衰老，不能復入老杜之室，故其言痛切如此。雖其所見亦或偶有偏激，然其論律甚細，用功甚深，即起于鱗、獻吉於一堂，不能折其詞也。俗學誤人，得此可爲鍼砭。國朝詩派無瞎盛唐一流，虞山、新城壁壘一變，後之作者才力雖有短長，而格調不同浮剽，其亦作者與馮氏昆弟主持排陷之力歟。丁未五月，正闇讀於淀園直廬。

碧雞漫志 一册

宋王灼撰。

鈔本。

寒瘦山房鬻存善本書目

目録

寒瘦山房鬻存善本書目卷一 …… 二六七

宋本　元本　景宋鈔本　景元鈔本

四書輯釋　二十册 …… 二六七

增修互注禮部韻略五卷　十册 …… 二六七

晉書音義三卷　三册 …… 二六七

四明志存二卷　一册 …… 二六八

新編方輿勝覽存十六卷　八册 …… 二六九

張氏集注百將傳存十卷　三册 …… 二六九

通典存八卷　三册 …… 二七〇

宋史筆斷十二卷　六册 …… 二七〇

孔叢子七卷　六册……二七一
標題徐狀元補注蒙求三卷　三册……二七二
大佛頂如來密因修證了義諸菩薩萬行首楞嚴經十卷　十册……二七三
杜工部集二十卷補遺一卷　十六册……二七三
朱文公校昌黎先生文集四十卷外集十卷　十六册……二七四
居士集存四卷　四册……二七四
蘇文忠公文集存三卷　一册……二七五
蘇文定公文集存六卷　五册……二七五
書稿存二卷　二册……二七六
棠湖詩稿一卷　一册……二七六
南宋小集　五十册……二七八
唐三體詩注二十卷　四册……二八四
唐詩鼓吹十卷　五册……二八五
國朝文類七十卷　二十四册……二八六
天下同文集五十卷　二册……二八七

元人詩　一册……二八七

寒瘦山房鬻存善本書目卷二……二八九

明刻本

春秋經傳集解三十卷　十五册……二八九
四書　二十册……二八九
埤雅二十卷　十二册……二九〇
三國志六十五卷　十二册……二九一
三國志六十五卷　十二册……二九一
晉書一百三十卷　一百二十册……二九一
南史八十卷　二十册……二九二
北史一百卷　三十册……二九二
五代史七十四卷　十二册……二九二
宋史四百九十六卷　一百册……二九二
元史二百十卷　五十册……二九三
通鑑綱目五十九卷續通鑑綱目二十七卷　一百八十册……二九三

元史紀事本末四卷　二册……二九四
松漠紀聞一卷　一册……二九四
弇山堂别集一百卷　二十四册……二九五
姑蘇志六十卷　二十册……二九五
遼籌二卷奏草一卷陳謡雜詠一卷　二册……二九五
朝鮮賦一卷　一册……二九六
孔子家語八卷　二册……二九六
孔子家語十卷　二册……二九七
賈太傅新書十卷　二册　明時原裝……二九七
賈太傅新書十卷　四册……二九七
新序十卷　三册……二九八
説苑二十卷　十册……二九八
夢溪筆談二十六卷　八册……二九八
北堂書鈔一百六十卷　三十六册……二九九
太平御覽一千卷　一百六十册……二九九

册府元龜一千卷　三百册……二九九
錦繡萬花谷一百卷　四十四册……三〇〇
喻林一百二十卷　四十册……三〇〇
唐類函二百卷　五十册……三〇一
世説新語六卷　六册……三〇一
學圃藼蘇六卷　十二册……三〇一
二十家子書　二十册……三〇二
兩京遺編　十九册……三〇三
漢魏叢書　二十四册……三〇五
百川學海　六十四册……三〇六
鹽邑志林　二十册……三一三
楚辭十七卷　十二册……三一六
蔡中郎文集十卷　四册……三一六
曹子建集十卷　四册……三一七
岑嘉州集八卷　四册……三一八

漫叟拾遺　一册……三一八
韋蘇州集十卷　六册……三一八
陸宣公奏議二十四卷　八册……三一九
昌黎先生集四十卷遺文一卷外集十卷　卅二册……三二〇
李文公集十八卷　四册……三二〇
孟東野詩集十卷　四册……三二一
白氏長慶集存四十三卷　十二册……三二一
八叉集四卷　四册……三二二
孫可之集十卷　一册……三二三
東坡四六四卷　四册……三二三
后山詩注十二卷　四册……三二三
艾軒先生文集十卷　六册……三二四
龍洲集十卷　四册……三二四
遺山詩集二十卷　八册……三二五
東里文集二十五卷　四册……三二五

石田先生集不分卷　六册……三二六
玉臺新詠十卷　二册……三二六
古文苑二十一卷　八册……三二七
詩紀前集十卷詩紀一百三十卷外集四卷别集十二卷　二十册……三二八
風雅翼十二卷　十册……三二八
皇明文範六十八卷　四十册……三二八
寒瘦山房鬻存善本書目卷三……三二九
嘉靖刻本
吕氏家塾讀書記三十二卷　二十册……三二九
史記一百三十卷　一百册……三三〇
前漢書一百二十卷　二十册……三三一
後漢書一百三十卷　二十二册……三三一
舊唐書二百卷　四十册……三三二
五代史七十四卷　十二册……三三二
遼史一百十六卷　十二册……三三三

金史一百三十五卷　二十四册……三三三
資治通鑑二百九十四卷　八十册……三三四
前漢紀三十卷　四册……三三四
後漢紀三十卷　四册……三三五
汲冢周書十卷　二册……三三五
路史前紀九卷後紀十三卷國名紀六卷國名紀信一卷大衍一卷發揮六卷餘論十卷　十六册……三三六
國語二十一卷　八册……三三六
戰國策十卷　八册……三三七
越絶書十五卷　二册……三三七
南唐書三十卷　六册……三三八
三輔黄圖六卷　二册……三三九
水經四十卷　二十册……三三九
吕氏春秋二十六卷　十六册……三三九
韓非子二十卷　四册……三四〇
重廣補注黄帝内經素問二十四卷　十册……三四〇

補注釋文黄帝内經素問十二卷 七册……三四〇
黄帝素問靈樞經十二卷 三册……三四〇
脈經十卷 六册……三四一
醫學綱目四十卷 三十八册……三四一
重修政和經史證類備用本草三十卷 十册……三四二
太玄經十卷 八册……三四二
世德堂刊六子凡六十卷 十六册……三四四
野客叢書三十卷附録一卷 八册……三四四
藝文類聚一百卷 三十二册……三四五
初學記三十卷 廿八册……三四五
白孔六帖一百卷 四十八册……三四五
事類賦三十卷 十六册……三四六
錦繡萬花谷前集四十卷續集四十卷後集四十卷 二十册……三四六
何氏語林三十卷 二十册……三四七
列仙傳二卷 二册……三四七

山海經十八卷　一册……三四七
六朝詩集　十二册……三四七
元氏長慶集六十卷　八册……三四九
白氏長慶集七十一卷　十册……三四九
韓文四十卷外集十卷附集傳一卷遺文一卷　六册……三五〇
柳文四十三卷別集二卷外集二卷附録一卷　六册……三五〇
河東先生集四十五卷外集二卷龍城録二卷附録二卷　四十五册……三五〇
張文潛文集十三卷　二册……三五一
南豐先生元豐類稿五十卷附録一卷　八册……三五一
南豐曾先生文粹十卷　二册……三五二
歐陽文忠公全集一百五十三卷附録六卷　二十四册……三五二
嘉祐集十五卷　六册……三五三
臨川先生文集一百卷　二十册……三五三
東坡集四十卷後集二十卷奏議集十五卷内制集十卷外制集三卷
應詔集十卷續集十二卷　三十册……三五四

欒城集五十卷欒城後集二十四卷欒城第三集十卷　二十六册……三五四
豫章黄先生文集三十卷别集二十卷外集十四卷簡尺二卷詞一卷年譜三十卷
附伐檀集二卷　三十二册……三五五
淮海先生前集四十卷後集六卷　十二册……三五五
晦庵先生朱文公文集一百卷續集十一卷别集十卷　四十册……三五六
缶鳴集十二卷　四册……三五六
震澤先生集三十六卷　五册……三五六
對山集十九卷　六册……三五七
王氏家藏集四十一卷慎言十三卷雅述篇二卷内臺集七卷　十六册……三五七
空同集六十三卷　十册　明時原裝……三五七
邊華泉集八卷　四册……三五八
何大復先生集三十八卷　八册……三五八
六家文選六十卷　六十册……三五八
文選六十卷　二十册……三五九
文選六十卷　二十册……三六〇

唐文粹一百卷　十六册……三六〇
宋文鑑一百五十卷　二十册……三六一
元文類七十卷　二十册……三六一
萬首唐人絶句七言七十五卷五言二十五卷六言一卷　二十册……三六一
唐詩紀事八十一卷　三十六册……三六二
詩話總龜前集四十八卷後集五十卷　十册……三六二
草堂詩餘前集二卷後集二卷　四册……三六三
寒瘦山房鬻存善本書目卷四……三六四
鈔校本
正音切韻復古編　一册……三六四
遼史拾遺不分卷　四册……三六四
元朝典故編年考十卷　四册……三六五
南燼紀聞　一册……三六六
金姬傳一卷　一册……三六七
鳳洲筆苑八卷　四册……三六七

江南野史十卷 一册 …… 三六八
南唐近事三卷 一册 …… 三六八
東坡烏臺詩案 一册 …… 三六八
明季稗史 八册 …… 三六九
夢粱録二十卷 四册 …… 三七二
西域瑣談四卷 八册 …… 三七二
澳門新聞紙 六册 …… 三七三
大唐六典三十卷 四册 …… 三七三
中興館閣録十卷續録十卷 四册 …… 三七四
文淵閣書目 一册 …… 三七四
國史經籍志六卷 三册 …… 三七四
絳雲樓書目一卷 一册 …… 三七五
述古堂書目 一册 …… 三七五
培林堂書目 三册 …… 三七六
孝兹堂書目 一册 …… 三七六

海昌經籍志略四卷　四册……三七六
金石録三十卷　四册……三七七
金石林　一册……三七七
撼龍經一卷疑龍經二卷　四册……三七八
珊瑚木難八卷　八册……三七八
書畫題跋記十二卷續記十二卷　四册……三七八
珊瑚網　八册……三七九
賓退録十卷　二册……三七九
麈史三卷　四册……三八〇
五色線中卷　一册……三八〇
全芳備祖前集二十七卷後集三十一卷　十册……三八一
涑水紀聞二卷　二册……三八一
紫桃軒雜綴四卷　一册……三八二
菰中隨筆三卷　四册……三八二
西山日記二卷　一册……三八三

癸巳賸稿　一册……三八三
大佛頂如來密因修證了義諸菩薩萬行首楞嚴經十卷　五册……三八四
道德真經指歸七卷　二册……三八四
穆參軍集三卷　一册……三八五
安岳吟稿八卷　一册……三八六
無爲集十五卷　四册……三八六
倚松老人詩集二卷　二册……三八七
演山先生文集六十卷　五册……三八七
謝幼槃文集十卷　一册……三八七
傅忠肅公文集三卷　一册……三八八
西渡詩集一卷　一册……三八九
石林居士建康集八卷　四册……三八九
栟櫚先生文集十二卷　四册……三九〇
盤洲文集八十卷　九册……三九〇
南湖集十卷　五册……三九一

何潛齋先生文集四卷　一册……三九一
兩宋名賢小集　十二册……三九二
興觀集一卷山村遺稿一卷　一册……三九六
湛淵集一卷　一册……三九七
重刊胡雲峰先生文集八卷附録二卷　一册……三九七
周此山先生詩集四卷　二册……三九八
馬石田文集十五卷　十二册……三九八
道園遺稿六卷　一册……三九九
范文白公詩選六卷　四册……三九九
所安遺集　一册……四〇〇
薩天錫詩集三卷　一册……四〇〇
栲栳山人詩集三卷　二册……四〇〇
丁鶴年先生詩集　一册……四〇一
九靈山房集三十卷　四册……四〇一
佩玉齋類稿十卷　二册……四〇二

東維子集三十卷附録一卷　四册……四〇二
佩韋齋全集二十卷　四册……四〇二
説學齋稿不分卷　八册……四〇三
鼓枻稿六卷　三册……四〇三
逃虚子詩集十卷　二册……四〇四
歸震川先生未刻集二十五卷　六册……四〇四
何陋居集一卷甦庵集一卷　二册……四〇八
投筆集二卷　二册……四〇八
鮚埼亭詩集十卷　二册……四〇九
蓀蕙堂稿　一册……四一〇
聖宋名賢五百家播芳大全文粹一百十卷　六十四册……四一〇
玉山名勝集二卷外集二卷紀游一卷　四册……四一一
吴都文粹續集五十四卷　十册……四一二
羣英珠玉五卷　一册……四一二
鼓吹續音二十卷　十二册……四一三

文苑英華辨證十卷　一册……四一四
韻語陽秋二十卷　六册……四一五

寒瘦山房鬻存善本書目卷五……四一六

明鈔本　名人手鈔本

契丹國志二十七卷　一册……四一六
北狩見聞録　一册……四一六
中興禦侮録二卷　一册……四一七
襄陽守城録一卷　一册……四一七
辛巳泣蘄録一卷　一册……四一七
弔伐録二卷　一册……四一七
宋六將傳　一册……四一八
江南野史十卷　一册……四一八
錦里耆舊傳存四卷　一册……四一九
吴越備史一卷　一册……四一九
南燼紀聞　一册……四一九

竊憤録一卷竊憤續録一卷 一册……四一九
靖康紀聞一卷 一册……四一九
采石瓜州斃亮記一卷 一册……四二〇
建炎維揚遺録一卷 一册……四二一
建炎復辟記一卷 一册……四二一
僞齊録二卷 一册……四二一
南遷録一卷 一册……四二二
庚申外史二卷 一册……四二二
遼紀一卷 一册……四二二
安南棄守本末一卷 一册……四二二
洪武聖政記一卷 一册……四二三
欽定滁陽王廟碑歲祀册 一册……四二三
奉天靖難記二卷 一册……四二三
彭文憲公筆記一卷 一册……四二四
定興忠烈王平定交南録 一册……四二四

國朝典故　十九册……四二五
玉峰志三卷續志一卷　二册……四二八
齊民要術十卷　四册……四二九
雪庵字要　一册……四三〇
硯史一卷　一册……四三二
梁谿漫志十卷　二册……四三三
老學庵筆記十卷　三册……四三三
續談助五卷　三册……四三四
大學增修聲律太平總類　一册……四三六
續世説十卷　六册……四三七
宋胡忠簡公經筵玉音問答　一册……四三八
家世舊聞二卷　一册……四三九
蒼雪庵日鈔　二册……四四〇
維禎録一卷附録一卷　一册……四四一
迎鑾三紀　一册……四四一

大滌洞天記三卷　二册……四四二
嵇中散集存四卷　一册……四四二
鹿門集三卷　一册……四四三
徐公文集三十卷　四册……四四四
鉅鹿東觀集七卷　一册……四四五
斜川集六卷　二册……四四六
眉山唐先生文集二十卷　二册……四四七
芳蘭軒集　一册……四四八
二薇亭詩集　一册……四四八
松籌堂集十二卷　六册……四四八
松雨軒詩集八卷　四册……四四九
履齋遺稿二卷　一册……四五〇
桃溪百詠　一册……四五〇
鯨背吟　一册……四五一
咸甫集　二册……四五一

文苑英華一千卷　一百二十册……四五二
吴夢窗詞集　四册……四五二

寒瘦山房鬻存善本書目卷六……四五五

名人手校本

韓詩外傳十卷　四册……四五五
韓詩外傳十卷　四册……四五五
周官禄田考三卷　一册……四五七
春秋分記九十卷　十七册……四五七
釋骨　一卷……四五九
前漢書一百二十卷　二十册……四五九
舊五代史一百五十卷　十四册……四六〇
三朝北盟會編二百五十卷　三十二册……四六三
元名臣事略十五卷　四册……四六四
華陽國志十二卷　四册……四六五
華陽國志十二卷　四册……四六七

乾道臨安志三卷　二册……四六八
琴川志十五卷　四册……四六九
水經注箋四十卷　二十册……四七〇
東京夢華録十卷　一册……四七〇
歷代宅京記二十卷　四册……四七二
金石録三十卷　四册……四七二
史通二十卷　六册……四七三
史通二十卷　四册……四七六
鬼谷子三卷　三册……四七八
淮南鴻烈解二十一卷　四册……四八〇
困學紀聞二十卷　四册……四八〇
重雕足本鑒誡録十卷　三册……四八一
墨莊漫録十卷　一册……四八二
硯北雜録不分卷　四册……四八三
鮑明遠集十卷　二册……四八三

李杜詩十六卷　八册……四八四
宗玄先生文集三卷　一册……四八五
李遐叔文集四卷　四册……四八六
賈浪仙長江集七卷　二册……四八六
王建詩十卷　一册……四八九
金荃集七卷　一册……四九一
唐祕書省正字先輩徐公鈞磯文集十卷　四册……四九一
河東柳仲塗先生文集十六卷　二册……四九二
小畜外集七卷　一册……四九三
丹淵集四十卷拾遺二卷年譜一卷附録一卷　四册……四九四
歐陽先生文粹二十卷遺粹十卷　十二册……四九五
陵陽先生詩四卷　二册……四九六
後村居士集五十卷　二十四册……四九七
桐江集四卷　八册……四九七
中齋劉先生文集十五卷　六册……四九八

句曲外史貞居先生集八卷　九册……四九九
江月松風集十二卷　一册……五〇〇
梧溪集七卷　六册……五〇〇
存復齋文集十卷　八册……五〇三
吕敬夫詩不分卷　二册……五〇三
敬業堂詩集五十卷　十册……五〇五
鮚埼亭集三十八卷　六册……五〇五
獨學廬初稿詩八卷文三卷讀左巵言一卷漢書刊訛一卷　四册……五〇七
竇氏聯珠集　一册……五〇八
九僧詩不分卷　一册……五一〇
宋僧詩選後集三卷附續集一卷　二册……五一一
大雅集八卷　八册……五一一
三唐人集三十四卷　八册……五一三
唐三體詩六卷　六册……五一四
唐詩七百十七卷　一百六十册……五一六

寒瘦山房鬻存善本書目卷七

寒瘦山房鬻存善本書目卷七……五二〇

自校本

春秋繁露十七卷　四册……五二〇
宋季三朝政要六卷　四册……五二一
南燼紀聞一卷北狩見聞録一卷　一册……五二三
中吴紀聞六卷　四册……五二五
歷代帝王宅京記二十卷　八册……五二六
讀書敏求記四卷　八册……五二八
蘆浦筆記十卷　二册……五二九
論衡三十卷　八册……五三一
鶴林玉露十六卷　八册……五三二
唐摭言十五卷　二册……五三三
玉壺清話十卷……五三四
河南邵氏聞見後録三十卷　四册……五三四
黄谷譔談四卷　四册……五三四

嵇中散集十卷 二册……五三五
二俊文集二十卷 四册……五三六
唐元次山文集十卷拾遺一卷 四册……五三七
元次山集不分卷 一册……五三八
杼山集十卷 四册……五三八
劉賓客文集三十卷外集十卷 八册……五三九
李長吉詩集五卷 四册……五三九
白蓮集十卷 四册……五四〇
禪月集二十五卷補遺一卷 四册……五四〇
翠微南征録十一卷 一册……五四一
樵雲獨唱六卷 二册……五四三
樵雲獨唱一卷 一册……五四四
詠懷堂詩集四卷外集二卷丙子詩一卷戊寅詩一卷 二册……五四四
玉臺新詠十卷 四册……五四五
樂府詩集一百卷 四十册……五四七

寒瘦山房鬻存善本書目卷一

宋本　元本　景宋鈔本　景元鈔本

四書輯釋　二十册

元倪士毅訂。

元刻本。每半葉十二行，行大字二十，小字二十三。

增修互注禮部韻略五卷　十册

宋毛晃增注。

元刻本。每半葉十一行，行大字十四，小字雙行二十八。

晉書音義三卷　三册

唐何超撰。

宋刊元補本。

前有天寶六載楊齊宣序。

有「平原陸氏藏書印」、「棣華書屋」二印，又「雲甫」、「永安居士」二印。

此三卷實宋雕也。惟中多元明補葉，且印稍模糊，紙復蠹損，遂覺減色耳。上卷之七、八、九三葉，中卷之前四葉及十四、五、六等葉，下卷之前七葉，及十葉、十八、九、廿、廿一等葉，皆是宋刊。楮葉雖稀，楷模未失，世有鑒者，當不易吾言也。乙丑三月，羣碧讀記。

四明志存二卷　一册

宋羅濬撰。

宋刊本。每半葉十行，行十八字。

存第七、第八。

有「五福五代堂古稀天子寶」一，「八徵耄念之寶」一，「太上皇帝之寶」一，「乾隆御覽之寶」一，「天禄繼鑑」、「天禄琳瑯」各一章。

此《寶慶四明志》也，天一閣藏書有之，此則内府珍物，尚是原裝，各寶屢見著録。庚子西狩，内廷寶藏已漸漸出於廠肆。自辛亥後益夥，斷縑零楮，球璧同珍。天府所儲，本可公諸士庶，但不可爲强者所盜取，致不免淪於昆明之劫灰、阿房之焦土耳。癸亥人日，正闇居士謹記。

新編方輿勝覽存十六卷　八册

宋祝穆編。

宋刻殘本。每半葉十四行，行廿三字，大字當小字雙行。

存十五卷之三十。

有「王鳴盛印」、「西莊居士」兩印。

張氏集注百將傳存十卷　三册

宋張預輯。

宋刊本。每半葉十四行，行二十四字。

存卷五十四之五十八，卷六十四之六十八。

有「徐氏傳是樓藏書」一印，又「陳氏審定」一印。

宋槧張預輯《百將傳》殘本二册，每半葉十四行，行廿四字。卷五十四之五十八一册，六十四之六十八一册，計僅十卷。玩其楮墨簇新，古香古色，雖散佚殘編，實不啻片羽吉光之可寶，後有藏者，宜拱璧珍之。嘉慶丁巳小寒日題於詠絮齋，南棨述庵王昶，時年七十有四。左目生花，故不工也。「青浦王昶字曰德甫」、「一字述庵別號蘭泉」。兩印。

《百將傳》二册，如新印行者，極可寶。此種書在宋時只是坊刻，然已精美若是。又歷數百年，而初無黰敝之色，殆真有護持之者耶。蘭泉司寇書殊工，其印記乃未工耳。又有傳是樓一章，愈足爲藏家增重也。戊午二月，正闇。

書中頗有丹黄，未知出自誰手。古人往往校讀精審，而不署一字，其不好名之心，非今人所及也。又記。

通典存八卷　三册

唐杜佑撰。

宋刻本。每半葉十五行，行大字二十八，小字雙行三十三四不等。

存八十三之八十五，又一百三十六之一百四十，凡八卷。（參見本書第五五八頁）

宋史筆斷十二卷　六册

題正誼堂編集。

元刻本。每半葉十行，行十九字。

有「三山陳氏居敬堂圖書」一印。

此書載在《四庫存目》，不著撰者姓氏。篇中持論頗正，而略涉於迂，且於仁宗亦訾之甚力，未免鄰於太甚。傳刻極少，邵《目》記行款與此本同，云與大德本《漢書》絶相似也。乙丑七月，正闇。

孔叢子七卷 六册

宋宋咸注。

北宋刊本。每半葉八行，行十四字。

有「鬱華閣藏書記」、「享之千金」二印。

前有嘉祐三年十二月十日廣南西路諸軍水陸計運轉使兼本路勸農使朝散大夫尚書度支郎中上輕車都尉賜紫金魚袋臣宋咸《進孔叢子表》。又有嘉祐三年戊戌二月日提點廣南西路諸州軍刑獄公事兼本路勸農事朝散郎守尚書屯田郎中上輕車都尉賜緋魚袋借紫臣宋咸《注孔叢子序》。

鬱華閣遺書甚夥，半爲寒雲公子所得，今且又轉入於他手矣。余費番餅五百枚，僅乃獲此六册。反覆觀之，喜不自禁。世或訾此本爲明時翻刻者，不知非也。七卷本在明時極矜重，《鐵琴銅劍樓目》有明翻袖珍七卷本，與此不同，然且希見，況此書寫刻並極雅好，決非明人所能學步者耶。海内孤本，非意園祭酒，孰能鑒之。庚申十月，正闇學人記。

瞿氏《書目》明人翻梓本，題「宋咸注，程以進閱」。今此書有宋注，無程閱，又非墊印、挖款作僞者比，故此爲北宋巾箱本祖刻，可無疑也。頃將返吴門，暇當檥舟罟里，求觀是藏，一訂證之，亦貧者之一樂也。辛酉四月，正闇倚裝書此。

標題徐狀元補注蒙求三卷　三册

宋徐子光補注。

宋刻本。每半葉十行，注小字雙行，行二十六字。有「宋本」、「南峰道人」、「子昭石田」、「述古堂藏書記」、「彦淵」、「馮知十讀書印」、「知十印」、「馮彦淵讀書記」、「小長蘆」、「稽瑞樓」、「王峻」、「韓菼之印」、「元少」、「王印暈」、「曰璐之印」諸藏印。

宋刻《蒙求》三卷，諸家未著録，丁氏《善本書室藏書志》收明刊本，乃顧起綸補注，云起綸以中多佳事儁語，特著標目，復署類編次，改爲三卷，並自爲序。寫刻精工，版心有「奇字齋」三字，蓋與《王右丞集》同刊者也。顧氏刻本，今亦罕見，然此書題《標題徐狀元補注蒙求》，已分上、中、下三卷，是徐子光補注時即爲三卷。《書録解題》所云後人併爲二卷，殊非實事，或二、三之傳寫有誤耳。明人刻書，多自出心裁，奇字齋刻《右丞集》，讀者頗詬病之，安知非見此本而復加編次耶？昔人謂書非宋刻不可，由此言之，使此本湮没不彰，又誰知徐氏之本爲三卷耶？此刻美樸，有「述古」、「彦淵」、「稽瑞」諸印，知出虞山藏家，又有小長蘆及韓元少、王石谷、馬佩兮諸藏印，亦俱精確，可稱宋刊孤本，安得不珍而守之。戊午二月，正闇檢記。

檢澁江《訪古志》，所列鈔槧各本極多，惟有一鈔本「標題」云云，與此本合。又云「古注本以『滕公佳城』、『陳逵豪爽』爲中、下之首，而《補注》諸本則以『史丹青蒲』爲中卷之首，『相如題柱』爲下卷之首，意徐氏原第當如此」云云。此本正是如此，使澁江得見宋本，當爽然無疑也。正闇又記。

《畿輔叢書》用古注本刊行，據日本天瀑山人跋稱，徐子光《補注》繁濫，或目狃其增多，而病原本之簡省，是買菜傭之見。此誠日本人之論耳。《蒙求》雖不病簡略，然繁徵博引，亦何傷乎記問。且子光注是書，自是子光之學，讀者勿爲俗論所囿，不廢古注可矣。叢書本亦有間采《補注》者，是又後人所竄入。甚矣，刻古書之難也。甲子五月檢書偶記，正闇。

大佛頂如來密因修證了義諸菩薩萬行首楞嚴經十卷 十册

元沙門惟則會解。

元刻本。每半葉十一行，行二十一字。

前有至正壬午惟則序，又沙門克立跋，後有惟則勸持敘，又克立刊經跋。

序後有「版留平江在城獅子林」小字一行，末有「萬曆三十年世刹海十方禪院常住記」三行。

杜工部集二十卷補遺一卷 十六册

唐杜甫撰。

景宋鈔本。

前有寶元二年王洙記，後有嘉祐四年王琪後記。有「定府圖書」一印。

此書每半葉十行，行二十字，乃從宋本景鈔。中多避諱字，如「桓」、「完」、「徵」、「殷」、「竟」、「樹」

等字，皆缺末筆，而「慎」、「敦」字不缺，似是北宋刊本，故不避南宋諱也。書用舊皮紙畫烏絲闌，所寫字雖不工，而雅飭整潔，首尾一律，可稱精好。己巳五月，正闇寫記。

朱文公校昌黎先生文集四十卷外集十卷　十六册

唐韓愈撰，宋朱熹考異。

元刻本。每半葉十三行，行二十三字，小字雙行同。

前有寶慶三年王伯大序。

居士集存四卷　四册

宋歐陽修撰。

宋刊本。每半葉十行，行十六字。

有「世榮」、「韓路里印」兩印。

存二十、二十一、二十二、二十三四卷。舊蝴蝶裝，第二十三卷綫裝。

《居士集》宋刊本，瞿《目》有之，今僅存四卷，喜其蟬系銜接，爲不完中之片璧。比來古書日尠，尺璧皆可爲寶。昔人藏《周益公集》，往往只存一二卷。以此衡之，彼二百而取一，今五十而得四，不已多乎。《益公集》行款字數與此並同，余篋亦有二卷，大可儲之一函，爲廬陵兩文忠之合也。乙丑三月，正闇。

蘇文忠公文集存三卷　一册

宋蘇軾撰。

宋刊本。每半葉九行，行十五字，小字雙行同。

存卷十七、卷十八、卷十九三卷。

辛亥國變，其明年三月，余自大連移家天津，先君就養，居一隘巷中，饔飧幾不繼矣，而嗜古之念未衰。昔之京肆書友，猶聯翩挾書就余，不知余之無力以舉也。一日客攜此帙並《蘇文定集》及宋刻小字《册府元龜》二册俱來，皆蝴蝶舊裝，是宫中物，但無「古稀天子之寶」耳。余愛之不能割，不得已唯留二蘇，以《册府》經多人著録，此則人間未見之祕也。文忠尚有文一卷，爲好書貴人所索，余故只以「三坡六潁」名其居爾。十年以來，余爲鮮民，窮且益甚，難再有餉余古書者，固將掉頭不顧，然亦竟無來餉者。正闇。

蘇文定公文集存六卷　五册

宋蘇轍撰。

宋刊本。每半葉九行，行十五字，小字雙行同。

存卷一、卷二、卷三、又卷十六、卷十七、卷十八。

有「俞氏竹素園印」一印。

《文忠集》止存詩三卷，《文定》存詩三卷，文亦三卷，且《文忠》前後不完，印手亦磨滅，《文定》既無闕遺，字亦彌見精好，文字之福，弟固勝於兄耶。同爲殘帙，而版式前題皆同，幸而兩集並存，如驂之靳，友于之愛，靈爽式憑，雖千秋殘簡，亦不忍離而爲二也。此刻未見著録，更無論完帙，賴此以存天壤，宜爲永寶。因舊裝已多損蝕，改用線裝，庶便展玩。癸亥十月，羣碧寫記。

書稿存二卷　二册

宋周必大撰。

宋刻殘本。每半葉十行，行十六字。

存卷一、卷二。

有「貞元」、「季雅」、「學林堂」、「蟫盦」、「嚴氏久能」、「元照之印」、「今月香修」諸印。

去年仲秋，余過烏鎮，以文先生贈予《周益公書稿》首二卷殘本，紙墨極佳，有「貞元」、「季雅」二圖記，知是鳳洲藏書。季冬之月，以文家厄於火，是册得免落他人之手，於乎悕與。壬子元旦，芳椒堂主人嚴元照偶書。

此書紙墨至美，藏家著録多是殘帙，不以少而不珍也。後第二壬子四月廿一日，羣碧樓主人讀記。

棠湖詩稿一卷　一册

宋岳珂撰。

汲古閣景宋鈔本。有「臨安府棚北大街陳宅書籍舖印行」字。

有「毛晉之印」、「毛氏子晉」二印，又「士禮居藏」、「平江黃氏圖書」二印。

嘉慶乙丑冬，錢唐何君夢華訪余，出其友所藏宋刻《棠湖宮詞》示余，因素知余有毛鈔影宋本也。宋刻果出毛氏，上有「宋本」、「甲」圖記，餘皆子晉名號章，無他人印記。紙黄色，闊連，係竹料。首標「棠湖詩稿」四字，下有墨釘，版心第曰「棠湖一」、「棠湖二」，不標「宮詞」，疑當日宋刻中一種，故不標「宮詞」。第三十末句「捷書清曙入行宮」，「曙」缺筆作「曙」；第三十八首句云「外庭公事近今稀」，「今」誤字作「金」。有紅筆校「今」。凡遇缺文，作墨釘。茲毛鈔版心，添入「宮詞」字，「曙」不諱「曙」，「今」不仍「金」，俱非其舊矣。始歎書必宋刻乃佳，此論甚確，否則汲古如毛氏，而一經影寫，已多歧異，何論「書經三寫」者乎？天下書安能盡得宋刻，即有矣，未必盡能見，書福如余，而或得之，或不能得而見之，俾得考其同異，豈不大幸。因記數語於此。十二月初五日，嚴寒閉户，擁爐炙硯書，蕘翁。

此毛子晉景宋鈔本，余得於京師正文齋。後有蕘翁題字，蓋士禮居藏書也。蕘翁見宋刻本，拈出「曙」、「金」兩字，今此書藏嘉興錢氏，「金」改「今」，朱筆，其影印本不可見矣。猶訾毛鈔之不精，不知後蕘翁百餘年，毛鈔日稀，且更無能精鈔如毛氏者矣。肅之此稿，《四庫》著録在《存目》，頗疑非其詩筆，末更疑爲樊榭諸君《北宋雜事詩》遺稿，好事者嫁名於珂，此則未免陋矣。夫宮詞之作，必謂其別有體裁，不應遽失故步，已非篤論，乃因渌飲録進，未詳所自，致以臨安坊刻之陳編，疑爲並世詩人之遺詠，何其武斷乃爾耶。紀、陸諸公，共稱淹博，提要之纂，獨有千秋，惟遇古書版本之流傳，於所不知未能蓋闕，疏舛之譏，恐不能免。因檢此册，爲刊正之。己酉三月十日，正闇燈下記。

此書余有兩本，皆毛鈔也。其一即在五十鉅册《宋人小集》中，佩伯曩欲此册，余始終未忍割棄。甲寅之春，余自瀋陽還京，忽欲刊一叢書，以此册爲嚆矢。會有吴某者，頗知書史，願任校刻之役，攜此册去，寫樣并刻一紙，兼照蕘翁跋影寫，上版刻成，雖不能似，而大致不差。余方欣喜，及索蕘翁原跋，則已不知何往。余頗疑其景寫一本，而用蕘翁跋裝成，以取善價。但其人亦非能作僞者，百計求之，且懸重值購回而終不可得。余心中懊恨，遂輟而不刊，至今册中猶存刻樣一紙、寫樣五紙、蕘跋刻樣一紙，以爲毁失此書之罪案。噫，一物之存毁，豈復有常，獨心欲流傳，而事同劫火。如余此書，不獨爲蕘翁之罪人，亦深負佩伯之死友矣。故特著之，以志吾過。己巳六月檢此，羣碧記。

南宋小集　五十册

《石屏續集》四卷　戴復古

《石屏長短句》一卷

《龍洲道人詩集》一卷　劉過

《方泉先生詩集》三卷　周文璞

《白石道人詩集》一卷　姜夔
《野谷詩稿》六卷　趙汝鐩
《安晚堂詩集》七卷　鄭清之存六之十二
《雲泉詩集》一卷　釋永頤
《棠湖詩稿》一卷　岳珂
《橘潭詩稿》一卷　何應龍
《菊潭詩集》一卷　吴仲孚
《芸隱勸游稿》一卷　施樞
《芸隱横舟稿》一卷
《梅屋詩稿》一卷　許棐
《融春小綴》一卷
《梅屋第三稿》一卷
《梅屋第四稿》一卷
《梅屋詩餘》一卷
《汶陽端平詩雋》四卷　周弼

《竹溪十一稿詩選》一卷　林希逸

《雲泉詩》一卷　薛嵎

《雪坡小稿》二卷　羅與之

《菊磵小集》一卷　高九萬

《疎寮小集》一卷　高似孫

《雅林小稿》一卷　王琮

《學吟》一卷　朱南杰

《學詩初稿》一卷　王同祖

《梅屋吟》一卷　鄒登龍

《皇荂曲》一卷　鄧林

《庸齋小集》一卷　沈説

《靖逸小集》一卷　葉紹翁

《秋江煙草》一卷　張弋

《癖齋小集》一卷　杜斿

《巽齋小集》一卷　危稹

《竹所吟稿》一卷　徐集孫
《北窗詩稿》一卷　余觀復
《吾竹小稿》一卷　毛珝
《西麓詩稿》一卷　陳允平
《雪林删餘》一卷　張至龍
《鷗渚微吟》一卷　趙崇鉘
《抱拙小稿》一卷　趙希楷
《蒙泉詩稿》一卷　李濤
《心游摘稿》一卷　劉翼
《竹莊小稿》一卷　胡仲參
《東齋小集》一卷　陳鑒之
《適安藏拙餘稿》一卷　武衍
《適安藏拙餘稿乙卷》一卷
《漁溪詩稿》二卷　俞桂
《漁溪乙稿》一卷

《檜庭吟稿》一卷　葛起耕
《骳稿》一卷　利登
《露香拾稿》一卷　黄大受
《雲卧詩集》一卷　吴汝弌
《臞翁詩集》二卷　敖陶孫
《葛無懷小集》一卷　葛天民
《招山小集》一卷　劉仙倫
《山居存稿》一卷　陳必復
《端隱吟稿》一卷　林尚仁
《斗野稿支卷》一卷　張蘊
《静佳龍尋稿》一卷　朱繼芳
《静佳乙稿》一卷
《采芝集》一卷　釋斯植
《采芝續稿》一卷
《看雲小集》一卷　黄文雷

《雪窗小集》一卷　張良臣
《小山集》一卷　劉翰
《雪蓬稿》一卷　姚鏞
《順適堂吟稿》甲集一卷　葉茵
《順適堂吟稿》乙集一卷
《順適堂吟稿》丙集一卷
《順適堂吟稿》丁集一卷
《順適堂吟稿》戊集一卷

汲古閣景宋鈔本。

每卷前有「宋本」、「希世之珍」、「毛晉」、「汲古主人」，後有「毛晉之印」、「毛氏子晉」諸印。

隱湖毛子晉父子當明季鼎革之際，獨以好書馳聲於東南間，其所刻書極多，雖讎校未盡精審，而世競寶之，然猶不及其景鈔之美善，爲千秋絶業也。此五十册皆據南宋書棚本影鈔，内有「陳解元書鋪印行」木記者約十四五處，亦有版式疏闊，或原有缺葉至十葉者，悉仍其舊，無竄改臆斷之習。乃至序後圖印亦俱摹寫酷肖，令人一見輒疑爲原版初印，不知出於寫官技能，工巧至此而極。後人雖雅慕深思，苦難企及，於是毛鈔乃成一種版本之學。足見一藝之成，卓爾千古，未可目爲小道而忽視之也。《宋賢小集》傳本至夥，皆由傳鈔，其多寡均不一致，要託始於陳氏。意當時得一家即刻一家，本無定數，刻本既不易得，鈔時每有參差。此五十册未可遽云完帙，但確從刻本迻寫，不失廬山真面，與宋本只隔一塵，與他家著録傳鈔之本，不可同年而語矣。余向藏《兩宋小集》十二册，内亦有鄭清之《安晚堂集》，與此編次大殊。此爲十二卷，而前五卷闕帙，僅存六之十二，凡七卷，彼則編爲六卷，而五卷前所缺之古體諸作，無由蹤跡，幾疑《安晚集》中無古體矣。蓋《安晚集》所佚之五卷，後遂不復再見。《四庫》著録亦用七卷本，則猶賴此不完之宋本以爲據。《安晚》古體佚，而不佚者以此載籍之幸存。其有益於古昔先民，信非細耳。抑余更有言者，宋本之在天壤，固已珍如星鳳，然一本刊成，流布不止數册，獨鈔本則用功特勤，成功特少。此五十册海内決無第二，是孤本也，論其精絶，殆將駕宋本而上之。此書毛氏鈔成，其前後所鈐諸印亦皆精美，且每卷俱有，可謂不憚煩者。宣統紀元，余在瀋陽，書友譚篤生貽書告余，勸余收之。余始未見此書，但嫌書價太昂。篤生乃親齎出關，舉以相眎。及余亦既覯止，遂不復問價，唯恐其不爲我有矣。世間尤物，何必南威、西子，然後足以移情而動魄哉？後有覽者，其必不以余言爲過分也。辛酉六月初歸吴門，正闇居士。

唐三體詩注二十卷　四册

宋周弼選，元釋圓至注。

元刊本。每半葉十行，行大字十八，小字二十三。

前有大德乙巳方回序。

審定大德刊本。崇禎庚午上巳後一日，虞山周敏請庵氏題。

此書舊題元刊，據方虚叟序定之。元明之季，刻版難辨，要須至正德、嘉靖間，始别有面目可尋。坊友譚篤生嘗云今世無宋版，凡收藏家所云皆明刊也。余謂不然，宋元自有真面，雖更數百年後，猶不可誣。坊賈以贋亂真，獨明初諸刻然耳。至今藏書家即得一明刻，亦奚不可什襲存之。彼絳雲、延令、傳是諸鉅公，由國初視元末不及三百年，尚復津津樂道，吾輩之視明初乃四百餘年，豈不愈可重耶，宣統紀元十月，正闇居士。

唐詩鼓吹十卷　五册

金元好問編，元郝天挺注。

元刻本。每半葉十行，行二十字。

前有至大元年趙孟頫序，又姚燧序，又武乙昌序，後有大德癸卯盧摯序。

有「辛夘居」、「鐵橋」諸印。

何義門云，《三體》、《鼓吹》二書，嘉靖以前兒童皆能背誦，此如《千家詩》、《三百首》之盛行於我生之初也。《三體》有五律、絶句，《鼓吹》獨採長律，五十六字中使事茂密，聲律諧鬯，彌見工力，亦如昔人所論，四十賢人著一間字不得也。去歲在瀋陽，先得元本《三體詩説》，復得此册，喜其字大悦目，刊印精潔，時一展玩。自西學東漸，中國小兒無篝燈伏几，誦習唐詩者矣。風雅云亡，前徽頓寂，余雖衰頑，頗復商量舊學。世有笑我者，呼我爲嘉靖以前童子，應之可也。宣統二年八月初五日，正闇學人。

國朝文類七十卷　二十四册

元蘇天爵編。

元刊本。每半葉十三行，行二十四字。

前有元統二年王理序、陳旅序，後有元統三年王守誠序。

此元刊本也。入日本經淺野源氏、篁邨島田氏諸家藏弆。書雖稍有蠹痕，被其用厚紙裱褙，殊不雅觀。在京付裝未竟，攜以南旋，兩年始得裝畢，煩費已不貲矣。今年日本東京地震鉅災，古籍淪没至夥，其邦人歎息侘傺，幾不忍言，而此書獨以在中土而厘存，亦可謂厚幸矣。癸亥長至後二日，正闇燈下寫記。

元兩刻本，一爲西湖書院本，半葉十行，行十九字；一爲翠巖精舍本，則行款與此本同，世尤重之，謂爲小字本。至此本諸家皆未見，惟楊勰卿編修考訂最詳，言其足與兩刻鼎峙，蓋海源閣有此書也。君閎内兄藏有錢警石先生校本，乃以西湖、翠巖兩本校於修德堂本上，惜其未見此本，不能合三元本以並讎，猶不能謂毫髮無憾耳。甲子三月，羣碧樓記。

天下同文集五十卷　二册

元周南瑞輯。

汲古閣景元鈔本。

前有廬陵劉將孫序。

目後有「隨所傳録，陸續刊行。廬陵周南瑞敬輯」三行。

有「元本」、「甲」、「希世之珍」、「毛晉」、「汲古主人」、「毛晉之印」、「毛氏子晉」、「汲古得修綆」，又「劉印喜海」、「文正曾孫」、「燕庭藏書」、「喜海吉父」、「嘉蔭簃藏書印」諸印。

《天下同文集》毛氏景元鈔本，然不若景宋本之精也。其云「前甲集」者，周氏之意，蓋將賡續哀輯，不以「前甲」爲限，乃未成之書。元祚衰促，亦遂無人爲繼耳。《文類》所收，與此頗有出入，豈南瑞所見局於方隅耶？在今日要是孤本，汲古以此爲元本之甲，吾亦以此爲甲觀可矣。庚申十月，正闇。

元人詩　一册

揭希韋，下署「邵武經歷盱江揭祐民」。

揭曼碩，集賢學士豫章揭傒斯。

盧彦威，翰林待制汲郡盧亘。

景元鈔本。

前有「建陽蔣易編集」六字。

有「元本」一印，又「金匱蔡氏醉經軒考藏章」一印，又「廷相」、「伯卿甫」二印，又「汪印士鐘」、「閬源真賞」二印。

寒瘦山房鬻存善本書目卷二

明刻本

春秋經傳集解三十卷 十五册

晉杜預集解。

明仿宋本。

前後有杜氏序。每篇有耳，卷末有經注總字數，凡三十四萬五千八百四十四字。

四書 二十册

明仿宋大字本。

後有陳仲魚跋，目爲淳祐丙午泳德書院刻本，殆不然也。仲魚字體不類，恐是轉録之語，但字大悦目，必從宋本出耳。今姑定爲明翻宋本，以待讀者審之。己巳五月，羣碧檢記。

有「明儀封縣主簿」一印，「簿」下篆「貳」字，不知何字，俟博識者考之。

埤雅二十卷　十二册

宋陸佃撰。

明刻本。題「中大夫守尚書左丞上柱國吴郡開國公賜紫金魚袋陸佃撰」。前有《埤雅序》，題「男朝請郎直祕閣權發遣淮南路計度轉運副使公事借紫金魚袋宰撰」。《埤雅》二十卷，中闕六及十二兩卷，又九、十、十二、十四等卷皆有缺簡，皆於目中著明。版心有「卍」字。自卷一至末，凡一百九十九葉，不分卷，亦不留缺簡，蟬系而下，上下皆大黑口，而少重刊一序。明仿宋刻之最守矩矱者。明人翻刻古籍，篇次行款，往往紊亂。此當是成化刊本，卷首數葉古色古香，直奪宋人之席。邇來去宋日遠，得一成化本已四百年物，比之牧齋、滄葦得南宋版本，正復相同，況其祖本實宋刻耶。明人刻《埤雅》甚夥，架上惜乏他本，使一校之，必有是正處。宣統庚戌得於京師，明年辛亥重裝，又越七年戊午記其序目如此。正闇。

日本澁江道純著《經籍訪古志》，有成化本《埤雅》，記述甚詳，乃與此本不合。陸宰序後「廣勤書堂」木記，此書確未之有，然則又非成化本矣。《訪古志》又有嘉靖二年本，亦與此殊，前後序跋俱割去，便無可考耳。正闇。（參見本書第五五七頁）

三國志六十五卷 十二册

晉陳壽撰，宋裴松之注。

明萬曆丙申南國子監刻本。

前有萬曆丙申祭酒馮夢禎序，又司業黄汝良序。每卷皆有月日、夢禎校記。陳《志》以此刻爲佳。用校書月日刊入官書者，當以此爲僅見。先後無此成例，即私家刊版，亦未聞有此也。丙辰三月得書後記。正闇。

三國志六十五卷 十二册

晉陳壽撰，裴松之注。

明西爽堂吴氏刻本。

每卷末有「吴氏西爽堂校刻」一行。

晉書一百三十卷 一百二十册

唐房喬等撰。

明翻宋九行大字本。

目下題「唐太宗文皇帝御撰」。

《載記》有序。

南史八十卷　二十册

唐李延壽撰。

明萬曆南監本。

北史一百卷　三十册

唐李延壽撰。

明萬曆南監本。

前有萬曆癸巳馮夢禎序。

每卷亦有夢禎校語，與陳《志》同。

有「君度讀本」一印。以朱筆評點，全帙均滿，疑即君度所爲或傳録之本，首尾未署名，故不可考。君度，會稽沈氏，名光烈，前有其印記，其藏書處曰「年年歲歲樓」。正闇檢記。

五代史七十四卷　十二册

宋歐陽修撰。

明南監本。

宋史四百九十六卷　一百册

元托克托等奉敕撰。

明成化刻本。

前有成化庚子朱英序。

元史二百十卷　五十册

明宋濂等奉敕撰。

萬曆北監本。

通鑑綱目五十九卷續通鑑綱目二十七卷　一百八十册

宋朱熹撰，《續綱目》明商輅等奉敕撰。

明萬曆刻《綱目全書》本。

前有萬曆庚子曹時聘刻《全書》序，又陳子貞序，又朱燮元序。

粵自嘉靖中，王元美創不讀漢以後書之説，而宋元、盛明先儒理學之文，皆束而不讀。萬曆中有賊人李贄者，肆其淫詖狂謬之學，簧鼓一世，天下士大夫樂於恣睢苟且，廉恥道盡，而先儒理學之微脈，遂反爲後生所(挪)[揶]揄，而天下大亂，不減晉代竹林諸人致五(湖)[胡]亂華之禍之烈矣。余少不敏，囿於習氣，不克振拔。唯於朱子《小學》一書，頗深篤信。今流離萬狀，而此身此志，尚能稍自植立者，皆是書之功也。今余已向衰，諸子頗能讀古人書，謹將朱子《綱目》諸書爲其訓誘。俾知古人之忠孝節義，其人之可重如此；背逆邪佞，其人之可賤如彼。庶幾得不愧先儒之遺意，而亦可以無忝於祖先，是則不肖之深願也夫。否則雖才華麗日，浮名蓋世，如范曄、沈約之徒，吾何取焉。

此書余於光緒丙午旅湘時得之，裒然巨帙，評點均滿。其於中夏夷狄之防，持之甚嚴，固知必爲明代遺老手澤，且中有譏錢東澗語，尤爲顯明。得書後舉示亡友李文石，先生謂余，此湘靈先生筆也。反復尋繹，確然不移，惟竟卷無姓氏題識，獨卷首有一跋，頗具憤世嫉俗之概，亦無年月印記，蓋有所顧忌耳。全書經其補鈔多葉，故無闕失。先輩讀書之勤，吾生萬難企及。所遭身世，雖值鼎革之初，然去余今日所見、所聞、所傳聞者，猶有人禽之判。時至今日，更無有奉此書爲終身觀摩、教訓子弟者，世變遷流，又豈前人所能料耶？此書裒采序跋至多，前三册皆是，兹不具録。己巳八月，正闇居士記。

元史紀事本末四卷　二册

明陳邦瞻編。

萬曆刻本。

前有萬曆丙午徐申序，又邦瞻序。

松漠紀聞一卷　一册

宋洪皓著。

明刻本。

有「王鳴盛印」一印。

弇山堂别集一百卷 二十四册

明王世貞撰。

明刻本。

前有萬曆庚寅陳文燭序，又世貞自序。

姑蘇志六十卷 二十册

明王鏊重修。

明正德刻本。

前有正德紀元鏊自序，後有杜啟序。

遼籌二卷奏草一卷陳謡雜詠一卷 二册

明張鼐撰。

明刻本。

有「石氏家藏子孫保之」、「韭谿草堂」二印。

此編乃熊廷弼經略遼東時所上奏疏、揭帖及往來書牘也。中言朝端之泄沓，政柄之紛歧，君闇臣庸，祇足爲有清驅除地耳。一薛居州，千古同喟。張，華亭人，《明史》無傳，觀其奏揭，亦不無書生之見，要其留心國事故，忠義憤發。前有《遼夷略》一卷，係鈔存者，敘述詳晰。其云「憨」即「汗」之譯音，「台吉」

即「太子」之譯音。「汗」如帝，「台吉」如皇子也。清太祖以「七大恨」告天，始有征明之役。克遼瀋而太祖崩，太宗嗣服，隳松、杏、寧、錦諸城，已不復勤遠略。燕京一役，置書德勝門樓，願以汗自居，議歲幣而修和好，蓋其時滿洲四大部落已併於清，又勝朝鮮而臨山海，太宗仁慈，晚歲亟以休養爲事。奈明臣蔽隱，怵於尊中國、攘夷狄之説，不敢倡言和議。太宗請和之書，一再不達，隱忍欺飾，因籌邊而徵餉以養兵，因加餉而驅民以爲寇。朝野交困，遂亡其國，豈不傷哉？此書在前數十年，宜遭焚燬，兹乃幸存，亦可稱爲祕册云。乙卯十月，羣碧記。

朝鮮賦一卷　一册

明董越撰。

明正德刻本。

前有弘治三年歐陽鵬序，後有王政後序，又正德辛巳周尚文刻書序。

孔子家語八卷　二册

明何孟春注。

明正德刻本。

前有正德丁卯孟春自序，又正德辛巳林俊序，又正德辛巳黄鞏跋。

有「正德大容齋」、「海鹽陳德大藏書」、「子有文海」、「英瀾閣」諸印，又「雲自在龕」、「藝風審定」

二印。

何孟春在正德時，校刊古籍甚多，故是博洽之士。此本乃其所注，今年偶過上海，見雲自在龕遺書，因并收之。辛酉十二月，正闇記。

孔子家語十卷 二册

魏王肅注。

明刻本。

有朱筆校。

賈太傅新書十卷 二册 明時原裝

漢賈誼撰。

明正德刻本。

前有正德庚辰張志淳序，有何孟春訂注序，後有正德己卯周廷用序。

有「鳴野山房」印。

賈太傅新書十卷 四册

漢賈誼撰，明何孟春訂。

明正德刻本。

前有孟春序，後有孟春三跋。

有「謙牧堂藏記」、「謙牧堂書畫記」二印。

新序十卷　三册

漢劉向撰。

明大字本。

有「麓邨」、「儀周珍藏」二印，又「桐城姚伯昂氏藏書記」(二)[二]印。

説苑二十卷　十册

漢劉向撰。

明大字本。

有「袁芳瑛印」、「古湘南袁氏藏書畫印」、「卧雪廬袁氏藏書」諸印。

夢溪筆談二十六卷　八册

宋沈括撰。

明刻本。

前有乾道二年湯修年跋，後有弘治乙卯徐珤後序。余昔年收一宋刻，其款字與㟁如所記相同。兹得此黑口本，半葉十一行，行二十字，確爲弘治刊本，字體茂雅。亟與曩藏相較，則此本仍有訛舛，以是知宋本之善也。但宋本往往見之，而此本極少，有疑宋本爲明翻者，而余藏本則字字古樸，非明刻手所能，恐明時自有翻本耳。此書首尾完好，紙墨古潔，行式整齊，目所未見，竟以重價收之，較昔宋本不啻三倍之矣。癸亥十二月，正闇居士記。

北堂書鈔一百六十卷　三十六册

唐虞世南撰。

明陳禹謨刻本。

前有瞿汝稷序，又萬曆庚子禹謨序。

太平御覽一千卷　一百六十册

宋李昉等奉敕撰。

明刻本。

明本《御覽》，世傳惟黄正色活字本。余此本確非活字，而是明刊，則諸家所未嘗著録者也。此本誠不若常熟張氏刻本之善，但如此鉅篇，流傳極少。余欲取張刻對看，日讀一卷，三年而畢，塵事擾擾，目眵手倦，正不知此生能償所願否。己巳五月，正闇。

册府元龜一千卷　三百册

宋王欽若等奉敕撰。

明刊本。

前有崇禎壬午李嗣京序。

錦繡萬花谷一百卷　四十四册

不著撰人。

明會通館活字本。

缺卷七、卷八、卷十九、卷二十四、卷二十五前九葉、卷二十六。

有「伯寅藏書」一印。

《錦繡萬花谷》各家著録惟前、後、續三集，集各四十卷，無一百卷者。即邵亭《目》云宋刊小字本，或有别集，亦皆分前、後集，未有如此本之連綴直下也。會通活字所印書，類多古籍，世每重之。此書余初得三十餘册，後續收數册以補缺，然尚缺五卷有餘，嗣遂不獲再見。藏家既未著録，合號孤本，全目具在，惜其與嘉靖本編次不同，末由對勘耳。己巳五月，正闇檢記。

喻林一百二十卷　四十册

明徐元太編。

萬曆刻本。

前有萬曆乙卯元太自序，又郭子章序。

唐類函二百卷 五十册

明俞安期編。

萬曆刻本。

前有萬曆癸卯申時行序，又沈思孝序。

世説新語六卷 六册

宋劉義慶撰，梁劉孝標注。

明萬曆翻袁氏本。

前有袁褧刻書序。

吴郡袁氏，在前明嘉靖能刻古書，最稱精審。如《六臣注文選》及此書，皆最著者也。袁刻分上、中、下三卷，每卷又各爲上、下，避宋諱極謹嚴，確依宋刻，故爲可貴。此本則萬曆己酉周氏博古堂重刊，其分卷已不依袁氏之舊，所避宋諱，有原書漏敚而此書增入者，其意以爲糾袁之失，而不知没宋之真矣。甲子來京，無書可讀，老友趙平甫以此餉余。買王得羊，姑謀一饜。喜其紙墨清朗，字大悦目，聊壓歸帆，或不遭馮夷之怒吼也。十二月初八日，將自海道南歸題此，正闇居士。

學圃藼蘇六卷 十二册

明陳耀文纂。

明刻本。

前有萬曆丁丑王祖嫡序，又李蓘序，又自序。

二十家子書　二十册

《老子道德經》上卷三十七章下卷四十四章

《關尹子文始真經》九篇

《亢倉子洞靈真經》九篇

《文子通玄真經》十二篇

《尹文子》二篇

《子華子》上卷五篇下卷五篇

《鬻子》十四篇

《公孫龍子》六篇

《鬼谷子》十三篇

《列子沖虚真經》上卷四篇下（篇）[卷]四篇

《莊子南華真經内篇》七篇《外篇》十五篇《雜篇》十一篇

《荀子》上卷十篇下卷十四篇

《揚子法言》十三篇
《文中子中説》十篇
《抱朴子外篇》上卷二十四篇下卷二十五篇
《劉子》五十五篇
《黄石公素書》六篇
《玄真子》三篇
《天隱子》八篇
《無能子》三十四篇
明吉藩崇德書院刻本。
前有萬曆六年陳省序，又萬曆甲寅吉藩潭州道人德山子序。

兩京遺編　十九册

《新語》二卷　漢陸賈　一册
《賈子》十卷　漢賈誼　二册
《春秋繁露》八卷　漢董仲舒　二册
《鹽鐵論》十卷　漢桓寬　二册

《白虎通》二卷　漢班固　二册
《潛夫論》二卷　漢王符　二册
《仲長統論》一卷　漢仲長統　一册
《風俗通》十卷　漢應劭　二册
《中論》二卷　魏徐幹　一册
《人物志》三卷　魏劉邵　一册
《申鑒》五卷　魏荀悦　一册
《文心雕龍》十卷　梁劉勰　二册

明胡維新彙編。

明萬曆刊本。

前有萬曆壬午胡維新序。

明賢好刻古書，而叢刻中之最可重者莫如此編，與程榮《漢魏叢書》可以並稱。若吴琯之《古今逸史》，雖亦蒐蘿宏富，而采及唐宋以後著述，已覺博而不純，蓋漢魏去明一千餘年，其書之不亡者幾矣。此編十二種，宋元刻之單行者，曾不數覯，如非萃而刻之，後人欲讀古書，不已難乎。此書傳世亦稀，完整無闕者尤尠。余購得時猶是原裝，書籤僅損其一，今改綫裝，而以原籤粘於福葉，亦成物不毁之意云爾。

丙寅正月，正闇學人。

漢魏叢書 二十四册

《京房易傳》三卷　漢京房

《周易略例》一卷　晉王弼

《三墳書》一卷

《詩説》一卷

《韓詩外傳》十卷　漢韓嬰

《大戴禮記》十三卷　漢戴德

《春秋繁露》十七卷　漢董仲舒

《申鑒》五卷　漢荀悦

《中論》二卷　漢徐幹

《顔氏家訓》二卷　北齊顔之推

《商子》五卷　秦公孫鞅

《人物志》三卷　魏劉邵

《風俗通義》十卷　漢應劭

《劉子新論》十卷　梁劉勰
《神異經》一卷　漢東方朔
《洞冥記》四卷　漢郭憲
《述異記》二卷　梁任昉
《王子年拾遺記》十卷　晉王嘉
《甘石星經》二卷　漢甘公、石申
《飛燕外傳》一卷　漢伶玄
《古今刀劍録》一卷　梁陶弘景
《論衡》三十卷　漢王充

明程榮刻本。

前有萬曆壬辰屠隆序。

百川學海　六十四册

《聖門事業圖》一卷　宋李元綱
《漁樵對問》一卷　宋邵雍
《學齋佔畢》四卷　宋史繩祖

《獨斷》二卷　漢蔡邕
《李涪刊誤》二卷　唐李涪
《九經補韻》一卷　宋楊伯嵒
《中華古今注》三卷　後唐馬縞
《釋常談》三卷　不著撰人　以上甲集
《(隨)[隋]遺録》二卷　唐顔師古
《翰林志》一卷　唐李肇
《宋朝燕翼貽謀録》五卷　宋王㮚
《春明退朝録》三卷　宋宋敏求
《淳熙玉堂雜紀》三卷　宋周必大
《揮麈録》二卷　宋楊萬里
《丁晉公談録》一卷　不著撰人
《王文正公筆録》一卷　宋王曾
《開天傳信記》一卷　唐鄭綮　以上乙集
《厚德録》四卷　宋李元綱

《韓忠獻公遺事》一卷　宋强至
《王文正公遺事》一卷　宋王素
《濟南先生師友談記》一卷　宋李廌
《可談》一卷　宋朱彧
《河東先生龍城録》二卷　唐柳宗元
《前定録》一卷《續録》一卷　唐鍾輅
《國老談苑》二卷　宋王君玉
《晁氏客語》一卷　宋晁説之
《道山清話》一卷　宋王暐　以上丙集
《晝簾緒論》一卷　宋胡太初
《官箴》一卷　宋吕本中
《祛疑説》一卷　宋儲泳
《因論》一卷　唐劉禹錫
《宋景文公筆記》三卷　宋宋祁
《鼠璞》一卷　宋戴埴

《善誘文》一卷　宋陳録　以上丁集
《志林》一卷　宋蘇軾
《螢雪叢説》二卷　宋俞成
《龍川略志》十卷　宋蘇轍
《西疇老人常言》一卷　宋何坦
《欒城先生遺言》一卷　宋蘇籀
《東谷所見》一卷　宋李之彦
《雞肋》一卷　宋趙崇絢
《孫公談圃》三卷　宋孫升　以上戊集
《王公四六話》二卷　宋王銍
《四六談麈》一卷　宋謝伋
《文房四友除授集》一卷　宋鄭清之　林希逸
《耕禄藁》一卷　宋胡錡
《子略》四卷　宋高似孫
《騷略》三卷　宋高似孫

《獻醜集》一卷　宋許棐　以上己集
《選詩句圖》一卷　宋高似孫
《石林詩話》三卷　宋葉夢得
《六一居士詩話》一卷　宋歐陽修
《東萊吕紫微詩話》一卷　宋吕本中
《珊瑚鈎詩話》三卷　宋張表臣
《貢父詩話》一卷　宋劉攽
《后山詩話》一卷　宋陳師道
《許彦周詩話》一卷　宋許顗
《司馬温公詩話》一卷　宋司馬光
《庚溪詩話》二卷　宋陳巖肖
《竹坡詩話》三卷　宋周紫芝　以上庚集
《法帖釋文》十卷　宋劉次莊
《海嶽名言》一卷　宋米芾
《賓章待訪録》一卷　宋米芾

《書史》一卷　宋米芾
《書斷》四卷　唐張懷瓘
《續書譜》一卷　宋姜夔
《試筆》一卷　宋歐陽修
《書譜》一卷　唐孫過庭
《法帖刊誤》二卷　宋黄伯思
《翰墨志》一卷　宋高宗
《法帖譜系雜説》二卷　宋曹士冕　以上辛集
《端溪硯譜》一卷　不著撰人
《硯譜》一卷　不著撰人
《歙州硯譜》一卷《歙硯説》一卷《辨歙硯説》一卷　宋唐積
《硯史》一卷　宋米芾
《古今刀劍録》一卷　梁陶弘景
《香譜》二卷　宋洪芻
《茶經》三卷　唐陸羽

《煎茶水記》一卷　唐張又新
《茶録》一卷　宋蔡襄
《東溪試茶録》一卷　宋宋子安
《酒譜》一卷　宋竇苹
《本心齋疏食譜》一卷　宋陳達叟
《筍譜》一卷　宋釋贊寧
《菌譜》一卷　宋陳仁玉
《蟹譜》一卷　宋傅肱　以上壬集
《荔支譜》一卷　宋蔡襄
《橘録》三卷　宋韓彦直
《南方草木狀》三卷　晉稽含
《竹譜》一卷　晉戴凱之
《菊譜》一卷　宋劉蒙
《菊譜》一卷　宋范成大
《菊譜》一卷　宋史正志

《梅譜》一卷　宋范成大
《洛陽牡丹記》一卷　宋歐陽修
《牡丹榮辱記》一卷　宋丘璿
《揚州芍藥譜》一卷　宋王觀
《海棠譜》三卷　宋陳思
《師曠禽經》一卷　晉張華
《名山洞天福地記》一卷　蜀杜光庭　以上癸集
宋左圭編。
明刻本。
前有圭序。

鹽邑志林　二十册

《易解》一卷　吴陸績
《京氏易傳》三卷　吴陸績
《草木蟲魚疏》二卷　吴陸璣
《易解》三卷　晉干寶

《搜神記》二卷　晉干寶
《玉篇》二卷　陳顧野王
《吴地記》一卷　唐陸廣微
《化書》一卷　五代譚峭
《樵談》一卷　宋許棐
《閑窗括異志》一卷　宋魯應龍
《澉水志》二卷　宋常棠
《樂郊私語》一卷　元姚桐壽
《檇李記》一卷　明王樵
《靖海紀略》一卷　明鄭茂
《奉使録》二卷　明張寧
《西園雜記》二卷　明徐咸
《詩談》一卷　明徐泰
《測語》二卷　明錢琦
《貽謀録》一卷　明許桐卿

《碧里雜存》二卷　明董穀
《吾學編餘》一卷　明鄭曉
《今言類編》六卷　明鄭曉
《古言類編》二卷　明鄭曉
《海石子内外篇》二卷　明錢薇
《龍興慈記》一卷　明王文禄
《通史它石》三卷　明仇俊卿
《玄機通》一卷　明仇俊卿
《仰崖遺語》一卷　明胡憲仲
《潁水遺編》一卷　明陳言
《烏槎幕府記》一卷　明鍾兆斗
《禮記通注》一卷　明朱元弼
《猶及編》一卷　明朱元弼
《摘語》一卷　明鄭心村
《倭變事略》一卷　明采九德

《鳴吾紀事》一卷　明崔嘉祥
《荒箸略》一卷　明劉世敎
《筆記》一卷　明吕兆禧
《江上雜疏》一卷　明彭宗孟
《吴少君遺事》一卷　明姚士麟
《見只編》三卷　明姚士麟

明樊維城編。
明刻本。
前有天啟三年樊維城序，又朱國祚序。

楚辭十七卷　十二册

漢劉向編集，王逸章句。
明刻本。
目録後有「隆慶辛未歲豫章夫容館宋版重雕」一行。

蔡中郎文集十卷　四册

漢蔡邕撰。

明活字本。

前有天聖癸亥歐靜序。題「漢左中郎將蔡邕伯喈撰」。

目大字，文小字雙行。

《中郎集》以此本爲最古，目後有「正德乙亥春三月，錫山蘭雪堂華堅允剛活字銅版印行」二行，已爲市儈剜去。世之作僞者，皆由無識，謂之曰嗜利，猶目論也。甲子三月檢記，正闇。

曹子建集十卷　四册

魏曹植撰。

明活字本。

有「天籟閣」一印。

世傳《曹子建集》，以無《七步詩》者爲佳。此活字本字體方勁，極似宋刻，與明之會通館、蘭雪堂、五雲溪館皆不同，且無《七步詩》，其所據固善本也。正闇，庚申八月記。

京師書友譚篤生得《唐人小集》多種眎余，云是宋活字本。其字體與此相彷彿，沅叔亦得多種，竟定爲宋刻。丙辰四月，沅叔得《子建集》與此同，前有明人一序，玆本失之，因知明活字自有仿宋一體也。正闇再記。

岑嘉州集八卷　四册

唐岑參撰。

明刻本。

前有京兆杜確序。

漫叟拾遺　一册

唐元結撰。

明靛印本。

前有戊寅冬季竹岡居士跋，後有己卯孟秋温泉子跋。

韋蘇州集十卷　六册

唐韋應物撰。

明刻本。

前有嘉祐元年太原王欽臣序，又沈明遠作喆補撰《韋刺史傳》。後附《拾遺》三葉，分熙寧丙辰校本添四首，紹興壬子校本添三首，乾道辛卯校本添一首。

有「虚中室主人私印」、「梅莊主人」、「茂陵秋雨詞人」諸印。

此本源出於宋，而字體真、行間見，當在元明之季，或明初時版也。世所傳睦親坊唐人詩集，類皆十行十八字，此本正同。明人翻本如《孟東野》亦佳，而行款已易，不能守宋刻之舊，頗爲識者所惜。此獨墨守未改，亦見世彌遠而風彌古也。正闇學人。

《韋集》十卷，後附《拾遺》三葉，乃真宋本。明別一翻本，字體甚美，世多目爲宋刻。余昔藏一本，亦誤以爲宋也。此刻獨古拙，且極罕遇，乃知此刻實在前。近來藏家多重黑口本，正不爲無見耳。辛酉南歸，書篚墮水中者六七事，此書亦在其内。今年重裝，面目一新，如久病之獲痊，因寫此以賀之。癸亥小暑，金陵寓樓行篋攜此，羣碧記。（參見本書第五六〇頁）

陸宣公奏議二十四卷　八册

唐陸贄撰。

明天順刻本。

前有天順元年丁丑項忠蓋臣重刊序。分制誥十卷、奏草七卷、奏議七卷。

《宣公奏議》自明時刻本已夥，此刻分制誥、奏草、奏議，本權文公《翰苑集序》，其來甚古。明人刻書能用舊本，而不改其次第卷數者，尤爲罕覯，不僅以天順本重也。第一卷題下有墨印「知聞喜縣事後學杜華重刊」一行，則杜氏收此刻爲書帕本，後所印墨色不一，較然可辨。明人書帕本，往往臨時取辦，有極佳緻者，亦有間率紕繆者，然一代風尚，以刻古書貽賓僚爲美，猶勝於投桃贈縞已。甲子五月，羣碧居士。

昌黎先生集四十卷遺文一卷外集十卷　卅二册

唐韓愈撰。

明萬曆徐氏東雅堂仿宋刻本。

濟美郭氏所刻《柳集》，與此同重於世，蓋皆翻廖氏世綵堂本也。薄瑩中之爲人，不云翻刻。前後授梓，相去不遠，而用意則同。近來廖刻，著録家僅見《韓集》，柳則前歲始見於滬上，已爲有力者負去。世間尤物，固不隨劫火以俱盡也。甲子仲秋，正闇。

李文公集十八卷　四册

唐李翺撰。

明刊本。目録題「唐李文公集總一十八卷，凡一百三首。二首元闕。唐山南東道節度使檢校户部尚書李翺字習之」。

前有成化乙未何宜序。

有「秦伯敦父」、「秦印恩復」、「石研齋秦氏印」諸印。

此書刻於成化乙未，爲邵武郡守馮師虞所刊，迄嘉靖乙酉又爲邵武通判舒瑞補，其漫漶殘闕之葉，見第六卷末一行。其所補皆刊年月，以附驥尾。後人印行，或剷去之，故屢有存者，然名已不可掩矣。乙未至乙酉五十年，版已散失漫漶，流傳抑何廣耶。近世明刻大昂，此亦小黑口本也，可不寶諸。癸亥十月，羣碧居士。

頃又於吴中見一大黑口本，亦十行，唯行十九字，與此二十字不同，刻似稍前，或在成化以上。明刻至夥，以無序跋，未能懸斷，附記於此，以待考訂。癸亥十二月，正闇又書。

孟東野詩集十卷　四册

唐孟郊撰。

明弘治刻本。題「山南西道節度參謀試大理評事平昌孟郊」。

前有常山宋敏求序。

此本蓋鐫於弘治己未，前有强晟一序。余先買京友一䨓紙者，强序未及撤也。頃吴中寄此册來，紙墨甚新，印手亦未漫漶，但去强序，亦欲贋宋元耳。顧此刻結銜，與蕘圃所藏舊鈔南宋棚本正同，又未增入十聯句，其祖本的爲宋刊，洵可貴也。光緒三十四年十月，鄧邦述記。

白氏長慶集存四十三卷　十二册

唐白居易撰。

明蘭雪堂活字本。卷末有「正德癸酉歲錫山蘭雪堂活字銅版印行」一行。

前有元微之序，後有陶穀《龍門重修白樂天影堂記》，有「錫山蘭雪堂華堅活字銅版印」兩墨記。

有「翠蔭堂馬子㟢氏玄默子印」。

《白氏長慶集》余前藏嘉靖錢應龍刊本，爲七十一卷。今收此本爲蘭雪堂活字本，惜不完全，惟喜自一卷至四十三卷，蟬系不絶，白詩已盡於是，後所闕者只二十八卷，中多制誥、奏判文字，全集得三之一，尚爲不完之完本耳。蘭雪活字印書甚精，頗爲世重。昔在京師，見一完本，價等於元刻，而市肆亦杳如星鳳，不可復得。去臘南歸，於護龍街來青閣得此半部，聊以慰飢。曾用兩本對勘，字句殊無大異。日本亦有活字本，沅叔曾收之，云與此不同，余曾借校。沅叔又謂校實不易，殆編次與此全殊。此本以類編，猶是後人竄改者耳。辛酉冬日，羣碧居士。

八叉集四卷　四册

唐温庭筠撰。

會稽曾益注本。

朱筆校。

有「獨山莫友芝印」一印。

温集世所通行者，惟顧氏秀野草堂注本。此《八叉集》少見，則俠君父松交先生爲曾謙刊行者。據俠君自述，云松交嘗閲曾注，病其闕佚而穿鑿，重爲箋注未竟，而俠君成之。是世行顧注善本，實託始於是編也。卷中朱筆校甚詳，未知出自郘亭親勘否。其所據似即秀野注本。余别有《金荃集》，亦經據宋校過，暇時當一對之。「八叉」名集，則曾氏所爲也。己未四月，述。

孫可之集十卷　一册

唐孫樵撰。

明正德刻本。

前有正德丁丑王鏊序，後有王諤跋。

東坡四六四卷　四册

宋蘇軾撰。

明刻本。

此黑口本。前後無序跋，分表、狀、疏、啟各類，不知何人所裒刊，亦不似《全集》之一種，其刻工乃在正嘉以前。京師得之，以充插架，罕見之祕册也。癸亥春日檢書，正闇記於吴門。

后山詩注十二卷　四册

宋陳師道撰，任淵注。

明梅南書屋刊本。

惠定宇批本。

有「紅豆齋收藏」、「重遠書樓」、「惠棟之印」，「字曰定宇」諸印。

前有弘治丁巳楊一清序。

此弘治本《后山詩注》，世所罕見。書中朱墨淩雜，蓋先後批讀者。徐柳泉謂朱筆在前，信然。但余謂墨筆確出定宇之手。朱筆或出明末諸人，一時風尚，如二馮皆喜批抹。墨筆雖有駁朱處，要之朱筆亦自知詩，非漫加點定也，讀者當能辨之。吾友顧聰生家藏惠氏墨蹟甚富，暇時一就證焉。乙丑五月，正闇。

艾軒先生文集十卷　六册

宋林光朝撰。

明正德刻本。

前有正德辛巳族孫俊序，又陳宓序，又劉克莊序，又淳祐庚戌林希逸序。

有「蓮涇」、「太原叔子藏書記」二印，「勞權之印」、「勞格」二印，「乍川謝氏珍藏」一印。

後七葉勞氏補鈔。

龍洲集十卷　四册

宋劉過撰，書賈僞題「斜川詩集」。

刻本。

有「文選樓」、「揚州阮氏琅環僊館藏書印」二印，又「錢唐嚴杰借閲」一印。

叔黨負盛名，其集乃不傳，此十卷正《四庫存目》中所指坊間所刊，但有邊闌而不界烏絲之《龍洲集》

也。當時徵叔黨詩不得，作僞者乃鈔改之《龍洲集》以應之，展轉矜炫，指鹿爲馬。坊間亦遂貿然刻以漁利，一時名宿，售其欺者，正不鮮耳。册鈐阮氏兩印及豹人一章，皆真確無疑，知爲文達書樓中物，非如《四庫》所云僞鐫毛子晉印假宋版以炫俗者。余别有一鈔本，讎校頗精，殆亦認顔標爲魯公矣。今還舊題而正其誤焉。宣統紀元三月十一日，正闇居士寫記。

余無《龍洲集》十四卷本，毛鈔中有一册，暇當一校，倘較毛鈔爲全，是無《龍洲》而不啻有之也。正闇再記。

遺山詩集二十卷 八册

金元好問撰。

明弘治刻本。

前有弘治戊午李瀚重刊序，又段成己引。

《遺山集》明刻有詩有文者不多見，此有詩無文，未爲全璧，然弘治本市肆中已視如星鳳矣。毛刻對看，似亦互有短長，然終是此本差勝耳。近人尊視舊刻，明嘉靖前刊者，如明末之視宋元，去古日遠，懷古之念日深，有迫不得已者。戊午六月，正闇。

東里文集二十五卷 四册

明楊士奇撰。

明正德黑口本。

前有正統庚申黄淮序，後有正德乙亥沈玹跋。

有「梁印清標」一印。

石田先生集不分卷　六册

明沈周撰。

明萬曆刻本。

前有萬曆乙卯錢允治序。序爲陳元素書。

此集以寫本入版，故自瑰麗可喜。石田爲明代畫中之聖，旁及詩、字，俱臻超詣，可稱三絶。集不分卷而分體，蓋寫時所分也。余在京師，又見《徐禎卿集》六册，亦與此本相同，以價高未收。《白陽山人集》則目所未見，明卿刻其先集，必更精審。他日遇之，當爲兩畫師破慳囊，一介紹使相見也。癸亥六月，正闇。

玉臺新詠十卷　二册

陳徐陵編。

明趙氏刻本。

《玉臺新詠》明有兩翻本，一正德時刊，丁松生善本書室所藏；一趙靈均刊本，在崇禎時。兩本皆三十行，行三十字。近時此刻亦如星鳳，然偶一見之，不辨其爲正德爲崇禎也。丁云正德翻本，亦未明何據。周季貺見正德本，而云後多一靈均跋。余所知者，趙氏所翻爲陳玉父本，曾自爲跋。若云附正德本後，則時代相懸，不相及也。且當時孫法頂、馮二癡諸人皆有校宋鈔本，但云宋本係麻沙本，趙氏已整齊之，而未嘗一言正德本之如何也。趙氏所刊，行款字體精湛，皆一一如丁氏所説。趙氏父子好書，不應未見，見而覆刊，當時諸人亦不應不齒及也。竊疑正德本與趙刊者，二而一者耳。此本亦無趙跋，則坊賈已去之，余必求而補寫。寒山父子、夫婦一門風雅，固宜有此精槧嘉惠藝林。邵亭先生所謂「得此則其他諸刻皆不足論」，洵真見也。甲子三月十日，羣碧居士記。

書跋之後十日，在金陵即見一本有趙跋者，亟影書於後。此本紙印略晚，然補成全璧在旬日間，不可謂非嫏嬛仙侶以神靈來貺也。四月七日，羣碧。

古文苑二十一卷 八册

宋章樵注。

明刻本。

前有紹定壬辰朝奉郎知平江府吴縣事武林章樵自序，後有紹定壬辰宛陵吴淵後序，又嘉熙丁酉桂巖江師心、淳祐丁未古晉盛如杞、淳熙六年潁川韓元吉三跋。

此小黑口本，字體樸茂，當在成、弘以前。余别有一靛印本，則在此刻之後矣。甲子四月，正闇。

詩紀前集十卷詩紀一百三十卷外集四卷别集十二卷　二十册

明馮惟訥編。

明吴琯刻本。

有嘉靖戊午張四維序。

風雅翼十二卷　十册

元劉履輯。

明天順刻本。

内《選詩補注》八卷,《補遺》二卷,《續編》四卷。

前有天順庚辰履素道人刻書序,又至正二十三年戴良序,又至正乙巳夏時序,又至正二十一年謝肅序。

皇明文範六十八卷　四十册

明張時徹編。

明刻本。

前有隆慶乙巳徹自序。

寒瘦山房鬻存善本書目卷三

嘉靖刻本

吕氏家塾讀書記三十二卷　二十册

宋吕祖謙撰。

明嘉靖辛卯傅應臺刊本。

有淳熙壬寅朱子序。

陸釴序已佚。

此覆宋雕本也。其勝於萬曆本佳處，丁《目》已縷言之。恬裕齋瞿氏亦記萬曆本甚悉。惜陸釴序已佚。釴用《説文》刻書，余所見如許宗魯之刻《吕覽》，亦嘉靖時人，豈爲一時風尚耶？丁巳六月，羣碧居士讀記。

史記一百三十卷　一百册

漢司馬遷撰，宋裴駰集解，唐司馬貞索隱，張守節正義。

明嘉靖乙酉金臺汪諒刊、柯維熊校本。

有《集解》、《索隱》、《正義》三序，又《補史記序》、《索隱後序》。

諸目言柯維熊本《索隱序》後有「紹興三年石公憲發刊」云云一條，凡三十八字，或云三十三字，此本實無之。此本剜去款記最盡，自後之兩行及各卷下標題之「莆田柯維熊校正」七字，均已剜盡。費懋中序、維熊自跋，更無隻字。然所剜之處，無不有跡可尋，獨《索隱後序》確無絲毫破綻。《皕宋目》亦不云有之，恐甘泉鄉人所記别是一本，而邵、丁二目皆據以轉録，非親睹者耳。《皕宋》云每卷標題下有校正云云，亦不真確。全書可考見者，只紀二、表二、書四、世家八、列傳七，凡二十(一)[三]卷而已。偶檢諸目，爲考訂之如此。甲子三月，羣碧記。

獨山莫郘亭先生爲黔中名宿，在咸、同間與遵義鄭子尹齊名。其校勘古籍，亦爲世所宗尚。所纂《知見傳本目録》十六卷，本之邵位西《標注四庫目》者爲多，而獨抒己見之處亦正不少。記此本與震澤王氏本《周本紀》二十七葉、《秦本紀》三十一葉，互有譌敚，皆各以意補綴，而可以互相校補，其言信然。惟每卷後總計史注若干字，則王本有之，柯本實無。郘亭云三本皆同，則亦偶未檢耳。又《老子》升于列傳之首，此開元二十三年事，《正義》從之，此本目已改正，王本則仍其舊，似兩本所據各殊，未必即出一源。校讎之學，求其精確，其難如此，詎可目爲小道而忽之耶。此本刻工美整，王本有古樸之氣，皆佳刻也。正闇又記。

前漢書一百二十卷 二十册

唐顔師古注。

明嘉靖汪文盛刊本。

目録家舉明刻《兩漢書》佳本，必曰汪文盛，其次則曰周采，款式相同，是一是二，莫可辨也。余此書首卷有周采、周琉、柯喬等校刊之名，他卷遂不復見，間有汪文盛、高瀔、傅汝舟之名，與范《書》同，無者則剷而去之。有剷而不盡者，三人名字約略可辨，豈周采等實取汪刻而易己名者耶？明人有書帕本，采爲福建按察使，琉爲提學副使，喬爲巡海副使，皆按司同僚，三人共收此刻改竄己名，以爲書帕之用，事或有之。否則紙墨如一，無配合之迹，即使配印，亦不必剷去汪名，使題下虚此一行，況剷之而不能盡耶。余嘗疑莫刻《韓》《柳文》，何其與游居正所刻脗合無間，由此觀之，明人自有此例，無可疑也。夫到官刻書，如此鉅製精雕，豈復咄嗟可辨，收一佳本而易以己名，事半而功倍矣。此書印手致佳，末闕三葉，特爲寫完，因舉此説以諗後之讀者。丁巳二月，正闇。

後漢書一百三十卷 二十二册

唐章懷太子賢注。

明嘉靖汪文盛刊本。

此書款識俱全，紙印並美。光緒丁未居京師，先得此書，而未有前史。宣統己酉，自吉林入都，涇陽陶仲綱弟持班《書》相贈，兩書始全。然此書實闕十卷，徧託坊友購配，因循未獲。癸亥歸吴門，偶語獨山莫初僧太守，其銅井文房中適有范《書》殘帙。明日封以相示，所闕十卷在焉，惟少七八葉耳。取以付裝而自鈔補之，儼然完善，乃喜過望矣。窮儒嗜古，得一叢殘故紙綴緝成書，其欣快寵幸，甚於媧皇之補天、相如之完璧也。兩書皆拜良友之賜，敢不什襲珍之。甲子六月，羣碧居士。

舊唐書二百卷　四十册

後晉劉昫撰。

嘉靖聞人詮刻本。

前有聞人詮刻書序，又嘉靖十七年楊循吉序，又文徵明序。

有「陳印之埏」印。

五代史七十四卷　十二册

宋歐陽修撰，徐無黨注。

明汪文盛刻本。

汪文盛刻《兩漢書》爲世所稱，歐《五代史》則少見，人尤珍之。其行款比《兩漢》稍寬，字亦稍大。此本往歲得之京師，從前藏家不甚能愛護，遂不免有破碎處。其未損之葉，精采焕射，不啻初印。昔人於古籍有抱殘守闕之功，況此乃未殘無闕者耶。壬戌七月，曝書既竟，將有北行，颶風累日，檢此兀坐，以消永晝。正闇學人漫記。

遼史一百十六卷　十二册

元脱脱等奉敕撰。

明嘉靖南監本。

金史一百三十五卷　二十四册

元脱脱等奉敕撰。

明嘉靖南監本。

《金史》詳核而簡質，所以勝《遼》、《宋》二史者，揭曼碩之力也。《歐陽圭齋集》有進《遼》、《金》、《宋史》三表，《遼史》表最先，《金史》表次之，《宋史》表最後。是《遼史》先成，《金》次之，《宋》最後也。又有《曼碩墓志銘》文曰「詔修遼、金、宋三史，公預其選。明年，《遼史》既進，《金史》垂成，公薨」，後又曰「進《遼史》後，有旨獎（論）［諭］史官，早成《金》、《宋》二史。公奉命黽勉，朝夕匪懈。先代故事臧否，奮筆書之，身任勞責，不以委人。當暑濕盛作，移居館中，頗自恃其精力，疏於攝生，遂致疾不起」。玩此二段，言曼碩朝夕匪懈，與其作史之旨，獨繫于「有旨獎（論）［諭］史官，早成《金》、《宋》二史」，下而於《遼史》無一言，則知曼碩於《遼史》不甚主事，言《金史》垂成而曼碩薨，則知曼碩於《宋史》未曾涉筆，其「身任勞責，不以委人」者，獨在《金史》耳。後又曰「昔玄與公共修《憲典》，公素習律儀，又勤於玄，今又共史事，公之勤不減昔時，乃遽失援」，玩此則知圭齋與曼碩同任《金史》，而曼碩用力尤深。圭齋之文雖不亞於曼碩，曼碩之勤固過於圭齋，此《金史》所以善也。若謂《金史》得元遺山爲依據，所以獨善，不知遼固文獻無徵，宋則文獻林立，依據更多於金，何以亦未善耶。古人或有史才而不當作史之任，如韓、柳輩；當作史之任而無史才，如劉、宋輩；以史才而又當其任，獨司馬、班、范、陳、歐陽及揭耳。故《史》、《漢》、《三國》、《五代史》外，即當推《金史》，不可不表而出之。道光丙申，得舊版《金史》，遂書其後。山陰汪時肅雨人甫。

資治通鑑二百九十四卷　八十册

宋司馬光撰。

明嘉靖孔天胤刻本。

前有嘉靖甲辰孔天胤序。

前漢紀三十卷　四册

漢荀悦撰。

明嘉靖戊申黄姬水刻本。

有荀悦序，又姬水刻書序。

有朱筆校。

本。其云明有監本，勝於黄刻，則未之見也。此書全部有朱筆校，極詳好。所夾墨筆籤，皆采蔣氏《字句異同考》，朱筆亦據蔣本改正，後復最録蔣本序跋，訂爲一册，以附於末，可謂勤矣。《天禄後目》兩《紀》皆有宋版，惜不得取而校之。邵亭《目》，袁《紀》亦有吕刻，則不知何所據也。甲寅三月，正闇。

《兩漢紀》，吕仲木但見荀而未見袁，黄氏此刻始完而頗有譌繆。蔣蘿邨兄弟於康熙中校刊，遂稱善

後漢紀三十卷　四册

晉袁宏撰。

明嘉靖戊申黄姬水刻本。

有袁宏序，後有紹興十二年王銍《重刻兩漢紀序》。

有朱筆校。

光緒庚辰十月十一日校畢，篤生識。

汲冢周書十卷　二册

嘉靖四明章（蘖）［檗］刻本。

有「江上外史」一印。

路史前紀九卷後紀十三卷國名紀六卷國名紀信一卷大衍一卷發揮六卷餘論十卷　十六册

宋羅泌撰。

嘉靖刻本。書籤全。

前有乾道庚寅泌自序，又丙申費煇序。

有「世德堂圖書印」，又「雪舫藏書」、「子孫保之」二印。

此書無刻書人姓氏，與萬曆喬可傳本似出一源，又非豫章不全之刻本也。己巳八月，正闇。

國語二十一卷　八册

晉韋昭解。

明嘉靖金李刻本。

前有韋氏《國語解敘》，敘下正書小字「嘉靖戊子吴郡後學金李校刻於澤遠堂」一行。

世所珍《國語》、《國策》刊本，必以蕘翁士禮居翻刻之宋本爲第一。《國語》爲天聖明道刊本，景鈔以入版者，《國策》則剡川姚氏紹興刻本，與鮑本絶異，真所謂善本也。此二刻亦明人翻宋刻之精者，皆同一年上版，同在一方，兩人分刊，意爲天壤間留一佳刻，非僅如士族家書帕本之草草託古人以傳也。二書流傳亦尠，尤難在完善合璧，觸手如新。辛酉五月，移家旋吴，敝簏墮水中者十餘事，此書亦在劫中，亟倩工重裝，乃無絲微玷缺，信連城之可寶已。羣碧。

戰國策十卷　八册

宋鮑彪校注。

嘉靖龔雷刊本。

前有紹興丁卯鮑彪序，又曾鞏序，後有李文叔、王覺兩題。

卷尾篆書「嘉靖戊子後學吴門龔雷校刊」一行。

金李刻《國語》，龔雷刻《國策》，皆同在嘉靖戊子，同稱「吴郡後學」，似相約而爲之者。明人刻書之精，如游刻《韓》、《柳》，莫氏乃仿刊之，或謂莫非仿刊，即游氏版歸其家而易一前題者也。余兩見之，印皆精好。此外如濟美堂《柳集》與東雅堂《韓集》，皆翻世綵堂本，而一在嘉靖，一在萬曆，相去數十年，不似此二書如驂之靳、璧之合也。《國語》款在前敘下方正書，《國策》款在卷尾下方篆書，書賈往往剜去之。余見鬱華閣遺書，《國策》尾無此款，意園祭酒並題爲金李所刊。二難之并，固鑒家所心許也。壬戌正月，羣碧。

越絶書十五卷　二册

漢袁康撰。

嘉靖二十四年孔文谷刊本。

前有嘉靖二十四年田汝成序，後有都穆跋。

有「王印士禛」、「文學侍從之臣」二印。

瞿氏因前序而誤以爲田汝成所重刊，陸心源駁之，又因南濠跋中所言，指爲劉恒本，實則兩失之也。田序明云「文谷孔子提學兩浙，得是書而悦之，校其訛舛付梓，屬序於余」云云，蓋孔文谷翻劉恒本耳。此雖細故，然邵《目》亦云田汝成刊本佳，則以訛傳訛。而孔氏之刻是書，將永湮没而不彰矣。《吴越春秋》翻大德本外，間尚易得，此書則稀見也。正闇，己巳六月記。

南唐書三十卷　六册

宋馬令撰。

明嘉靖顧汝達刻本。

有「南昌彭氏」、「知聖道齋藏書」、「遇讀者善」，又「萬玉樓」諸印。

南唐一代，文采彬郁。馬、陸二書，各有短長，近代蔣氏彙刻行世。其在蔣氏前，陸惟汲古閣本尚多見。馬書明世雖有數本，皆不甚精。今年始見此刻，即《平津記》稱「二十行二十字本，字畫工整」者，然亦未言何人所刊。今觀此書跋後云「顧汝達厭元刻舛訛，校而梓之」，實在嘉靖庚戌。跋者東海姚昭。世代綿邈，雖舛訛之元刻，目中未之一見。此刻果善於元否，固未可知，然其工整完美，洵足以矜耀奪目矣。年來貧乏，書又奇昂，此六册直昔之百金，把玩竟日，不能不一破慳囊，爲吾百靖齋中增一光采也。辛酉花朝，羣碧。

三輔黄圖六卷　二册

不著撰人。

嘉靖己未劉景韶刻本。

前有撰者自序，又嘉靖己未景韶刊書序，又江一山跋。

水經四十卷　二十册

漢桑欽撰，後魏酈道元注。

明嘉靖黄省曾刻本。

前有嘉靖□□黄省曾刻序。

此本刻工精美，真如白玉之無瑕也。惜明刻皆無善本，如乾隆間趙氏集古今校勘之大成，刊以行世，則他刻俱可廢矣。此書祇宜珍襲，爲寒舍之琳瑯耳。丁卯二月之杪，羣碧檢記。

吕氏春秋二十六卷　十六册

秦吕不韋撰，漢高誘訓解。

明嘉靖七年許宗魯刻本。

前有高誘序。

有「張穆月齋」印。

韓非子二十卷　四册

周韓非撰。

明嘉靖張鼎文刻本。

前有嘉靖辛酉張鼎文校刻序。

重廣補注黄帝内經素問二十四卷　十册

唐王冰補注，宋林億等奉敕校正。

嘉靖庚戌顧從德刻本。

前有林億等序，又寶應壬寅王冰序，又嘉靖庚戌顧從德刊書序。卷末有「明修職郎直聖濟殿太醫院御醫上海顧定芳校」一行。

補注釋文黄帝内經素問十二卷　七册

唐王冰注，宋林億等奉敕校正。

明趙府居敬堂刻本。

前有林億等進表，後附《素問遺編》。

黄帝素問靈樞經十二卷　三册

宋史崧校正。

明趙府居敬堂刻本。

前有紹興乙亥崧自序。

脈經十卷　六册

晉王叔和撰。

明仿宋何大任刻本。

前有林億等校定序，又叔和自序，後有嘉定丁丑何大任序，又紹聖三年國子監牒及銜名八行。

日本人《經籍訪古志》記《脈經》多種，而於萬曆袁表刊本下注云：卷一「持脈輕重法」，第六「與皮毛相得者肺部也」，注文「炤蚳作」三字，宋槧及諸本並同，不可讀。沈際飛本明天啟中刊作「浮之在」，屬妄改。獨袁本作「吕氏作大豆」五字，足以正宋本之譌矣。

此書雖不載翻刻年月、姓氏，然審其劂工，實在嘉靖時。其後序亦頗似文徵明所書，即非衡山真蹟，亦在萬曆諸名人手筆之前。一時有一時風尚，可一望而知也。他家著録，誠不必細辨，吾欲置之百靖齋中，不得不著此說，爲後人定論云。己巳五月，正闇得書後記。前一則初僧太守所摘録，因並存之。

醫學綱目四十卷　三十八册

元樓英撰。

嘉靖刻本。

前有嘉靖乙丑曹灼序，又英自序。

重修政和經史證類備用本草三十卷　十册

蜀唐慎微撰。

嘉靖陳鳳梧刻本。

前有成化戊子商輅序，又嘉靖癸未陳鳳梧序，又政和六年曹孝忠奉敕校勘序，又麻革序，後有嘉靖五年進《補注本草》奏敕及校勘銜名，又皇統三年宇文虚中敘，又劉祁書後。

卷末木記云「嘉靖丁酉孟春月吉楚府崇本書院重刊」。

太玄經十卷　八册

漢揚雄撰，晉范望解贊。

明萬玉堂刻本。

前有陸績《述玄》，後附王涯《説玄》五篇，又《釋音》一卷。康熙□錢求赤所傳馮嗣京校嘉靖甲申江都郝梁子高刊本，因取此本對校，則郝□所據，非有宋善本，其中脱誤甚多，當是麻沙坊刻。此萬玉堂本誤處最少，在前朝□當爲第一，見則必收之爲副本也。四月晦日燈下，焯記。光緒庚子棠臨校本。

萬玉堂本世行《太玄經》之最善者，明代覆本有浙楊爾賢、閩黄石齋。黄本版心下縫無字，而行款不改。楊本題「玉鏡堂」字，每卷著刊人名氏三行，不得不推移原第矣，顧其本絶罕見。予嘗得之，以視楊星吾，亦以爲異也。此本光緒中收諸上海吴申甫，闕九、十兩卷並《音論》，申甫更爲向章石卿假其兄小雅景寫臨何義門校本，予乃摹補成完書焉。章補本未能畢肖，故余補本益展轉失之。丁巳二月，又於滬見萬玉堂全本，出此比對，距昔臨寫時十八載矣，身世之變，可勝慨哉。莫棠。

頃以萬玉全本互對，乃知其本後印有補版，即義門所據者亦出修補後印本，故有何指爲誤而此初印本不相應也。楚生。

萬玉堂本亦嘉靖時刻，其劂工可審定也。楚生奄逝，不三月而遺書漸出。余自歸吴門，與楚生過從甚久，知其藏鑒頗精，而書籍實爲甲觀。蓋其少年已與世經堂侯駝相熟，侯駝在吴下號稱能鑒古書，獨屈一指，視今之估人，真庸中之佼佼者。楚生隨宦吴中，沾丐家學，其好書競買，奄有趙德夫之風。以鑒精故多得善本，以值廉故富溢箱笥，得書後每自校録，書衣縹籤，題識或滿，沐郘亭之遺教也。余來吴中，葉緣裻前輩先歸道山，曹君直舍人繼謝賓客，欲談鉛槧，幾亡足音，所願晤言者獨楚生耳。楚生胸多藴藏，而祕不肯播，過其書齋，則几案如拭，插架整齊。五六年中，所獲見者不足百之二三，未厭老饕，遽成陳迹，過車腹痛，寧不泫然。今年四月，楚生遺書一部份流落吴廛，余既鬻書療貧，亦不敢過於涎視，選明鈔、舊鈔不足十種。此册因有楚生手補之二卷，又曾録義門校語，故不收萬玉堂之另一全本，蓋聊存故人手墨，冀晤對於晨夕間也。己巳六月，羣碧樓記。

世德堂刊六子凡六十卷　十六册

《老子道德經》上下卷，前有葛玄序，又龔士卨序。

《南華經》十卷，前有郭象序。原本用朱筆、藍筆者，可謂一無所知，枉自造業，塗汚《南華》，妙錦塵垢。苔珊今日妙眼，甚恨之也。

《沖虛真經》八卷，前有張湛序。

《荀子》二十卷，前有楊倞序。亦有苔珊評點。

《揚子法言》十卷，前有宋咸序，又咸《進注法言表》，又司馬光《注法言序》。

《文中子中説》十卷，前有阮逸序。

明嘉靖顧春刻本。

後有嘉靖癸巳吴郡顧春刻書跋。

野客叢書三十卷附録一卷　八册

宋王楙撰。

明嘉靖壬戌王氏刻本。

前有慶元改元楙自序，後有嘉靖壬戌王穀祥序。

有「古鹽張氏」、「宗橚」、「詠川」三印，又「李印兆洛」、「申耆白事」二印。

此亦莫氏遺書也。《野客叢書》世稱佳本，市價頗昂，書亦稀見。講書爲長洲名宿，又爲裔孫所精刻，故可重視。吾本洞庭舊族，父母墓在堯峰，將使子孫長守松楸，愛護此邦文獻，意不能已。凡兹莫氏遺籍，皆鬻書後所收。吾於此事，不免出爾反爾之誚矣。己巳盛暑，正闇。

藝文類聚一百卷 三十二册

唐歐陽詢撰。

嘉靖刻小字本。

前有胡纘宗序，又詢自序。

初學記三十卷 廿八册

唐徐堅等奉敕撰。

嘉靖刻本。

前有紹興甲寅劉本序。

白孔六帖一百卷 四十八册

唐白居易、宋孔傳撰。

嘉靖刻本。

前有韓駒序。

事類賦三十卷　十六册

宋吴淑撰。

嘉靖刻本。

前有紹興丙寅邊惇德序，又淑《進注事類賦狀》。

此翻宋本也。淑自撰進呈，祇廿卷，旋奉敕自注，以卷帙之繁，改爲卅卷。類書以著作出之，彌見匠心。邊序所舉李嶠《單題詩》、丁謂《青衿集》，今皆不傳，雖由代遠，亦其作有不逮焉。此書每葉皆有耳，他書不易見，實宋刻之證，明人刻書惟《顧氏文房小説》亦然。鬻者必欲黤紙剜款，刻意作僞，此書乃並宋諱亦一一挖去末筆，可謂心勞日拙矣。而古香馣藹，亦自悦目，不足爲百靖之累也。宣統己酉，羣碧記。

後數年爲識者攜去，流入厰肆，余復備價贖回。如文姬之歸漢，又多結一重因緣矣。乙丑閏夏，正闇。

錦繡萬花谷前集四十卷續集四十卷後集四十卷　二十册

不著撰人。

嘉靖刻本。

前有淳熙十五年十月一日自序，又嘉靖丙申秦汴跋。《續集》後嘉靖丙申張愷序。

何氏語林三十卷 二十册

明何良俊撰。

嘉靖刻本。

前有文徵明序。

列仙傳二卷 二册

漢劉向撰。

嘉靖刻本。

前有嘉靖甲午黄省曾序。

山海經十八卷 一册

晉郭璞注。

嘉靖前山書屋刊本。

前有璞序。

六朝詩集 十二册

《梁武帝》一卷 《梁簡文帝》二卷 子册

《梁宣帝》一卷 《梁元帝》一卷 《後周明帝》一卷 《陳後主》一卷 《隋煬帝》一卷 丑册

《陳思王》四卷　寅册
《阮嗣宗》三卷《嵇中散》一卷　卯册
《陸士衡》七卷　辰册
《陸士龍》四卷　巳册
《謝康樂》一卷《謝惠連》一卷《謝宣城》五卷　午册
《鮑照》八卷　未册
《江文通》四卷　申册
《何水部》二卷《陰常侍》一卷《王子淵》一卷　酉册
《劉孝綽》一卷《劉孝威》一卷《沈約》一卷　戌册
《庾開府》二卷　亥册

明薛應旂編。

嘉靖刻本。

前有嘉靖癸卯應旂序。

詩凡十二册，雖無總目，而存子、丑二籤，籤列詩人之名，與此册相符。可知只此二十四家，其下各籤，特以時代臆度相次，原籤已失，不可考也。各家詩外兼録賦，而不及雜文。《曝書亭目》有《六朝詩彙》二十四册，凡一百十四卷，爲嘉靖壬子慈谿張謙所編。後此書十年而溢其半，其裒輯視此爲富矣。然皆爲罕見之祕，此書不見諸家著録，尤爲可寶。丙寅五月，羣碧居士記。

元氏長慶集六十卷　八册

唐元稹撰。

嘉靖壬子東吴董氏刊本。

前有宣和甲辰劉麟序，又乾道戊子洪适序。

序後有「嘉靖壬子仲春十日東吴董氏宋本翻雕於茭門別墅」一行。

白氏長慶集七十一卷　十册

唐白居易撰。

明嘉靖本。

前有元稹序，後有陶穀《龍門重修白樂天影堂記》，又會昌五年樂天自序。

卷末有「封奉政大夫吏部考功郎中姑蘇錢應龍鋟梓」一行。

元、白《長慶集》，余初收馬元調本。後來京師，始得此本。又數年，復收嘉靖本《元氏集》，版雖不一，而兩集又獲全矣。觀樂天自敘，卷數與此不合。此以類編，純爲後人竄易，七十一卷之目，未知始於何時。樂天雖云自訂，而世遠代湮，遂有竄亂之者。聖人所以戒無知而妄作者，良有以也。宣統辛亥閏六月，羣碧。

韓文四十卷外集十卷附集傳一卷遺文一卷　六册

唐韓愈撰。

明嘉靖游居敬刊本。

前有嘉靖丁酉居敬刻書序。

第一卷題下有「明巡按直隸監察御史南平游居敬校」一行。

柳文四十三卷别集二卷外集二卷附録一卷　六册

唐柳宗元撰。

明嘉靖游居敬刊本。

有劉禹錫序。

卷一題下有「明巡按直隸監察御史游居敬校」一行。

明時舊裝。

河東先生集四十五卷外集二卷龍城録二卷附録二卷　四十五册

唐柳宗元撰。

明嘉靖郭雲鵬濟美堂刊本。

前有劉禹錫序。

卷後有「東吴郭雲鵬校壽梓」隸書小木記一方。

張文潛文集十三卷 二册

宋張耒撰。

明嘉靖刻本。題「起居舍人張耒文潛」。

前有嘉靖甲申江都馬駉序，後有龍渠山人郝梁跋。郝氏刻《張文潛集》，馬氏敘稱爲「昔人選本」，故有文無詩，與《四庫》著録之《宛丘集》及世所傳之《張右史集》多寡懸殊。而此本亦有《宛丘集》所無之文，知此本雖是選本，而所從出者甚舊，且宋人選宋人集，宜可珍也。辛酉六月，旅食南昌，僅收此二册。書肆主人聞余名，故昂其直，實則但知有「羣碧樓」，而不深知「百靖」之號，否則其價必更昂矣。壬戌正月初六日，百靖主人書。

南豐先生元豐類稿五十卷附録一卷 八册

宋曾鞏撰。

明嘉靖刻本。

前有嘉靖壬戌李璣序，又嘉靖甲辰陳克昌後序。

有元豐八年王震序，又大德甲辰丁思敬序，又成化庚寅王一夔序，又羅倫序，又朱子《南豐年譜》

二序。

每卷題下有「巡按直隸監察御史後學金谿黄希憲重校刊」一行。

南豐曾先生文粹十卷　二册

宋曾鞏撰。

明嘉靖無錫安如石刊本。

前有嘉靖己酉王慎中序。

歐陽文忠公全集一百五十三卷附録六卷　二十四册

宋歐陽修撰。

明嘉靖庚申安陸何遷刻本。

前有周必大序，又蘇軾《居士集序》，次年譜，次《四朝國史》本傳，次總目。凡《居士集》五十卷，《外集》二十五卷，《易童子問》三卷，《外制集》三卷，《内制集》八卷，《表奏書啟四六集》七卷，《雜著述》一十九卷，《集古録跋尾》十卷，《書簡》十卷，《附録》六卷。每卷均有「熙寧五年秋七月男發等編定，紹熙二年三月郡人孫謙益校正」兩行，並附校正字句於後。後有何遷跋。

《歐陽文忠公全集》刻在廬陵，已收上内府。天順辛巳海虞程宗取胡文穆家本刻之郡中，侍讀華亭錢溥序其事。其後翻刻者再，刻於弘治辛亥，則郡守姑蘇顧福，庶子王臣序之；刻於正德壬申，則郡守慈谿劉喬，序者凡幾人，此刻是已。嘉靖丙申，會稽季本同知郡事，嘗一校有序，尋復漫漶棄不傳。丁巳，遷奉役江西，少師介翁嚴公語遷，此刻故善，年蚤暮暨諸疑信可考，此殆文忠公意，何可易耳。比至，屬藩司再校之，易其漫漶者三二，而廬陵全集於是始復完可傳。諸序繁，故不復刻。嘉靖庚申三月庚辰，安陸何遷跋。

嘉祐集十五卷 六册

宋蘇洵撰。

明嘉靖刻本。

前有嘉靖壬辰張鏜序。

有「嚴可均之印」、「鐵橋」二印。

臨川先生文集一百卷 二十册

宋王安石撰。

明嘉靖刊本。

前有嘉靖三十九年王宗沐序，後有嘉靖丙午陳九川敘，又丙午章衮序，又紹興十年黄次山序。

東坡集四十卷後集二十卷奏議集十五卷内制集十卷外制集三卷應詔集十卷續集十二卷　三十册

宋蘇軾撰。

明嘉靖江西布政司刻本。

有成化四年李紹序。

目前有年譜、墓誌、本傳一卷。

卷末有「嘉靖十三年江西布政司重刊，南豐縣學教諭繆宗道校正」兩行，前有繆宗道《校刻蘇文義例》二葉。

欒城集五十卷欒城後集二十四卷欒城第三集十卷　二十六册

宋蘇轍撰。

明嘉靖蜀藩本。

前有嘉靖辛丑劉大謨序，又辛丑王珩序，後有辛丑崔廷槐序。

目録前有《蘇文定公謚議》七葉，卷後有淳熙六年從政郎充筠州州學教授鄧光跋，又淳熙己亥曾孫朝奉大夫權知筠州軍州事詡跋。後有「校勘官文林郎筠州軍事判官倪思、從政郎充筠州州學教授鄧光、奉議郎知筠州高安縣事閭丘泳」三行，又開禧丁卯四世孫朝奉郎權知筠州軍州事蘇森跋。

豫章黄先生文集三十卷别集二十卷外集十四卷簡尺二卷詞一卷年譜三十卷

附伐檀集二卷　三十二册

宋黄庭堅撰，《伐檀集》庭堅父庶撰。

明嘉靖刻本。

前有嘉靖丙戌徐岱序。

有「鞠園藏書」、「温陵張氏藏書」二印。

《山谷集》明時刻本，莫若此刻爲備，凡全書九十九卷。其《外集》之後四卷，皆山谷晚年删去之詩，刻者搜羅編集而不忍割棄，表章之功，可謂切矣。刻手極古茂，不似嘉靖時人，頗足亂前代楮葉，故徐岱序「丙戌」上二字已剜失。吾竊歎坊賈作僞，亦自有識别也。乙丑清明，春寒初殺，正闇檢記。

淮海先生前集四十卷後集六卷　十二册

宋秦觀撰。

明嘉靖刻本。

卷末有「嘉靖壬辰孟夏安正堂刊」木記一方。

有「鳴野山房」、「菉竹堂葉氏藏書」兩印。

晦庵先生朱文公文集一百卷續集十一卷别集十卷 四十册

宋朱熹撰。

嘉靖刻本。

前有嘉靖壬辰蘇信序，目録後有嘉靖壬辰潘潢跋。後有成化癸卯黄仲昭跋，《續集》有淳祐五年王遂序。

缶鳴集十二卷 四册

明高啟撰。

嘉靖刻本。

後有洪武三年謝徽序。

有「友石」、「青瑣舊臣」二印。

震澤先生集三十六卷 五册

明王鏊撰。

嘉靖刻本。

前有嘉靖丙申霍韜序。

對山集十九卷 六册

明康海撰。

嘉靖刻本。

前有嘉靖乙巳王九思序，又劉儲秀序，又張治道序，又吴孟祺跋。

王氏家藏集四十一卷慎言十三卷雅述篇二卷内臺集七卷 十六册

明王廷相撰。

嘉靖刻本。

前有嘉靖丙申杜柟序，又唐龍序，又栗應宏序。《慎言》有嘉靖壬辰黄芳序，又廷相自序，又嘉靖甲午張一厚跋。《雅述篇》有嘉靖戊戌謝鎰序，又嘉靖己亥崔銑序，又廷相自序。《内臺集》有嘉靖十八年李復初序，又嘉靖丙申張鵬後序。

空同集六十三卷 十册 明時原裝

明李夢陽撰。

明嘉靖刻本。

前有嘉靖辛卯儀封王廷相序，嘉靖九年五嶽山人吴郡黄省曾序。

邊華泉集八卷　四册

明邊貢撰。

嘉靖刻本。

後有嘉靖戊戌劉天民跋。

何大復先生集三十八卷　八册

明何景明撰。

嘉靖刻本。

前有嘉靖三年唐龍序，又康海序，又嘉靖戊午王世貞序。

六家文選六十卷　六十册

題梁昭明太子撰，唐五臣注，崇賢館直學士李善注。

嘉靖己酉袁褧刊本。

前有昭明太子序，李善《上文選注表》，國子監准敕節文，吕延祚《進集注文選表》，上遣將軍高力士宣口敕。

有「別下齋印」、「蔣光煦印」、「生沐」、「生沐祕藏」諸印。

嘉靖袁氏刻《文選》，可以亂宋本楮葉。此本紙印尤妙，開卷如新印成者，至可珍弆。前數卷間有徽點，不足爲病。此書丁《目》記各卷後題字甚詳，余書皆大半有之，惟六十卷後袁褧「總題」失去，又五十六卷後「戊申孟夏十三日李清雕」一行亦被裁失，而三十二卷後「皇明嘉靖丙午夏雕」「謝胡」篆文印。「南征」一行，四十六卷後「嘉靖丁未季夏晦日藏亭記」一行，皆爲丁所未見。其五十二卷後三行小注，出《揮麈録》，丁云「塵」誤「慶」字，此本實不誤。然則丁所藏本印已在後，或經後人修改，故致誤耳。又序後有「此集精加校正，絶無舛誤，見在廣都縣北門裴宅印賣」三行，及六十卷後「吴郡袁氏善本新雕」木記一方，丁氏亦未著録。不知丁氏漏寫耶，抑原書所本無耶，皆足以補丁氏之闕。至邵位西所云每卷首一行有「藏亭」二字，此本實無有也，又不知何所據矣。甲子二月讀記，正闇學人。

文選六十卷 二十册

梁昭明太子選，唐李善注。

明嘉靖翻張伯顔本。

前有昭明太子序，李善《上文選注表》，吕延祚《進五臣集注表》，上遣高力士宣口敕。

每卷題「奉政大夫同知池州路總管府事張伯顔助率重刊」一條，卷終有「監造路吏劉晉英、郡人葉誠」十一字。

目録後有「嘉靖元年十二月望日金臺汪諒校正新刊」一行。

文選六十卷　二十册

梁昭明太子選，唐李善注。

明嘉靖晉藩刻本。

前有嘉靖己丑皇帝璽書，及晉王知烊恭謝文，又嘉靖乙酉晉王《重刊漢文選序》，又嘉靖乙酉周宣序。後有嘉靖丁亥晉王《刻漢文選後序》。

昭明太子序，李善注上表，吕延祚《上五臣注表》，高力士宣口敕，並列目前。又元張伯顔本余璉序。

每卷題下有「晉府敕賜養德書院校正重刊」一條。

明世宗享國最永，初自藩服入嗣大統，「議禮」一事，寵信璁、蕚，大拂羣望，不免尊親之過。其後權臣柄政，奸如鈐山父子，卒就誅竄，猶未至於昏佚也。嘉靖一朝文治極盛，刻書嗜古，蔚焉同風。其時親藩亦皆敦雅好學，競刊古書，如秦藩之《史記》，趙府之《綱目》，皆成於一時，可云一時之盛。晉藩所刻「五文」，余得其三。此書刻工較佳，但改題曰《漢文選》，誠足貽妄作之譏矣。丙寅三月，羣碧檢記。

唐文粹一百卷　十六册

宋姚鉉編。

嘉靖三年徐焴刊本。

前有鉉自序。後有寶元二年施昌言後序。目後有「姑蘇後學尤桂、朱整同校正」兩行。

宋文鑑一百五十卷 二十册

宋吕祖謙奉敕編。

明嘉靖晉藩刊本。

前有嘉靖己丑皇帝璽書，及晉王知烊恭謝文。後有嘉靖戊子晉王刻《文鑑》後序。

元文類七十卷 二十册

元蘇天爵編。

明嘉靖晉藩刊本。

前有嘉靖丁酉□朋序。

有元統二年王理、陳旅二序，後有元統三年王守誠跋。

晉藩所刊「五文」，余僅得蕭《選》、吕《鑑》及此書耳。據序稱「志道堂先王刻《文類》未終而薨，今王虚益堂承其志而刻之」。按《明史·表》，晉王知烊薨，無子，以弟子新㙺嗣。所謂「虚益堂」，即新㙺也，此書與《文衡》當皆其續刻。余少姚《粹》、程《衡》二編，何時能再收之，使「五文」復聚於一室耶。序後失印一行，致序文有名而無姓，俟考他書補之。丙寅三月，羣碧寫記。

萬首唐人絶句七言七十五卷五言二十五卷六言一卷 二十册

宋洪邁編。

嘉靖刻本。

前有紹熙元年邁自序，又投進劄子、宣賜劄子、謝表、别奏劄子、謝狀諸文。目録後有嘉定辛亥吴格跋，嘉定癸未汪綱刻書跋，又嘉靖庚子陳敬學刻書跋。

唐詩紀事八十一卷　三十六册

宋計敏夫撰。

嘉靖乙巳洪楩刻本。

前有孔天胤序，又計敏夫原序，嘉定甲申王禧序。

《唐詩紀事》余凡有三本，一張子立刻本，一洪子美刻本，即此本也，又汲古閣刊本，皆明槧。張、洪皆刻于嘉靖乙巳，毛氏但舉張而遺洪，且汲古閣本實據張本翻雕，極言張刻之錯舛，頗有校正，然亦以意爲之，非真見善本。洪子美在嘉靖刻書甚多，且精好，觀孔汝錫敘云「子美得笥藏懷安初本雕繕」，是所據即王慶長原槧也。比之子立以傳鈔本入版者，固必善矣。子晉刻於崇禎，乃未見子美所刊，異哉。此書原缺一册，己未於廠肆配得，遂成完璧。庚申三月重裝，正闇記。

詩話總龜前集四十八卷後集五十卷　十册

宋阮（一）閲編。

明嘉靖甲辰宗室月窗道人刊本。

前有嘉靖甲辰張嘉秀序，後有嘉靖乙丑程珖跋。
卷末有寫書、刊字等姓氏四行。
此書籤自甲至癸，皆完全不缺。

草堂詩餘前集二卷後集二卷 四册

不著編輯人。
嘉靖刻本。
前有嘉靖甲寅楊金序。

寒瘦山房鬻存善本書目卷四

鈔校本

正音切韻復古編　一册

清柴紹炳撰。

鈔本。

前有紹炳自序。

有「錢唐何氏夢華館嘉慶甲子後所得書」一印。

遼史拾遺不分卷　四册

清厲鶚撰。

鈔本。

前有乾隆癸亥全祖望序，又鶚自序。

有「厲氏太鴻」一印，又「拜經樓吴氏藏書印」、「兔牀經眼」、「拜經樓典籍印」、「小桐溪上人家」，又「江山劉履芬彦清父所收得」，又「宗室文慤公家世藏」、「盛昱之印」諸印。

樊榭先生著述等身，而援引精博，則推《遼史拾遺》爲冠。四十年前，廣陵馬氏曾擬剞劂而未果，海内鈔藏者寥寥數家而已。客秋，海寧吴丈槎客（概）［慨］舉知不足齋贈本假鈔。以數年願見不可得之書，一旦得繕録全帙，登諸篋衍，快何如之。庚戌夏六月校畢，因識數語于後以誌幸。至菫浦先生《金史補闕》，卷帙更鉅，身後散佚罕存，欲謀璧合，而竟無自矣。惜夫。松陵楊復吉識。

吴江楊慧樓進士既從予借鈔《遼史拾遺》，又作《遼史拾遺補》，凡數百條，惜予卒卒未及傳録。庚午夏日記。

鮑渌飲云，此書向爲樊榭姪繡洲所藏，人有借鈔者，繡洲撤出一卷以借之，故外間傳本多不全，惟此爲足本也。越日又識於小綈雲軒，兔牀，時年七十有八。

元朝典故編年考十卷　四册

清孫承澤撰。

鈔本。

南燼紀聞　一册

宋周煇撰。

鈔本。

前有阜昌丁巳黄冀之序。

《南燼紀聞》余凡有三本，此本事同而文小異，疑有人删潤，俾其易曉，又似併《竊憤録》爲一，俾首尾完善也。《竊憤録》傳爲辛幼安所作，與《南燼》銜接，如一書而割爲二者。或當時此書南來，祕不傳世，蓋二宗之不能歸，高宗實爲慙德。北狩後帝后流離慘戚，視羈囚不如，南中臣民爲尊者諱，不肯傳播，以著失國之悲，與得國者之晏安委靡，置父兄於不顧，其罪甚也。幼安未覩其全，得其半册，適懷怨望，乃以「竊憤」名而傳布之耳。二書頗有云其僞者，但余以爲失國之主，身爲人虜，以玉食而沐腥羶，去尊崇而儕俘馘，所敘情狀，未可謂誣。亦使謀國者知不可引虎入室，墮陷不測，爲他人所唾笑，尤不可視敵人爲心腹，思託芘而倚賴之，蹈亡宋之覆車也。近世中國自謀益拙，而人之謀我益工，幾欲陰行滅亡之實，而外泯侮辱之名。讀此爲累欷者久之。正闇居士。

前有黄冀之序，自言此書爲其所作，且引石晉、王淑事，以自證其用心與淑迥殊。他本未見此序，不知其果爲黄作否。《四庫》謂爲周煇作，而亦言其僞託，則以徐夢莘《北盟會編》未嘗徵引爲斷。徐氏采書雖博，然亦不能因其未采而目爲僞。要之，此書必是晚出。余前跋所云爲尊者諱，不肯傳播，或非嚮言耳。乙丑閏四月，羣碧。

金姬傳一卷 一册

明楊儀撰。

鈔本。

有「潯谿陸氏珍藏」、「陸氏景宣樓珍藏書畫」二印。

前有嘉靖二十五年海虞鄧韍序。

《金姬傳》敘述良異，其實金兒曾未委身士誠，不得以姬名也。蜕身巖穴，辭榮避禍，不可謂非賢達之女，宜其父儕以班、蔡而不屑歟。然因姬故，士誠二子得以終冒李氏，其祀不斬，姬之所以報張氏者厚矣。刻本世不多見，他日當校刻之，亦一代野乘云。宣統紀元，正闇讀記。

鳳洲筆苑八卷 四册

明王世美撰。

鈔本。

有「安樂堂藏書記」一印、「明善堂覽書畫印記」一印。

此書一卷爲《嘉靖閣臣志》上，二爲《嘉靖閣臣志》下，三爲《秋官景行志》上，四爲《秋官景行志》下，五以下皆爲《諱志》，曰權奸、曰狙惡、曰陰險、曰愎暴、曰貪婪、曰阿黨、曰懷貳、曰叛逆、曰妖幻。鳳洲兄弟熟於當時掌故，又以先世重負寃僇，矢願申雪，雖雌黄褒貶不無因時感事之言，然亦足以補史乘之不及也。甲子正月檢記，正闇。

江南野史十卷　一册

宋龍衮撰。

鈔本。

南唐近事三卷　一册

宋鄭文寶編。

鈔本。

有「四明盧氏抱經樓藏書印」一印。

《南唐近事》舊鈔本，略有訛缺，然不似後人之惡札可厭也。暇日偶一校閲，尚待補正。此抱經樓盧氏遺書，其精本早爲有力者負去，余僅拾此一册耳。甲子午月八日，羣碧校記。

東坡烏臺詩案　一册

不著編輯人。

鈔本。

有「秀水朱氏潛采堂圖書」一印。

《烏臺詩案》蘇州書局有刻本，採摭頗富。此尚是竹垞藏本。元祐黨人以東坡之才，而不免流竄嶺表，至以命宫磨蝎自傷。其實半山、東坡，彼此傾倒，獨政見不合耳。至今爲東坡頌冤者，固已羣口如一，而爲荆公辯護新法，亦不乏人。平心論之，必以君子、小人分爲二黨，持論未免太激，遂不能無謫逐之舉，而君子往往不勝矣。近世各國，顯然以政分黨，一進則一退，無所謂君子、小人，於是有是非而無恩怨，有用舍而無賢奸，持論既平，異己者亦有容身之地，故有議論紛爭而交親如故者。其爲黨也，進固能執天下之柄，退亦有復起之時，而一切傾軋排陷之風可以稍息。今之法未必不優於古也，使吾國早能行之，則坡公雖與半山各持政見，而未嘗不可互作詩朋。玉樓銀海，自有真知。保甲、青苗，亦何至鍛鍊入詩，而成千古文字之獄耶。宣統辛亥三月，正闇居士。

明季稗史 八册

《入長沙記》 丁大任

《殉忠録》 許惪士

《恩䘏諸公志略》 孫慎行

《兩廣紀略》 華復蠡

《孫愷陽殉城論》 蔡鼎

《孫愷陽督師略跋》 蔡鼎

《繡江集》　范樹鍭
《東村紀事》　宋轅文
《難游録》　張遴白
《輶軒紀事》　姜燕及
《宫庭睹記》　憨融上人
《丙申日記》　顧偉南
《永曆紀事》
《江陵紀事》
《東林事略》
《東林紀事本末論》
《計斬毛文龍始末》
《甲申紀變實録》　錢邦芑
《甲申忠逆紀事》
《閩游月記》　華廷獻
《兩粵新書》　方以智

《江變紀略》　徐世溥
《殘明紀事》
《瑣聞録》　宋直方
《瑣聞别録》　宋直方
《粤游見聞》　瞿共美
《行在陽秋》
《也是録》
《求野録》　容溪樵隱
《賜姓始末》
《幸存録》　夏允彝
《續幸存録》　夏復
《四王傳》
《左疏左檄》
《東明聞見録》
《嘉定屠城紀略》

《揚州十日記》　王秀楚
《青燐屑》　應廷吉
《倣指南録》　康范生
《續明季遺聞》　汪光復
鈔本。

夢粱録二十卷　四册
宋吴自牧撰。
鈔本。
朱筆校。
前有甲戌歲中秋日自牧自序。
卷末有「歲在著雍困敦陽月校於愛日樓」一行。

西域瑣談四卷　八册
清七十一撰。
鈔本。
前有乾隆丁酉七十一自序。

澳門新聞紙 六册

鈔本。

此六册乃中國譯外國新聞紙之嚆矢，當是官中譯筆，故間有批駁語，遇「欽差」亦擡寫。彼時不獨中國不知外情，即外人對於中國亦甚隔閡。海通以後，外人進步日猛，吾國則退步亦日甚，可勝歎哉。然當時通曉英文者甚少，大吏已留心於此，猶想見老輩臨事之不凡也。丁巳正月廿五日燈下，正闇閱記。

六册中記鴉片事甚多，正先曾祖督部公與林文忠公同官粤中時事。後文忠移粤，先曾祖移兩江，詞集中有《換巢鸞鳳》一闋，即指此也。先曾祖請回避，不許。過庾嶺而朝命改雲貴，未行而舟山之役起，又調閩浙，禦英艦於厦門。蓋朝廷倚二公甚篤，直至琦善主和，不得已而有伊麗之謫。外人以兩江調粤爲左遷，則有憾於文忠，而不習中國情事。獨先曾祖於鴉片一役，始終其間，而不免爲文忠所掩，豈主客之勢異耶？余收此書，亦以與余家有關耳。越日又書。

册中記種茶及製鉛版，皆始萌芽。國王初婚，即指維多利亞也。六十年來滄海變遷，已成陳迹，今且歐戰方劇，而吾病夫亦欲奮臂其間矣。丁巳正月，又記。

大唐六典三十卷 四册

唐李林甫等奉敕注。

鈔本。

中興館閣録十卷續録十卷　四册

宋陳騤撰。

鈔本。

前有李燾序。

文淵閣書目　一册

明楊士奇等編。

鈔本。

前有正統六年楊士奇、馬愉等《題文淵閣書目疏》。

國史經籍志六卷　三册

明焦（竑）［竑］撰。

鈔本。

前有（竑）［竑］自序。

有「家在言子闕里」一印，又「吴越王孫印」，又「西田分支印」，又「彭城郡印」，又「每愛奇書手自鈔」一印。

有朱筆校。

此三册鈔校皆精，可稱善本。考其印記，實出虞山錢氏。每卷後有「虞山錢曾遵王藏書」一印，則似僞作。册首所鈐諸印，除已録外，尚有閑章數方，皆真確古雅。鞠常前輩引《懷舊集》云：「錢履之次子孫艾，字頤仲，每與人通借鈔録，朱、黄兩毫不去手，篆刻似文彭」。觀此本所印諸篆刻，頗宗三橋，疑是頤仲手自鈔校，非絳雲、述古兩家之古籍也。己巳四月，羣碧檢記。

絳雲樓書目一卷 一册

清錢謙益撰。

鈔本。

有「華萬育印」、「弘正」二印，又「盛昱之印」、「宗室文慤公家世藏」二印。

卷末有「丙午冬日録」五字，下有「犂雲山人」一印。

述古堂書目 一册

清錢曾撰。

鈔本。

遵王承絳雲之後，以族子與宗老抗手爭衡，可謂雄矣。絳雲一炬，未燼之書悉以歸之，倘亦所謂付託得人者耶。而當時各守祕笈，有不能通借之意，惟互相詫惜而已。今翻此目，不載版本，惟《敏求記》一書稍有論列，則因竹垞黄金翠裘，一夕購寫，始爲世所豔稱。人心之嗜古，或不敵其嗜奇之篤歟。余於書籍亦頗若蟲之負版，鼠之搬薑，然而聯架塞屋，輒發無書之歎，殆與趙玄度氏有同慨焉。甲子春暮，正闇寫於三李盦。

培林堂書目　三册

清徐秉義編。

鈔本。

孝慈堂書目　一册

清王聞遠編。

鈔本。

海昌經籍志略四卷　四册

清管庭芬輯。

稿本。

前有庭芬自序二篇。

有「庭芬」一印。

芷香精於目録之學，蒐輯邦獻，用功極勤。其第二序云「廣爲六卷」，而此編只四卷，上下行間，增補不少，恐仍非定本也。方今古籍淪亡，吾人伏處州邑，使各依此例，纂爲成書，豈非里乘之光耶。乙丑正月，正闇。

金石録三十卷 四册

宋趙明誠撰。

鈔本。

前有明誠自序，後有政和七年劉跋序，又紹興二年李易安跋，又趙不譾跋。

有成化九年葉仲盛跋，又崇禎癸未葉林宗跋。

金石林 一册

明趙均纂。

鈔本。

寒山趙氏在明季時以藏書名海内，其所刻《玉臺新詠》翻南宋陳玉父小字本，摹鐫精好，足以亂真，至今藏書家寶之如球璧也。此卷前爲《金石林部目》，後爲《金石林時地考》，皆凡夫子靈均所纂。《部目》中記《淳化閣帖》，所謂「何莊上下二號」，世之寶氈墨者，或不能詳此，真《閣帖》中一大掌故也。靈均配文端容，精於繪事，讀東澗所爲墓銘，想見伉儷雅逸，有林下之風。余室人竹靜居士，亦耽書史，且好丹青，惜米鹽所累，造詣不專，余亦抗俗走塵，有媿靈均遠矣。宣統庚戌七月，正闇居士。

撼龍經一卷疑龍經二卷　四册

唐楊筠松撰。

鈔本。

前有明姜城一序。

珊瑚木難八卷　八册

明朱存理撰。

鈔本。

有「翁方綱」、「覃谿」兩印，又「鑒振信印」、「彦卭」、「宏農蘇齋」三印。

此書是性甫雜稿，手跡流傳，輒爲後人增益，鈔者不辨，概寫入目。暇時當理董之，別爲一目。

辛卯人日，伯羲記。

書畫題跋記十二卷續記十二卷　四册

明郁逢慶編。

鈔本。

有「宗室文慤公家世藏」、「聖清宗室盛昱伯羲之印」、「不在朝廷又無經學」三印。

珊瑚網 八册

明汪珂玉編。

鈔本。

前有崇禎癸未珂玉法書題跋序，又顧復摘鈔《珊瑚網説》。

凡法書三册百廿三葉，名畫三册百三十葉，附董文敏所集畫册九葉，法帖二册八十二葉。

有「安麓邨藏書印」二印。

據顧來庵跋，此本乃因商丘宋牧仲中丞索《珊瑚網》於其弟維岳，而鈔本無二，擬另鈔一部，又以卷帙繁重，非經年累月不辦，遂加别擇，録此八册。贗本濫收，去取頗審。册中朱墨題字，爲張文敏手跡。余在吴中得此書，以示李文石觀察，甚歎異之。己巳盛夏，正闇檢記。

賓退録十卷 二册

宋趙與旹撰。

鈔本。

前有寶祐五年陳宗禮序，後有與旹跋。

有「玉蘭堂」一印，「季振宜藏書」一印，「謙牧堂藏書記」、「謙牧堂書畫記」二印。

塵史三卷　四册

宋王得臣撰。

鈔本。

前有政和乙未得臣自敘。

有「璜川吴氏收藏圖書」一印，又「伯寅藏書」一印。

五色線中卷　一册

不著撰輯人。

鈔本。

有朱筆校。

前有弘治二年冀綺序。

《五色線》凡三卷，先君所藏止上下二卷，遂刊入《津逮祕書》。辛酉夏日，余訪書於章丘李氏，中麓先生之後。於亂帙中得冀京兆刻本，乃有中卷者，其序述原委甚明，喜而攜歸，已十年矣。兹因上伏曝書，令鈔入家刻中，並録其序，且附冀公事略於後，以見其人之足重如此。但此版當年分授先兄，已質他所，不得補刊與世共之，爲可惜爾。庚辰六月，毛扆識。

此書有朱筆校過，屢稱「杰按」云云，又引抱經所刻書，似嘉、道間學者，疑是嚴厚民或丁小疋也。墨筆引「没本」，則不知何時刻者。要當取毛刻上下二卷，合寫一本，然後刻入叢編，以公同嗜，庶足彌斧季之憾爾。太歲甲子元月，羣碧樓記。

全芳備祖前集二十七卷後集三十一卷 十册

宋陳景沂編。

鈔本。

前有寶祐癸丑韓境序，又丙辰景沂自序。

有「一六淵海」、「閩海清源涪水江夏派麗澤居四部匯覽」兩印。

類書自《藝文類聚》、《白孔六帖》起，自唐賢裒輯，逮至有宋，著者益夥。其足以爲世重者，以其徵引載籍或爲後世已佚之書，或爲通人未見之祕，將藉以蒐遺訂墜，非僅爲文人獺祭之用也。此編尤少刻本，采録則頗可觀。往歲京師收得，其直彌昂，書從閩海來，不免蠹蝕，幸未損字。抱殘守闕，自是吾輩之責，我其爲脈望仙乎。甲寅七月曝書之夕，羣碧居士。

涑水紀聞二卷 二册

宋司馬光撰。

鈔本。

有朱筆校。

此書鈔《涑水紀聞》不作十六卷，只上下二卷，與淡生堂本同，且有朱筆校過，真善本也。司馬温公著此書，皆據當時士大夫論紀編録，並注來歷，無恩牛怨李、各樹門户之習。是國家盛時大人長德之言，使人閲之，有無限感慕者在，非後世虚臚掌故、侈陳主德所能例也。戊午三月得此書，羣碧記。

紫桃軒雜綴四卷　一册

明李日華撰。

精鈔本。

前有譚貞默序。

菰中隨筆三卷　四册

清顧炎武撰。

鈔本。

前有炎武自跋，後有子衍生跋。

此三卷鈔手極劣，訛謬處多不可通，每卷無起訖，但紙心分一、二、三耳。憶海山仙館已刻入《叢書》中，亟取對勘，乃無一字同者。義門跋中但云一册，於友人案頭得之，不云爲三卷也。海山仙館據義門所見者鏤版，固未知尚有三卷在。此册雖不能考見分卷次第，然首載亭林自識，次列同學諸君一敁，後載《亭林著書目録》及子衍生一跋，首尾完善，雖謂何氏所見僅足補此册之遺，無不可也。戊申霜降，正闇記。

《菰中隨筆》刻本甚夥，而不分卷，與海山仙館本則同。獨《四庫》列《存目》中者，確爲三卷，内云「編次不倫，餖飣無緒」，乃與此本相合。因知前採進者即是此本，而義門所見則已排比删節，又爲一本。道光中，鄂山據孔氏玉虹樓刊本重録，亦不分卷，故疑《四庫》按語爲不侔也。正闇再記。

頃晤沅叔，云得一本與敝藏同，不知鈔手何如。余向雖閲改多字，而學問淺薄，頗不自信，他日一借校之。乙丑閏四月，羣碧。

西山日記二卷　一册

明丁元薦撰。

原鈔本。

丁元薦，字長孺，長興人。萬曆十四年進士，歷官尚寶少卿，事跡具《明史》本傳二百卅六。直言極諫，屢起屢躓，史稱其通籍四十年，前後服官不滿一載，雖高攀龍請與交懽亦不可，真特立獨行之士，不因東林黨魁始重也。此寫本分類記載，多明代遺聞。據目録後語，則康熙中有刊本，既多竄易，又有删節，不如此原本之可貴，況刻本世亦罕傳耶。光緒庚子得於吴江書舩，並記。獨山莫棠。

癸巳賸稿　一册

清俞正燮撰。

鈔本。

有胡澍序、趙之謙跋。

理初先生記問淹博，道光間績學士也。《類稿》、《存稿》均有刊本，此十六篇《賸稿》，爲石洲所删存者。《積精》一篇，考引最富，占全帙之大半，石洲以其褻而祕之。其實黄帝御女之術，世已不乏專書，今人拾西方牙慧，遽驚以爲神奇，尚不若舉此以正告之也。乙丑臘月，羣碧。

大佛頂如來密因修證了義諸菩薩萬行首楞嚴經十卷　五册

鈔本。

前有至正壬午沙門惟則序。

朱筆評點。

道德真經指歸七卷　二册

漢嚴遵撰，谷神子注。

鈔本。

原缺一之六，凡十三卷。

有「拜經樓吴氏藏書印」，又「吴騫之印」、「查客」二印。

右《道德指歸論》谷神子注十三卷，予友平湖屈君韜園所藏舊鈔本也。考晁氏《讀書志》，云《唐志》有嚴君平《道德指歸論》四十卷，按《唐書·藝文志》實止十四卷，晁氏譌倒。谷神子注十三卷，馮廓注。此本卷數與廓注同，題谷神子而不顯名，疑即廓也。又按錢遵王《讀書敏求記》，得其族人所貽錢叔寶家鈔本，自七卷至十三卷，前有總序，後有「人之饑也」至「信言不美」四章，當作六章。與總序相合，焦弱侯作《老子翼》，亦未見此，真祕書也。騫詳玩此本，與也是園所載卷帙相符。明末胡孝轅等取《道德指歸論》六卷，刻入《祕册彙函》，卷末「人之饑也」以下六篇都缺，今此本俱全，併可補其佚，宜遵王珍爲祕册。而陸放翁謂玉笈道藏書二千卷，以《道德指歸》爲第一也。嚴氏《指歸》既缺自一卷至六卷，此本又取唐玄宗《玄德纂疏》冠於七卷之前，以補其闕，豈亦谷神子之所爲耶？谷神子注刻本，今惟《道藏》中有之，此本亦似從彼傳録者，視卷首編排，《千文》「能六」、「能八」字號可見，第魚魯尚多。又若晁氏《讀書志》謂，谷神子注其章句頗與諸家不同，如以「曲則」全章末十七字，爲後章之首之類。今此本仍與河上公、王弼諸家注本相同，則又可疑。《敏求記》本今歸吴趨黄蕘圃處，安得借《道藏》刻本及蕘圃本而一契勘之。嘉慶己巳秋日，海寧吴騫書于拜經樓。

穆參軍集三卷　一册

宋穆修撰。

鈔本。

有「雪滄所得」一印。

安岳吟稿八卷　一册

宋馮山撰。

鈔本。

有「雪滄所得」一印

前有嘉定乙亥何惪固序。

按《二馮集》，宋嘉定間尚有劉光祖序，首言故祠部郎中贈太師安岳馮公諱山，字允南，文集三十卷。太師有子諱澥，字長源，官尚書左丞贈資政殿學士，文集四十五卷。二集皆已無傳，虞山宗伯曾懸重價購之不得。近聞玉峰徐健庵先生有允南詩集，予亟借鈔。雖其文未睹，亦已有半豹之窺矣，而長源集又不無耿于懷也。千山曹清。

《安岳吟稿》佚傳久矣，陸氏書目稱文集十二卷，亦非全帙。此編據曹氏跋，乃鈔諸傳是樓者，雖絳雲圖書之富，亦未之見，豈不甚可寶耶。後附楊傑《無爲小集》、周謂《四休堂詩集》二種，皆只二三葉。《無爲集》余有精鈔本，廉彦詩則世亦鮮有，二公皆元豐時人，又先於馮百年也。己未五月，正闇檢記。

無爲集十五卷　四册

宋楊傑撰。

精鈔本。

前有紹興癸亥趙士㣲序。

有「大興徐氏藏圖籍印」，又「汪喜孫印」、「汪氏問禮堂收藏印」、「汪喜孫信」三印，又「滇生所藏」、「許印乃普」二印。

倚松老人詩集二卷 二册

宋饒節撰。

鈔本。

有「春生手藏」一印，「小亭」一印，「燕庭藏書」一印。

末有「慶元己未校官黄汝嘉重刊」一行。

演山先生文集六十卷 五册

宋黄裳撰。

鈔本。

前有王悦序，又自序，後有廖挺序，又乾道丙戌季子玠跋。

謝幼槃文集十卷 一册

宋謝薖撰。

鈔本。

前有吕本中序，又苗昌言序，後附重修姓氏六行。

有「杜印春生」、「禾子」、「山陰杜氏知聖教齋藏書」，又「甬上柳泉書畫」、「城西草堂」諸印。

幼檠詩文不傳於世，此本從内府借出。時方沍寒，京師傭書甚貴，需銓旅邸，資用不贍，乃自爲鈔寫。每清霜呵凍，十指如椎，幾二十日乃克竣帙，藏之於家，亦足詫一段奇事也。萬曆己酉十二月十四日辛酉，晉安謝肇淛題。

後有男杲、黄晉良、林佶三跋。

傅忠肅公文集三卷　一册

宋傅察撰。

鈔本。

此浙東徐柳泉家鈔本，假自孝先。夏間攜至京師圖書館，館中適有明鈔本，因屬雷君芷潛以朱筆勘過。十月，又在京肆善成堂借得傅節子手校本，更以藍筆臨之。傅校所據有五本，故所改正視館本爲多。跋中言有定本付刊，余訪之數年不得，不知其果刊成否也。癸丑十一月初八日校畢因記，沅叔。

此書沅叔借閱，及余索歸，而校筆已滿。初意欲別鈔一本，對校後仍以此本還之。人事錯午，别本已鈔得而未遑校録，沅叔亦未堅意索還，遂仍實諸齋中，以銘良友之惠於永永焉。己巳五月，正闇檢記。

西渡詩集一卷 一册

宋洪炎撰。

鈔本。

有「竹垞藏本」一印，又「購此書甚不易，願子孫勿輕棄」一印，又「秀水朱氏潛采堂圖書」一印，「麓邨」一印，「歙鮑氏知不足齋藏書」一印，「湘鄉李希聖藏書之章」、「李希聖寀定舊槧精鈔之印」二印。

康熙丁丑八月朔，竹垞閲過。

《西渡集》爲亦園同年舊藏，目後有竹垞朱筆題字一行，鈔手雅舊可玩，《補遺》前一首亦似竹垞手書，後一首及跋則不知何人所增，筆跡年代，相去遠矣。乙丑五月，羣碧居士。

石林居士建康集八卷 四册

宋葉夢得撰。

鈔本。

有「秀水朱氏潛采堂圖書」、「朱彝尊錫鬯父」、「某會里朱氏潛采堂藏書」三印，又「謙牧堂藏書記」、「謙牧堂書畫記」二印。

此竹垞檢討藏本，係從宋刻景鈔者，卷中凡遇宋諱皆空格標明，遇寧宗諱則署「御名」可證也。近吴中葉氏刻本，頗有訛謬，因互校一過。此本亦有誤處，改正數十字注於旁，他日冀再覩善本而是正焉。光緒戊申小寒，正闇校畢記。

栟櫚先生文集十二卷　四册

宋鄧肅撰。

鈔本。

有朱筆校。

有「西圃蔣氏手校鈔本」印，又「拜集老人印」，又「汪士鐘藏」印，又「伯寅藏書」印。

先正言公集，世所傳明刻凡二本，一正德時二十五卷本，一十六卷本。遵王謂十六卷已非足本，自以正德本爲善。然猶不若先曾祖在翰林時，鈔存《大典》本重刊二十五卷之完善也。此本只十二卷，亦從明刊本鈔出者，觀後跋似即爲裔孫四教所刊，不知何以改易卷第，殆猶蹈明人刻書之陋習歟。書爲蔣西圃所藏，校則不出蔣手，蓋據正德本改正，且録蕘翁跋語，似即假蕘翁所藏書而過録者也。余得此編在宣統紀元，時先大夫居京師，書友抱此來，知爲先世之集，索價甚昂。余方猶豫，先大夫出囊金助收之。嗚呼，身爲鮮民，今十年矣，每思趨庭之歡，泣不能已。頃展此編，擬取家刻對勘，示吾子孫，永守之勿失也。乙丑臘月裝成，丙寅正月，邦述謹記。

盤洲文集八十卷　九册

宋洪适撰。

鈔本。

有「扶揺館」、「洞庭山樵」二印。

道光庚戌春三月丹鉛精舍藏本。

四月十有五日，命小史補鈔目録并闕葉竟。五月廿七日，學林堂書。

忠宣《鄱陽集》，乾隆間從《永樂大典》録出，僅得四卷。近吴興陶君鼎元編輯《文敏遺文》八卷，家枕叔茂才復集文安《小隱集》數十篇，未分卷第。原第尚存者，祇此集耳。是日午後又識。皆在第一册面。

南湖集十卷 五册

宋張鎡撰。

鈔本。

前有淳熙己酉楊萬里序，又方回題詞。

何潛齋先生文集四卷 一册

宋何夢桂撰。

鈔本。

有「長白敷槎氏堇齋昌齡圖書印」一印，「楝亭曹氏藏書」一印。

兩宋名賢小集　十二册

《胡文恭詩集》　胡宿
《獨樂園詩稿》六卷　司馬光
《范蜀公詩集》　范鎮
《邕州小集》　陶弼
《安樂窩吟》　邵雍
《漫園小稿》　王琪
《藤齋小集》　劉迎
《五桃軒詩集》　夏均父
《西渡詩集》　洪炎
《北山律式》　程俱
《林泉結契》五卷　王質
《雪溪詩》五卷　王銍
《章泉詩集》　趙蕃
《野處類稿》　洪邁

《瓜廬集》　薛師石
《鶴山詩集》　魏了翁
《西山先生詩集》三卷　真德秀
《方泉先生詩集》三卷　周文璞
《清獻集》　杜範
《翠微南征録》　華岳
《方是閒居小稿》　劉學箕
《安晚堂詩集》六卷　鄭清之
《滄浪詩集》　嚴羽
《雲泉詩集》　釋永頤
《四明吟稿》　吴潛
《農歌續集》　戴昺
《靜軒詩集》　徐鹿卿
《文惠詩集》　徐經孫
《文谿集》　李昂英

《雪磯叢稿》四卷　樂雷發
《玉楮詩稿》八卷　岳珂
《融春小綴》　許棐
《雲泉詩》一卷　薛嵎
《柳塘外集》　釋道璨
《鷗渚微吟》　趙崇鉘
《雅林小稿》　王琮
《庸齋小集》　沈説
《葛無懷小集》　葛天民
《學吟》　朱南杰
《芸香乙藁》　陳起
《古梅吟稿》　吴龍翰
《月洞吟》　王鎡
《石堂集》　陳普
《説劍吟》　吕定

《雁山吟》　呂聲之
《東齋吟稿》　陳峴
《蕙庵詩稿》　何耕
《褌幄集》　趙萬年
《疊山集》　謝枋得
《圖詩》　鄭思肖
《飲冰詩集》　宋慶之
《道州台衣集》　柴望
《怡雲軒詩集》　姚孝錫
《瓊山道人集》　葛長庚
《詠六朝遺事》　楊修
《水雲村泯稿》　劉壎
《古遺小集》　韓信同
《山村遺稿》　仇遠
《桂巖吟稿》　朱晞顔

《翠寒集》　宋无

《草澤狂歌》　明王恭附

鈔本。

有「曾在李鹿山處」一印。

此十二册凡六十一家，内《翠微南征録》一册，曾用他本校過。此鈔亦不依陳思原編。末册有原目，祇十册共四十九家，雖未列詳目，然相差至十二家，故知非原編也。且中如劉壎、仇遠、朱晞顔、宋无等已入元，王恭已入明，此皆羼入，雖目有「元陳世隆補編」一行，而王恭確已入明，實未足據。《名賢小集》所收或多或少，皆無一定卷數，他家著録亦多不列細目，兹特詳列如左。惟時代先後倒置，所不能免，以原訂本極淩躐，細加排類，别書一目於前，而仍列原目於後，以資考訂。己巳五月，羣碧。

興觀集一卷山村遺稿一卷　一册

元仇遠撰。

鈔本。

《興觀集》有蕭山魏驥序，有俞希魯、蘇霖、王洪、胡儼、瞿佑諸跋。

《遺稿》有方回序，又方鳳序，又牟巘序，又戴表元序。

湛淵集一卷　一册

元白珽撰。

鈔本。

前有戴表初序。

重刊胡雲峰先生文集八卷附録二卷　一册

元胡炳文撰。

舊鈔本。

前有正德丁卯林瀚序，又正德戊辰汪循序，又弘治戊申陳音序，又儲瓘序，又弘治己酉汪舜民序，後有正德戊辰掌祠孫濬序，又正德丁卯何歆序。

《簡明目録》於《雲峰集》，責其以道學論詩，而許其詞章，允爲定論，惟併《附録》二卷著録爲十卷，似乎未妥。始雲峰從子淀創明經書院，延雲峰爲之山長，是雲峰不過書院中一山長耳。《附録》卷中詳載《賜額緣由碑記》、《上梁文》等，已爲喧客奪主，而更録雲峰父斗元墓志、私謚議諸文，是更成何體例耶？苟不删薙，姑仍《附録》可已。同治八年己巳，徐時棟妄識。

徐柳泉在同治初元頗收舊鈔善本，每書皆記得書年月，無多論列及考訂語。光緒季年，散入京師者甚夥。尚有吴雲甫以淳，則鑒别勝於柳泉，余得之者亦數種，皆東南小藏書家也。吴在徐前，因并著於此。《雲峰集》余尚收有明刊本，不知與此本同否，他日當一對之。辛酉十月，正闇。

周此山先生詩集四卷　二册

元周權撰。

鈔本。

前有延祐六年袁桷序，又元統二年歐陽玄序，又陳旅序，後有謝端跋，又元統二年揭傒斯跋，又至元五年柳貫跋。

有「大興朱氏竹君藏書之印」一印，「誦芬室藏書記」一印。

馬石田文集十五卷　十二册

元馬祖常撰。

鈔本。

前有至元五年淮東道肅政廉訪司牒，又至元己卯王守誠序，又淮東道肅政廉訪使蘇天爵序，又陳旅序，又弘治癸丑李東陽序，又張頤序。

有「禮府藏書」、「禮邸珍玩」、「檀尊藏本」、「玉雨堂印」、「韓氏藏書」、「宗室盛昱收藏圖書印」諸印。

元有天下，文章稱極盛，色目人著名者尤多，如伯庸暨趙世延、孛朮魯翀、康里巙巙、辛文房、薩都剌輩是也。伯庸之文，向止從劉欽謨《中州文表》見之，未睹其全，且有文而無詩。己巳冬杪，於竹垞太史京師高齋獲覩《石田集》全本，爲之眼明，因題數字於卷首。康熙二十九年王正，濟南王士禛書。

道園遺稿六卷 一册

元虞集撰。

鈔本。

有「曾藏張蓉鏡家」、「小瑯嬛福隆張氏藏」二印，又「竹石居」橢圓印，又「沈荃之印」一印，又「鬱華閣藏書記」、「亨之千金」、「白義」三印。

前有至正二十年金華黄溍序。

范文白公詩選六卷 四册

元范梈撰，明楊翬選。

鈔本。

前有嘉靖癸亥方九敘序，嘉靖庚申楊翬序，後有嘉靖壬戌熊逵跋。

有「翰林院印」，又「冰香樓」、「古愚」、「毛古愚藏」諸印，又「周印永年」、「林汲主人」二印，又「借書園印」。

所安遺集　一册

元陳泰撰。

鈔本。

有「林汲山房藏書」、「傳之其人」二印。

後有成化丁未來孫銓跋。

薩天錫詩集三卷　一册

元薩都剌撰。

鈔本。

有「寧陵葛用霖」、「字沛埜」二印。

栲栳山人詩集三卷　二册

元岑安卿撰。

經鉏堂藍格鈔本。

前有宋濂序。

有「竹泉珍祕圖籍」、「謏聞齋」二印。

丁鶴年先生詩集　一册

元丁鶴年撰。

鈔本。

有「玉雨堂印」、「韓印泰華」、「小亭」諸印，又「韓氏藏書」一印。

前有至正甲午戴良序，又虎丘澹居老人至仁一跋。

後附《丁孝子傳》一篇，又楊士奇跋。

道光辛丑三月廿八日，對明李伯璵《文翰類選大成》，校正《鶴年詩》五十四首。小亭。

九靈山房集三十卷　四册

元戴良撰。

鈔本。

前有烏傷王禕序，又四明桂彦良序，後有正統乙丑從曾孫統跋。

有「郁禮」一印。

《九靈先生集》一至七爲《山居稿》，八至十四爲《吴游稿》，十五至二十三爲《鄞游稿》，二十四至三十爲《越游稿》，乃自正統本傳鈔者。每半葉十四行，行密而字雅，間有朱筆校處。明刻日稀，賴佳鈔以存，鈔手整潔，益足展玩。世有嗜書成癖者，終不當偏愛古刻矣。正闇。

佩玉齋類稿十卷　二册

元楊翮撰。

鈔本。

前有虞集序，至正戊子楊維楨序，至元丙子陳旅序。

此吾鄉先生文集也，世鮮傳本，朱述之先生欲校刻而未果。此本即就朱氏傳鈔，後有先生一跋。又平夫一跋，疑是勞平甫也。先生之志，余小子當繼成之。今年頗欲節縮所入以刻書，固將攜至金陵，先付剞劂，但尚須求善本一詳校耳。丙寅正月，正闇。

東維子集三十卷附録一卷　四册

元楊維楨撰。

鈔本。

前有華亭孫承恩序，後有萬曆王俞跋。

有「南昌彭氏知聖道齋藏書」、「遇讀者善」二印，又「結一廬藏書印」，又「宗室盛昱收藏圖書印」。

佩韋齋全集二十卷　四册

元俞德鄰撰。

鈔本。

有朱筆校。

前有皇慶壬子熊禾序，又德鄰《佩韋齋輯聞》自序。

有「巴陵方氏功惠柳橋甫印」、「方家書庫」二印。

後有「戊辰三月借得舊校本復校數百字」一行。

説學齋稿不分卷 八册

明危素撰。

鈔本。

前有隆慶辛未葉恭焕跋，第五册二百十三葉有嘉靖三十八年歸有光跋。

全書凡四百十九葉，爲文二百二十八首。

鼓枻稿六卷 三册

明虞堪撰。

鈔本。

朱、墨兩校。

此鈔本甚舊，且有朱、墨兩校筆。後補遺五葉，乃别一人書，即墨校之人也，字尤雅好。鈔紙有篆文「四古堂」三字，未知屬於何人。要之爲鈔中精本，固不待辨耳。癸亥正月，正闇。

逃虚子詩集十卷　二册

明姚廣孝撰。

鈔本。

古人以僧人得天下者，惟明太祖，而道衍復佐成祖以取天下。道衍初事靈應觀道士席應貞，盡通其兵術機謀，蓋其時已隱負王佐之想。孝慈高后之崩，諸王哭臨京都，許延高僧爲道場。道衍適遇燕王，一見大悦，兩人契合，實基於此。會太祖遣高僧輔藩王，道衍遂得選侍燕邸。以機智之臣投陰鷙之主，豈有不如魚之得水者。兩京開建之始，一君一臣皆爲佛門弟子，其信有天意耶。史稱其功成不居，位爲少師，强而後拜，親見成祖殺戮之慘，厚自懺悔。嗚呼，復何及哉！當其力贊靖難之師，豈不知兵戈一起，士民塗炭，然自急功近名一念啟之，遂熟視夫毒流四海而不之恤，又豈待功成底定，始欲以辭爲不拜，掩護其失，乃得謂爲懺悔耶？至正學十族之禍，亦由道衍力薦，草詔而成，其始不過欲藉正學卓卓之名，以塞世俗悠悠之口。然道衍知正學甚深，豈不慮正學之不能苟從，並因此而激成上怒，乃貿然薦之，以成此千古之横獄耶？援佛氏因果之説，道衍其必墮入泥犂，非此空言懺悔之足以解免者矣。此集入《存目》，頗少傳本，因閲一過，而著其罪如此。丙寅二月，正闇。

歸震川先生未刻集二十五卷　六册

明歸有光撰。

稿本。

有「二酉齋藏書」一印，「蒙泉精舍」、「吴印以淳」、「雲甫」諸印，又「嚴蔚豹人」一印，前有萬曆戊子沔陽陳文燭序。

隆慶二年壬申之歲，校閲先君遺文，編爲三十卷，附以王京兆子敬撰先君行狀，與不肖所作《序略》及《愍道賦》等篇，别爲一卷。後同年沔陽陳大理玉叔復爲之序。時有書賈翁良瑜適至，欲刻先君文，遂付梓之，盛行於世。然尚有未編刻者，檢而彙集之，仍目之爲《世美堂稿》云。蓋自嘉靖十九年庚子歲，先君讀書安亭上，四方來學者甚衆，率多登第，仕至通顯。時先君罕出，諸生執經問難，其疑義輒令亡兄子孝傳示，或筆之於書，時亡兄纔十齡耳。及倭夷喪亂，經義諸作並所藏圖書皆已失去。曩時先君授徒及館于他所，與讀書鄧尉山中，多所著作，皆爲門人所得。逮不肖年十餘，頗知文義，先君脱稿輒命更録之，皆在世美堂編輯。此堂先君嘗爲之記，蓋先妣之曾大父王翁致謙所創。曾孫某，即不肖之母舅也，以逋官物鬻之於人，將就拆毁，先母不忍，頓有黍離之悲，而先君亦以其閒静可避俗囂，遂借貸以償鬻者，更加其值以與母舅。及母舅坐讁戍繫獄二十餘年，先君力爲扶救，不肖又復借貸以全濟之，故不即遣而并得釋。既釋而其子若孫遂恣其操戈之謀，百方擠陷，比其三世，殆無寧日，並所另置田宅悉爲攘奪，至於孑然靡遺。痛念先母之辛勤拮据，而不肖以身爲之捍蔽者三十餘年，而生平之心力與夫功名事業，皆灰滅于此。乃先君施以吹枯生死之恩，而反報以殞首覆宗之禍，其害亦烈矣。不肖效死以守而卒墮奸謀，非先妣之意與不肖之本心也。夫堂何戀也，乃先君文出於此，而編輯亦於此，以故先君嘗目之爲《世美堂稿》矣。今集此後稿，能不以此目之，忍遽去之耶？夫以思其居處，思其笑語，與夫誦讀及門人之講肄，爰茲堂構，竟爲梟獍豺狼之窟，書此寧無遺憾乎！嗚呼，堂則已矣，先君之文，翁賈梓以貿易致富。當時來求者甚衆，不肖皆以重價與翁以應，今其版遂展轉易主。萬曆十年壬午之歲，翁於留都又欲刻先君柬劄，不肖盡以柬付，乃不見刻，而云爲顧莒州取去，可恨也。先君遺文，不肖既無力付梓，有云欲刻者，輒不吝與之，然每不刻而併其原本不返，不肖之所以深悔而無及也。不肖嘗隨先君之任順德府署中，録先君時義及古文各四册，亦略備矣。一日，夏九範來云，顧光世欲遍刻先君遺文，借去。今且三十年，九範已謝世。顧君嘗有危疾，既絶而復甦，云彼逮至陰府，見歸先生，同列坐者幾人皆峩冠。「某至階下，先生云，此欲刻吾文者，俟其刻完可也。」遂得釋還」。人有戲之者曰，歸先生文終刻不成矣，留與顧君作長年計也。可發一笑。向來先君文有别刻者，其真贗間錯，校閲舛誤，至文理或有不通，兹復有假雜可怪者，又不可不辨。不肖男子寧頓首百拜謹書。

右震川先生《詩解》數十通，大抵和易近情，得微言於千載之上，其體與歐陽子《詩本義》正同，但詳略異耳。考先生《與王子敬小柬》云：「庚戌秋，山妻欲學《毛詩》，從問大義，爲書《文王之什》。」則先生《詩解》恐止於是，使遂完之，固經學之明白淵懿者也。先生生於明武宗正德元年。庚戌者，世宗之嘉靖廿九年也。是年先生會試不第，自都門抵家，王孺人具酒相慰勞，有採藥鹿門之約，語詳先生所爲《世美堂記》，閨房問難即其時也。明年而孺人没矣，故書亦止是。噫，西蜀佳人死寶長卿之翰，南朝嫠婦終傳德父之書。若孺人則先生之孟光也，使苟不亡，其必能發揮當時之著述者矣。孺人婉娩通大義，吾里之安亭江上人，適先生爲繼配，至今里中人猶能言其大略云。時道光十八年夏六月九日，後學吴以淳識。在《詩説》後。

《震川先生文集》明刻本皆不全，即所傳崑山、常熟兩刻本者是也。康熙間，元恭先生始輯刻四十卷，内《正集》三十卷、《别集》十卷，《四庫》據以著録。至嘉慶時，又刻《大全集》五十八卷，則增十八卷矣。余篋中一明刻本，一四十卷本，所謂《大全》者尚未之見。今年九月，吴友出此本見眎，爲吴雲甫舊藏。其云《世美堂未刻稿》者，見仲敉跋中甚詳。雲甫於目録標識其未刻者，不及十之四五，其所見亦康熙四十卷本也。元恭刊時，「凡例」有云其外二百餘首，名爲《餘集》而藏於家。此本未刊諸文，豈即元恭所未選輯者耶？《大全》之刻，亦不知所據何本。要之此本乃仲敉手定，首尾具詳。先生負世盛名，一鱗片爪，自可寶貴。使《大全》業已備采，亦當存此舊觀，以餉學者。倘有一二未盡刊者，其爲鴻祕更不待言矣。光緒戊申十月，正闇讀記。

此書經亡友常熟歸英俟孝廉借去，以校行世最足之《大全》刊本，多數十篇。英俟曾迻寫一帙，未幾即歸道山。然則補刊祕籍，又後死之責矣。己巳冬日，正闇。

何陋居集一卷甦庵集一卷　二册

清方拱乾撰。

鈔本。

兩集皆有拱乾自序。大題下有「男亨咸校」一行，又有「方拱乾印」一印，「亨咸」、「邵邨」二小印。戊午秋得諸江寧旅次，殆付刊寫樣之本。或當時未果刻，故卷首題名皆其後裔世守者也。庚子一年無，必佚脱矣。昔老友蕭敬孚常喜述其鄉桐城先輩遺事及著作，今安得如敬孚者而一叩之耶。

此亦銅井文房藏書，確爲當日寫定之本。《何陋居》序稱，己亥閏三月出關，辛丑十月生還，流離荒塞者一千日，得詩九百五十一首。己亥一年已得詩四百二首，庚子、辛丑兩歲，當有五百五十九首，今乃失去。《甦庵集》則自寧古塔召還後作。辛丑十月至歲終，得詩八十九首，壬寅一年得詩四百三首。楚生言庚子一年佚脱，實所佚者不止一年也。得此書後，即馳函詢仲棐妹婿，桐城曾有詹事全集否，荅書亦云無之。近見桐城所輯《桐舊集》内詹事詩得十一首，亦未知潘木厓、徐幬亭二君輯自何所。此二集雖中有脱佚，要當珍護存之。己巳五月，正闇記。

投筆集二卷　二册

清錢謙益撰。

鈔本。

有朱筆校。

蒙叟此書，世不多見，唯江南藏書家有寫本。昨年陽湖陸愓身攜以相示，而鈔手極劣，魯魚焉馬，不可枚舉，因爲校勘一過，並録此本。原闕者苦無他本，遂亦闕之。原誤者絶無義理，因亦不復注出。陸君之書，亦得之其鄉。鄒夢異尚有牧齋駢文廿一篇，篇有自注，亦《投筆》類也。暇當訪之以假鈔，亦藏書家所必不可無者也。未署名。

蒙叟此編，余二十年前在虞山讀之。世傳東澗於清師定江南時，曾草檄醜詆明政，蓋集憾於枚卜之獄者久矣。今觀其詩，又何其善反覆也。東澗在明季文采風流，照曜江左，然必謂當居台鼎，足濟艱危，亦不足一哂耳。然其降也以此，其降而又背也亦以此，使無此詩才，欲博後人之一顧，不可得也。近日文網日疏，禁書盡出，聞江南有校刻是集者，可不煩籛後人之慎不敢刊矣。宣統二年八月，正闇識。

近南中出遵王注本，以鉛字印行。取對此册，爲校正數十字，可稱完善。鉛印亦不能盡無訛也。先校緑筆，則君閎内兄之底本，并識於此。庚申二月，正闇校記。

鮚埼亭詩集十卷　二册

清全祖望撰。

鈔本。

有校。

蓀蕙堂稿　一册

清禮嗣親王昭槤撰。

鈔本。題「顧頫老人自訂」。

光緒辛卯十月得於吴下，攜來京師，以贈伯希前輩。念慈記。

此革爵禮親王昭槤所爲，詩惜僅往體，下半佚去多矣。前後兩題，皆南中書估僞作。

「蓀蕙堂」蓋取宗臣放逐之義。以上伯希祭酒書於卷端。

此亦鬱華閣遺書也，屺懷前輩貽伯希祭酒者。兩公均有題字，祭酒名鐫玉牒，熟於宗臣行事，故一見即能辨之。昭槤文采彬彧，喜接名流，所著《嘯亭雜録》，羅胸掌故，月旦人倫，頗足爲世所重。有清家法，既禁與外臣酬酢，尤不許專擅文辭，蓋祖宗以騎射開基，忘本逐末，垂爲深戒。祭酒哀録《八旗文經》，後序中慨乎言之。昭槤卒以微罪坐廢，伊可傷也。甲子二月，正闇讀記。

聖宋名賢五百家播芳大全文粹一百十卷　六十四册

宋魏齊賢、葉芬同編。

精鈔本。題「稽古堂編，明齋校訂」。

宣統紀元十一月，余自瀋陽述職京師，寓打磨廠，距海王邨咫尺。酬接之餘，輒延書友，户外屨滿，牀上書連，樂莫甚焉。此書凡八函，鈔寫精好，裝贉雅整，既爲祕册，遂不論價，一時廠肆爲之怪詫，翕然有紙貴洛陽之譽。其實鈔本至今直廉，則知者少也。彭文勤選宋四六，殆多取材於此。篇帙繁重，除宋刊外，明時已無翻本。竹垞從花谿徐氏宋刊本録出，亦有闕佚，稱有「稽古堂明齋校訂」者，方爲善本。此書正有此題，乃知千金市骨，古人且優爲之，況吾之獲市良駿耶。後十年己未冬日，正誾檢記。

玉山名勝集二卷外集二卷紀游一卷　四册

元顧瑛編，《紀游》袁華編。

鈔本。

有朱筆校。

前有至正七年黄溍序，又至正辛卯李祁序。

《玉山名勝集》向借鈔於世勤堂，雍正改元長夏也。越七年庚戌，從周君綮客鈔得《玉山璞稿》合之。今年六月，友人自崑山傳是樓攜宋元祕鈔廿餘種至，内亦有《名勝集》二册，末多《外集》二卷，載玉山寄贈、餞别、紀游諸詩，余鈔本所無，補録之。袁子英編《玉山紀游》，與崑山本《紀游》卷卻異，并附於後，共成一册云。辛亥立秋前一日，嘉定戴范雲記。

《玉山名勝》，張氏《志》有明初舊鈔二卷。黄琴六跋以爲顧氏原編本，自《玉山草堂》至《金粟影》五題爲上卷，自《書畫舫》至《漁莊》三十二題爲下卷，後來傳録，分合失真云云。邵亭采入目中。余此書與張氏所藏正同，蓋舊鈔而經校勘者。莫氏所録作八卷，《外集》一卷。此本亦有《外集》，上下兩卷，上卷紀寄贈玉山篇什，下卷紀餞别、紀游篇什，又附《玉山紀游》一卷，爲明袁子英所編，可謂首尾完備。邵亭未覩舊鈔，愛日精廬亦無《外集》，此本之善，不待言矣。崑山蕞爾彈丸，即所謂玉山者，度亦不過一丘一壑之美，而得仲瑛以表章之，遂足千古。余昔年往來江湖，過玉峰下，輕帆柔櫓，漾乎中流。回首前塵，如在夢寐，今别吴下者七八年，不知何日得返初服，訪所謂玉山草堂者，擲卷爲之神往。辛亥三月，明月灣人正闇記。

吴都文粹續集五十四卷　十册

明錢穀編。

鈔本。

有「詩龕鑑藏」、「詩龕書畫印」二印。

此書舊爲梧門祭酒所藏，缺《補遺》一卷，鈔手荒率，惜不得善本一校之。《四庫》著録亦鈔本，當時並未刊行，且原本五十六卷，已佚兩卷，恐是鈔存而未加修纂者。叔寶編輯是書，多取郡志邑乘，而於祠祀碑文，逐邑排類，未加選汰，似不若鄭虎臣之詳審也。宣統二年端午次日檢書記，正闇居士。

羣英珠玉五卷　一册

明范士衡編。

鈔本。

有「謙牧堂藏書記」、「謙牧堂書畫記」二印，又「朱彝尊錫鬯父」、「某會里朱氏潛采堂藏書」二印，又「東武李氏收藏」一印。

前有正統己未士衡自序，後有正統己未蕭顯謨序。

鼓吹續音二十卷 十二册

清張(中)[仲]安編。

稿本。

前有道光丙申胡鎬序，又道光十七年兄慭序，又自序。

詩之近體，始于唐而及于宋。詩固盛于唐，而重唐者遂右唐而左宋，亦失於偏。瞿存齋獨持其平，其卓識不可及矣。惜其書不傳，而其論猶可繹也。門人張仲安，爲古餘先生文孫。仲安從余學久矣，早歲能詩，兼擅駢體，因存齋之舊，慨然起而繼之。其謂一代有一代之詩，一人有一人之詩，真洞見千古，不滯於一隅矣。夫以詩而論之，有唐虞之歌，而後有三百之詩，風雅頌之體，固非一也。降而楚騷，又降而漢魏，然後及唐。楚騷以變《詩》，漢魏又變楚騷，六朝又變漢魏，至唐乃變六朝。唐之爲詩，固不安於前代之舊也。《易》「窮則變，變則通，通則久」，「神而化之，使民宜之」。「五帝殊時，不相沿樂，三王異世，不相襲禮」，何莫非然。故凡襲古之貌者，皆泥其迹也。遺貌而取神者，何妨獨具手眼乎。建安七子，其詩可謂盛矣，而太白且曰「大雅久不作，吾衰竟誰陳。自從建安來，綺麗不足珍」，此真命世之俊傑也。譬之書法，二王固造其極，而唐之虞、褚以下變之，宋蘇、米以下又變之，使必爲二王爲一定之法，而斥虞、褚、蘇、米之變爲非，則蹈常襲故，亦塵羹土飯而已矣。雖然，變者其迹也，而不變者其神。宋詩不襲唐之迹，而未嘗不合唐之神。此則吾欲更爲仲安言之矣。存齋爲前明人，故選不及明。仲安則合前明而選之，反覆研究，選定若干，以視曩之專主唐者爲迥異矣，勿謂前賢不畏後生也。時道光丙申仲秋，月心齋胡鎬序。

此爲吾鄉張氏遺書，仲安爲古餘先生之孫。古餘罷官，僑寓金陵，仲安兄弟遂占籍焉。其兄憝，字伯純，以江寧諸生爲南昌典史，鐘鼎篆隸各體書俱擅長。仲安以字行，原題曰「陽城張功麟」，則用其本貫及原名也。書未鏤版，其中頗有删易，蓋未定稿耳。果其去取適當，則當爲之刊行，亦表章鄉里之責也。正闇。

文苑英華辨證十卷　一册

宋彭叔夏撰。

鈔本。

前有嘉泰四年叔夏自序。

有「豫章」、「曹氏石倉藏書之印」二印，又「補堂所藏」一印。

韻語陽秋二十卷 六册

宋葛立方撰。

鈔本。

有朱筆校。

有「陳留阮鏊」一印，又「柳華澗侯裔修竹里人家」一印，又「古吴潘介祺叔潤氏收藏印記」諸印。

前有隆興甲申立方自序。

古今詩話多矣，常之忤權相歸著此編，意在臧否人物，瑑磨正義，不僅僅於雌黄字句也，故以「陽秋」爲名。其自敘亦云有媿褚裒，良有以哉。是書鈔手極舊，亦頗有校正處。十二卷後有題字一行而爲人塗易，并其印記而抹去之，亦可謂惡作劇矣。丙寅正月，羣碧居士。

寒瘦山房鬻存善本書目卷五

明鈔本　名人手鈔本

契丹國志二十七卷　一册

宋葉隆禮撰。

穴硯齋鈔本。

有「立齋」朱文印。

前有隆禮進表。

北狩見聞録　一册

宋曹（勳）［勛］撰。

穴硯齋鈔本。

中興禦侮録二卷 一册

不著撰人。

穴硯齋鈔本。

有「立齋」朱文印。

南宋偏安，一隅自守，以云「中興禦侮」，誠可歎矣。紹興維揚之役，不得已而命師。然瓜洲斃亮，亦亮之稔惡自斃，故得徼天之幸以爲功耳。張浚、劉錡、吴璘、李顯忠雖亦一時名將，其去韓、岳已遠，又況許國之心尚不逮耶。乙丑三月，正闇讀記。

襄陽守城録一卷 一册

宋趙萬年編。

穴硯齋鈔本。

辛巳泣蘄録一卷 一册

宋趙與褰編。

穴硯齋鈔本。

弔伐録二卷 一册

不書編輯人。

穴硯齋鈔本。

有「立齋」朱文印。

宋六將傳　一册

《种太尉傳》，諤。趙起撰；

《韓世忠傳》；

《劉錡傳》，章頴撰；

《岳飛傳》，章頴撰；

《李顯忠傳》，章頴撰；

《魏勝傳》，章頴撰。

穴硯齋鈔本。

有「立齋」朱文印。

江南野史十卷　一册

宋龍衮撰。

穴硯齋鈔本。

錦里耆舊傳存四卷　一册
宋勾延慶撰。
穴硯齋鈔本。
吴越備史一卷　一册
宋范坰、林禹撰。
穴硯齋鈔本。
有「立齋」朱文印。
南燼紀聞　一册
舊題宋周煇撰。
穴硯齋鈔本。
竊憤録一卷竊憤續録一卷　一册
舊題宋辛棄疾撰。
穴硯齋鈔本。
靖康紀聞一卷　一册
宋丁特起撰。

穴硯齋鈔本。

有「立齋」朱文印。

甲寅九月，閱都門海王邨市，得此鈔本八巨册，凡二十一種，皆史部書也。鈔手雅整可愛，僅下於毛鈔一等，版式雖不一律，有署「穴硯齋繕寫」五字於下方者，與余曩藏《老學庵筆記》相同，知此八册皆穴硯齋鈔也。聞尚有子部書多種，爲常熟翁松禪師所收，曾介弢甫前輩叚讀而不可得，不知其共有幾種。當時欲録一目，冀與此數册竝傳，非有他耳。書有「立齋」朱文方印一，皆鈐於每册之首，蓋曾爲崑山徐氏所藏。余今析爲廿一册，故記於此。己未六月裝成，羣碧記。

國家喪亂之際，能救國爲上，能殉國者次之。至於庸臣愞夫，誤國、誤君、誤民，一誤而無不誤矣。讀史至靖康之世，令人髮指眥裂，要之少帝非亡國之君，然國事既壞，雖有仁慈恭儉之美德，亦復何裨於世。何㮚、范瓊諸人，其罪固浮於張邦昌也。觀金人搜括之殘暴，初無絲毫信義，犬羊之性，其又不足責矣乎。乙丑三月，正闇讀記。

采石瓜州斃亮記一卷　一册

宋蹇駒撰。

穴硯齋鈔本。

前有隆興改元得月軒漫叟序。

建炎維揚遺録一卷　一册

不著撰人。

穴硯齋鈔本。

書中載當日倉卒情事曲盡，汪、黄誤國，人人知之，獨無錫令任讜爲人所稱。世亂國危，賢者必屈於下，使在位而稱其才，將不至有傾危之禍矣。讜事正史或不見，故特表出之。乙丑三月，正闇讀記。

建炎復辟記一卷　一册

不著撰人。

穴硯齋鈔本。

僞齊録二卷　一册

宋楊堯弼撰。

穴硯齋鈔本。

有「立齋」朱文印。

劉豫以一村夫得第，不得志於朝，遂至降虜盗國，反顔詬主，蓋自其盗同舍金盂紗衣，已知其非善類矣。卒之金人旋即覆之，則凡敢於怙惡者所不悟也。羅誘之議，則梯榮心重，不能自已。孝純一書，未免進退失據。自古降臣首鼠兩端，未有能成事者，即曰迫於效忠故主，聊以表明心跡，然而識已卑矣。乙丑三月讀竟書此，羣碧居士。

南遷録一卷　一册

金張師顔撰。

穴硯齋鈔本。

後有大德丙午浦元玠跋，又至正戊戌跋。

庚申外史二卷　一册

明權衡撰。

穴硯齋鈔本。

遼紀一卷　一册

明田汝成撰。

穴硯齋鈔本。

有「立齋」朱文印。

安南棄守本末一卷　一册

不著撰人。

穴硯齋鈔本。

洪武聖政記一卷　一册

明宋濂撰。

明鈔本。

前有濂序。

有「千墨弇藏」、「千墨庵」、「貝墉」、「見香居士」、「平江貝氏文苑」、「臣墉之印」、「貝見香」諸印。

欽定滁陽王廟碑歲祀册　一册

無編輯人。

明鈔本。

奉天靖難記二卷　一册

不著撰人。

明鈔本。

有「平江貝氏文苑」、「千墨庵」、「見香居士」諸印。

此書未完。與《洪武聖政記》、《滁陽王廟碑歲祀册》、《彭文憲公筆記》合爲一册，其下册已失，故《靖難記》不全耳。正闇檢記。

《千頃堂目》以此爲僞書，余謂非也。靖難之師，名本不正，徒以燕王雄悍，篡竊已成，建文諸臣並遭淫虐，乃不得不假以名義，輯爲此編。任情誣衊，以娛暴主，使忠正之士箝口而不敢言，將以欺世而惑民耳。豈知肆虐於一時，仍不能逃誅於後世。《春秋》之義，成祖宜書爲篡，是以著書之人雖能極意逢迎，亦不敢留存名氏，豈果僞耶？牧齋謂《從亡隨筆》、《致身録》諸書亦皆僞作，則唯恐建文之不死，與永樂之命三保太監尋蹤海外用意相同。蓋當時宮廷舉火，骨殖無存，何嘗非一疑案。乃力闢程濟之無其人、從亡之無其事，殆近世法家救生不救死之説也。吾於革除之事，恨燕王之暴虐有甚於莽、操。以莽、操之惡，人人得而誅之，而燕王則以正統自居，靖難自文，遂令盜竊神位之陰謀，革除遺事之謬説，是非淆亂，正義不伸。不有南、董，誰其能正名而定分哉？己巳五月，正闇再記。

彭文憲公筆記一卷　一册

明彭時撰。

明鈔本。

定興忠烈王平定交南録　一册

不著撰人。

明鈔本。

有「翰林院印」，又「教經堂」、「錢氏章犀盦藏本」二印。

國朝典故 十九册

《皇明本紀》

《國初事蹟》 劉辰缺

《國初禮賢録》缺

《皇明平吴録》

《北平録》

《平蜀記》

《洪武聖政記》

《奉天靖難記》缺

《功臣爵賞録》

《北征前後録》 金幼孜

《北征記》 楊榮

《建文遺蹟》

《革除遺事》 黄佐序

《宣宗御製官箴》

《宣宗御製詩》

《正統臨戎録》

《李侍郎北征録》　李實

《否泰録》

《野記》　祝允明

《宸章録》

《敕議或問》

《大狩龍飛録》

《立齋閒録》　宋訥

《天順日録》

《燕對録》　李東陽

《損齋備忘録》　梅純

《瑣綴録》　尹直

《清溪暇筆》　姚福序

《寓園雜記》　王錡

《病逸漫記》　陳鋐
《蓬軒類記》　黄暐
《彭文憲公筆記》　彭時
《菽園雜記》　陸文亮
《後鑒録》　謝蕡
《平定交南録》
《議處安南事宜》
《平蠻録》　王軾
《東征紀行録》
《使事紀略》
《日本考略》

明鈔本。

有朱墨筆批校。

《國朝典故》廿二册。中缺三册，凡書三種。皆紅格紙，明人鈔本也。朱筆批校處極多，亦是明人手筆，蓋不獨熟於明代掌故，且頗有糾正之處。每書皆有題字，中稱其先君於萬曆間有使琉球事，其人當在啟、禎間，惜未悉其名氏，然此書致足貴矣。其云《野記》不如刊本，《菽園雜記》則係完本，蓋亦兼有考訂之功也。己巳五月，羣碧記。

玉峰志三卷續志一卷　二册

宋凌萬頃、邊實同撰，《續志》實撰。

佳日堂鈔本。

前有凌萬頃序，《續志》有咸淳壬申謝公應序，又邊實序。

有「吴以淳」、「雲甫」、「佳日堂」三印。

邑有山，名馬鞍，以其靈秀鮮潤，號爲玉山，故志崑山而標以玉峰焉。此《玉峰志》三卷，邑人凌萬頃、邊實同撰，《續志》一卷，邊實撰。凌字叔度，登景定三年進士第，見《志》中「進士題名」。邊則略見其所自序，又以謝公應跋語考之，知其嘗爲邑直學。歸太僕《三江圖敘説》引此《志》，以爲直學邊實者也。郡縣志之作，始盛於宋，是志即在宋理宗淳祐之末，而續於度宗咸淳八年。其時典型未泯，載筆者咸得其所依據，故其條理貫串，雖寥寥百餘紙，而邑之山水風俗，以迄朝廷官府政治綱理之盛衰得失，俛仰如繪。昔人之記郡邑，蓋皆能然，非特見於是志已也。後之作者，務取多於篇牘，雖百里小邑，志必盈尺，何以志郡國、何以志天下乎。如明永樂中詔修《一統志》，而其書勦襲，舛謬蕪雜，不成文理之處，至無可爲句讀，非以失前人之體要故與。余家向藏是書，歲久侵蝕，長夏翻閲，稍稍補其損壞，而手爲繕寫如右。邑中想無別本可校對矣。國朝乾隆間所修縣志，亦嘗辨此書一二，乃僅從明人他著販鬻而得，實未嘗見宋人舊帙也。凌與邊既皆邑人，題曰「陽羨」、曰「陳留」者，蓋志其舊郡望。《志》中所云《雜詠》，即龔立道名昱者所編次《崑山雜詠》也，與此可以相輔，惜其不傳久矣。時道光二十年七月己丑朔十日戊戌，邑人吴以淳跋，是日立秋。

此崑山吴雲甫手寫本也。讀其跋語，知宋刻希見，亦無明版。惟昭文張氏有鈔本，稱其理該文核，綱舉目張，考崑山文獻者，以是二書爲最古。且云原書闕文頗多，從子準藏舊鈔本，訂誤補闕，始稱完善。此書凌序中缺十餘字，想由侵蝕後無可綴補。用就張《志》補十八字，改正三字，中惟「邑人」改「松臞」，及下增「叔度書」三字，或非宋刻之舊，餘則遂完善矣，可一快也。己巳春仲，正闇記。

齊民要術十卷　四册

後魏賈思勰撰。

明白皮紙鈔本。

前有思勰自序，後有紹興甲子葛祐之序。

《齊民要術》向無佳本，蕘翁生平所見亦止嘉靖刻本耳。所收校本至卷七《笨麴并酒》第六十六「作秦州春酒麴法」而止，後三卷固闕如也。此本坊友攜來，初不甚重之，然確是明鈔。蕘翁云宋本十行十七字，校本載有行款。與此本正同，知所鈔必出於宋本矣。又云卷五缺一葉及前一葉之後四行，跋文簡略，不知係第幾葉，無可考訂。沅叔借校，則極言其佳，并云後三卷尤善，殆無有更出其右者。要之未見宋本，得見景鈔之宋本，已罕而可珍矣。辛酉元夕，正闇。

頃檢日本澁江全善、森立之《經籍訪古志》，所載宋本乃八行十七字，是有兩宋本矣。又云毛本《桑柘篇》缺一張，今校卷五，毛本原有墨釘數行，所闕亦不足一張也。羣碧又記。

雪庵字要　一册

元李浦光撰。

明鈔本。

前有永樂辛卯詹恩序，又宣德己酉葉勝序。

後有「成化十七年龍集辛丑春三月望後一日琴川俞洪書於紫芝山舍」一行。

有「毛晉私印」、「子晉」、「汲古主人」、「虞山毛晉」、「子晉書印」、「汲古得修綆」、「毛扆私印」、「斧季」諸印，又「夏印晟之」一印，又「謏聞齋」、「竹泉珍祕圖籍」二印，又「黄印丕烈」、「蕘圃」、「平江黄氏圖書」諸印。

此書之名見於《讀書敏求記》。頃琴川書賈攜來，余以緡錢一千易之。見有毛氏父子圖書，爰檢《汲古閣珍藏祕本書目》，有云《雪庵字要》一本，棉紙舊鈔本，與此恰合，當即其原書也。相傳《書目》爲斧季手寫與潘稼堂底本，而近日書籍往往散出，悉可考其源流。兹册又從琴川得來，則稼堂當日或未盡收矣。書此以誌顛末。己未中元後二日，黃丕烈。

海内知有羣碧樓久矣，余得宋刻《披沙集》，既歸諸孝翁，於是羣碧樓之外，又得一三李龕。余與孝翁早有翰墨因緣，今夏入都，余得是書後，以還諸故主，孝翁旋以假余，印入《涵芬樓祕笈》中。使是書不爲客所攜出，則余不知有是書，何從而假諸孝翁爲之影印。又使廠估不以示余，則將不知流落何所，孝翁固有亡羊之歎，而是書亦不獲列入《涵芬樓祕笈》中藉以行世矣。孝翁云，凡事若有前定，其信然歟。涵芬樓獲印是書，已感幸不置，何敢再有他求，今將寄還孝翁，敢祝是書永永爲羣碧樓中之物。海鹽張元濟。

張秋塘云，雪庵字玄暉，大同人。少爲頭陀，號雪庵和尚。大德中詔蓄髮，授昭文館大學士。此書結銜《大字説》後。亦云「昭文館大學士」，而上冠以「圓悟慈慧禪師」，則先爲頭陀之説，信而有徵矣。蕘圃得此費緡一千，今其直何止倍蓰。此書當是嘉靖、隆慶前鈔本，字體與衡山、雅宜爲近，又得子晉、蕘夫前後藏弆，紙墨若新，後人其寶視之。宣統辛亥三月，塞外春寒，雪大如掌，正闇寫記。

右跋辛亥寫於雞林，印入《羣碧樓書目》後《書衣雜識》中，以其書僅見於《敏求記》，又毛、黃遞藏，確爲明鈔，插架中墨本之甲觀，誠可寶也。今年七月，張菊生前輩自滬來京見訪，云近收祕笈有此册，且言毛印、黃跋皆真。余初疑世有二本，急請一對勘之，乃窮搜敝篋，竟不可得。翌日詣菊翁所求見此書，開卷始知即鄙藏，如故人之久别重逢也。明日乃知爲客所攜出，展轉去跋，售於廠估，菊翁適鑒賞而收之耳。菊翁既知爲余物，慨然舉以相贈。合浦珠還，在余固驚喜如在夢寐，而菊翁之不奪人好，盛誼高懷，奚止足砥流俗，求之古人，正不多遇，又豈意於吾身親遇之耶。屢欲奉歸，菊翁堅不肯受。夫物之聚散，本不易言，果能得人而託之，猶勝於他日零落散失而託非其人者。余日貧困，終恐不能長與廝守，異日必奉諸涵芬樓中。姑書此以爲券，且志感矢之意云爾。戊午七月望日，邦述再記。

前跋從印本補寫，「宣統辛亥」以下一行，則余室人爲寫底本時曾録之，故能悉復舊觀。凡事若有前定，世間一切等等，皆當作此觀也。正闇又書。

硯史一卷　一册

宋米芾撰。

毛氏汲古閣寫本。

有「隱湖草堂」、「毛綏福印」、「錫園」、「日午當天塔影圓」諸印。又「汲古」、「錫園」、「載見詩第十三句」三印，又「殷印亦傅」、「元宰」二印。

雍正八年庚戌重陽後七日，錫園假儒珍侄大父手閲本録，頗疑其中或有訛也。「綏福」、「景斯」兩印。

汲古閣當明末時藏書最富，而尤致力於影鈔。世所傳景宋毛鈔，真天壤瓌寶也，其世澤比之絳雲、述古爲長。此册雖寥寥數葉，而字體妍雅，與寶晉相似，信毛氏之多才也，不可不什襲珍之。宣統三年辛亥三月既望，正闇居士。

梁谿漫志十卷 二册

宋費衮撰。

吴繡谷鈔本。

前有紹熙三年衮自序，又淳熙丁未樓鑰序，後有嘉泰改元施濟跋。

有「繡谷」一印。

《梁谿漫志》十卷，宋免解進士費衮補之著。卷首載開禧二年國史實録院牒一首，則衮在生時，此書已爲世傳重，指名索入禁中，亦可謂稽古之榮矣。其所稱「先大父」，考《常州郡志》，衮祖肅，字懿恭，進士，以薦除祕書正字，高宗駐蹕廣陵，首召入館，已而罷歸隱錫山。乾隆甲申秋，甌亭吴城記。「敦復」。

此書鈔手不精，中間間有校筆，前葉實瓶花手墨，而書面則繡谷翁書也。爲繡谷所鈔存，固無可疑。尺鳧父子皆好書，鑒别矜審，尺鳧字尤雅儁。余篋有尺鳧手鈔《唐子西集》，又得此册，可稱墨本中之甲觀也。戊午花朝，正闇檢記。

老學庵筆記十卷 三册

宋陸游撰。

穴硯齋鈔本。

此據宋本繕寫，中多避諱，缺筆及遇本朝空格處可證也。取校《津逮》，頗多善處。沅叔同年曾假校，謂爲善本。放翁無所不通，宋人小説爲後世著述一鉅觀，然博洽精粹，正不多覯，此書未可輕也。戊午陽月，正闇。

續談助五卷　三册

《十洲記》　東方朔

《洞冥記》　郭子横

《琵琶録》　段安節　以上一卷

《北道刊誤志》　王瓘　以上二卷

《乘軺録》　路振

《文武兩朝獻記》　李德裕

《牛羊日曆》

《聖宋掇遺》

《沂公筆録》　王曾

《竹譜》　戴凱之

《筍譜》　僧贊寧
《硯録》　唐詢
《三水小牘》　皇甫枚
《漢武故事》　班固　以上第三卷
《漢孝武内傳》
《殷芸小説》
《大業雜記》　杜寶　以上第四卷
《營造法式》　李誡
《緑珠傳》　樂史
《膳夫經手録》　楊曄　以上第五卷
宋晁伯宇編。
孫秋山手鈔本。
有「張燮蕘友」、「琴川張氏小瑯(環)[嬛]清閟精鈔祕玩」、「虞山張蓉鏡」、「芙川信印」、「芙初女士姚畹真印」諸印，又「拙叟」、「琴六借觀」、「二缾黄氏」、「拙經老人」四印。
芙川賢甥屬鈔《續談助》五卷，謂此書蒐輯類聚，皆奇祕足珍，且雋逸耐味，綜其旨趣所歸，能使人怡然灑然，消遣世慮，爲可玩也。鈔竟，乃信芙川所稱是書者良是，因識之。道光丙戌花朝，秋山孫鋆。

皇［象］山人手鈔《續談助》真本，昔歲館詒經張氏時曾見過。未幾愛日藏書一朝雲煙，閲今幾廿年，此本未知歸何所矣。今春重見小嫏嬛主人先所傳録本，字畫工整悦目，殆過元本。書窗静展，正不必致慨於虎賁中郎之近似也。道光壬寅春二月清明前三日，八十一拙叟記。「黄印廷鑑」。

皇象山人原鈔本，由愛日精廬散出，旋歸罟里瞿氏矣。山人貫無錫，其門人秦汝操昆季，亦錫之藏書家也。壬戌閏夏，上元宗舜年獲觀因記。

此三册曩在京師，沅叔同年介於我，因亟收之。秋山書法秀逸天成，此書尤極注意。姚山人在嘉靖時寫此書必精美，秋山對真本臨摹，亦不得草草出之。琴六跋稱殆過原本，則固親見之，非虚譽也。惜原本皆節録不完，開後人叢刻苟簡之習，致心青居士驟覯《營造法式》十數葉，歎爲希有，而不知後人獲窺全豹，其眼福較諸乾嘉諸老爲尤幸也。壬戌十一月，羣碧居士。

大學增修聲律太平總類　一册

不著編輯人。

明鈔本。

存第二十九一卷。

闌外前幅有「第四十號。嘉靖十二年五月十二日陳裕寫，共□張」一行，數目及人名皆墨筆填寫，餘皆版刻。此卷凡十九葉，至「五十八號」、「十七日」止，寫者皆陳裕。

此殘本乃明鈔本，觀其版式及填寫年月人名，似是官書。此書未見著録，固未付録，即是否編竣，亦未可知。存此一册，爲類書目中增一書名可也。己巳五月，正闇檢記。

續世説十卷 六册

宋孔平仲輯。

明白綿紙鈔本。缺末二卷。

有「汪印士鐘」、「三十五峰園主人」兩印。

客歲庚戌冬孟，從同郡吴氏歸，得古書數十種。内有《續世説》六册，卷首題「魯國孔平仲字毅甫撰」。余初未識是書也，適邀余友錢丈景開、陶君藴輝至家，二人皆能識古書者，因爲余言是書可爲祕本。余由是珍之。後偶檢閲陳振孫《書録解題》小説家類，有云《續世説》三卷，《文獻通考》作十二卷。孔平仲毅甫撰，編唐至五代事以續劉義慶之書也。則其書之出自毅甫可無疑矣。惟是余所儲之書卷止有十，較諸《書録》已逾其七、《通考》尚缺其二，全與否俱不得而知。本朝《絳雲樓書目》僅載其名，未及其卷數。即錢遵王《讀書敏求記》，亦附論於《世説新語》之後，而書名不入於「雜家」，皆以爲東家之矉。然乎？不然乎？乾隆辛亥且月中澣二日，吴趨黄蕘圃書。

《續世説》已刻入《知不足齋》、《守山閣》兩叢書，確爲十二卷。此本於甲子四月吴門閲肆得之，審知確是明鈔，紙墨並佳，唯後闕二卷。閬源印記亦真，蕘圃跋於乾隆五十六年，似初收古籍時書，未可斥爲非也。暇取刻本對之，有多出者，惜不得原本補寫以成完帙。要其所輯，皆取裁史籍，與義慶得諸前聞者有間，遵王譏爲東家之矉，良有故也。乙丑六月，正闇。

宋胡忠簡公經筵玉音問答　一册

宋胡銓撰。

宋漫堂鈔本。

有「商丘宋犖收藏善本」、「臣犖」二印。

此爲商丘鈔本，丙午得之京師，與知不足齋刻本校閲，與此稍有異同。他不具論，只其自稱處，鮑本作「予」，此皆作「某」。對君之詞，以「某」爲愜，「予」則失敬畏之忱矣。又此本曾皋跋語，鮑本無之，亦可補其闕云。宣統庚戌長夏，正闇居士。

《紹興封事》真本，其後爲「太上之所批抹」云云，鮑本作「秦檜之所批抹」，未知孰是。以臆論之，「太上」爲是，蓋當時批抹必有不當，請爲裁去裝褙，爲親而諱，孝宗之所以爲孝也。若目爲秦檜所抹，則權柄下移，雖爲高宗廻護前非，而適以彰親之不德，宜非孝宗之志歟。正闇又記。

世傳天澤之嚴，自宋太祖杯酒釋權始。漢高佐命，乃同時儕侣，其時脱略彌甚，箕踞跣足即能相見，使無叔孫修定朝儀，尚不知天子之尊也。然所謂朝儀，亦用之於朝會大典耳，自非其時君臣賦詩燕飲，等於家人。即觀此篇所記問答之詞，樽酒獻酬，妃御唱酌，迥非情意不屬者比。邦衡感恩抃舞，宜其對梅谿握手而大笑也。宋雖號爲尊嚴，抑豈後世專講拜跪之節者哉。明代虐視臣下，廷杖幾無虛日。懷宗臨軒之日，對輔臣則稱先生，及策免也，廠衛法司打問相繼，淫刑以逞，非復使臣以禮之遺意。國之安危，詎不繫乎此哉？因讀是册，用特慨歎書之。宣統庚戌六月六日北窗，正闇學人。

家世舊聞二卷　一册

宋陸游撰。

穴硯齋鈔本。

《家世舊聞》毛子晉刻入《放翁全集》，乃據《説郛》。《學海》本才寥寥六七條，故以獨詳蔡京好方士事爲疑，蓋未見全帙也。此册爲穴硯齋寫本，分上下兩卷，上卷記祖父以上事，下卷述其先君及外祖舅家事，首尾具有條理，過毛氏所刊行者幾二十倍之，不謂爲驚人祕笈不可也。放翁祖楚公，即著《埤雅》者，宋本有其子宰序，即放翁父，其外曾祖爲唐子方，宜其文章詩字，皆有淵源，負一代盛名也。古書不易見，賴佳鈔以存之。世之震炫於千元百宋者，吾猶以爲僅得其皮與其骨耳。戊午九日，正闇居士。

得此書後數年，復見穴硯鈔《宋人小史》，凡八巨册。時已窘於資，不惜傾囊收之。其所鈔宋人説部，則在翁松禪師許，求弢甫前輩假一見而不可得。當時寫官好事，迥過近時，亦由去古愈遠，流傳愈艱。

倘舉祕籍刊布，以公同志，亦好事者之一快也。穴硯乃明時藏家，各家著録未由知其姓氏，好古之士湮没不彰者多矣。猶幸鈔本之流丐學林，爲可喜耳。羣碧又書。

蒼雪庵日鈔　二册

《桂苑蘩談》一卷　唐馮翊子子休

《葦航紀談》五卷　宋人

《錢塘遺事》十卷　元劉一清

《吴中舊事》　宋陸輔之友仁

《戎幕閒談》　宋韋絢

《牧豎閒談》　蜀景渙號閒吟叟

《豹隱紀談》　宋人

《夢溪筆談》　宋沈括

《佩楚軒客談》　元戚輔之字友仁

《諸傳摘玄》

《軒渠録》　宋吕居仁

明鈔本。

有「曹溶」、「鑒躬」二印。

倦圃舊藏，皆《學海類編》所無。《吴中舊事》一種當已全。王復齋《鍾鼎款識》有畢良史呈秦熺青柬，阮文達摹刻之，而所引《北盟會編》、《硯北雜志》記良史事，均不若《吴中舊事》之詳，文達殆未見此書也。楚生。

此鈔本乃銅井文房遺籍，明人鈔本皆不甚精，而所從出必甚古，故可重也。《吴中舊事》果爲足本，正可寫刊一册，以貺同好。己巳四月，羣碧記。

維禎録一卷附録一卷 一册

明陳沂撰。

明鈔本。

有「翰林院印」，又「韓氏藏書」、「玉雨堂印」二印。

迎鑾三紀 一册

清宋犖撰。

宋漫堂鈔本。

有「玉音懷抱」、「清朗」、「西陂」、「臣犖」諸印。

此商丘中丞康熙四十四年三次迎鑾紀恩之作也。聖祖六巡江浙，西陂三次迎鑾，遭逢鼎盛。册中屢登天語，優禮老臣，可稱榮遇，而聖祖勤民省方之意，亦與宸游玩物不同。楮墨之間，自然流露，如親睹昇平，身被闓澤者，蓋非一人一家之私幸也。宣統辛亥三月，邦述敬書。

冊中所進《皇輿表》，世罕傳本。當時物力豐厚，藝事顓精，聖祖極口褒嘉，工美可想。又《御批通鑑綱目》亦係奉敕出資刊行者，世人謂爲内府所刊，或言宋所自刻，皆未知此事根委者也。《綱目》有「李煦幫你」之命，而《全唐詩》亦於是年發交曹寅刊刻。煦爲蘇州織造，寅爲江寧織造，故其版刻相承爲内府云爾。又結銜曰「江寧巡撫」，與今日殊，亦可考見掌故沿革之一斑也。是日燈下又書。

大滌洞天記三卷　二册

元鄧牧撰。

明鈔本。

前有洪武戊寅張宇初序，又至大三年吴全節序，又大德乙巳沈多福序。

有「翰林院印」，又「教經堂」、「錢氏章犀盦藏本」二印。

嵇中散集存四卷　一册

晉嵇康撰。

士禮居鈔本。

有「平江黄氏圖書」一印，又「長樂梁氏」一印。

此鈔本蕘翁自署「士禮居副本」，又云吴匏庵手校叢書堂鈔本傳録。惜只存四卷，其下六卷已不知何往矣。蕘翁題跋云，得此書於知不足齋，爲叢書堂鈔本，且匏庵手自讎校，尤足寶貴。又云用別本手校副本備閲，爲西賓顧某假去，久假不歸，遂致案頭無副。今觀此書自署爲「士禮居副本」，然則因前校副本爲人假去，故别録一本以爲副，而不謂今又失其半耳。因確爲蕘翁手墨，姑抱殘而守闕焉。乙丑四月，羣碧記。

鹿門集三卷　一册

唐唐彦謙撰。

張充之手鈔本。

前有鄭貽序，題「絳州刺史唐彦謙茂業」，後附金孝章。《鹿門集拾遺》一卷，又附吴枚庵《續補遺》一卷。

甲辰秋九，鈔王乃昭藏本并校補。耿庵。在《拾遺》後。

唐彦謙詩，藏書家著録者甚罕，其編入胡氏《唐音戊籤》者僅二卷。乾隆癸卯中秋，假陸恭所藏金孝章手鈔《鹿門集》，凡三卷，與《唐藝文志》合。暇以《戊籤》校之，其詩在三卷者祇五首，餘俱在孝章《拾遺》卷中。別有二十三首《拾遺》所無，因爲《續補遺》一卷，附傳本之後云。廿九日，吴翌鳳識。

癸卯九月初吉，假古歡堂新鈔本影寫於叢桂軒，越三日燈下畢。茂苑張德榮識。

《鹿門集》，《四庫》未見，諸家亦未著録，此鈔本乃吴中張充之手鈔。充之爲青芝先生子，青芝嗜書，手鈔極多，充之克承家學，蓋父子俱以鈔書爲藏家所重者。充之與吴枚庵同時友善，得一異書，往往通假互鈔。余藏《九僧詩》一卷，即充之手鈔，而枚庵跋後。此書字跡與《九僧詩》相同，亦稱鈔於枚庵許，並寫枚庵《續補遺》一卷，是集乃爲完本矣。枚庵底本則云假自陸謹庭所藏金孝章手鈔，已先爲《拾遺》一卷，而孝章則據王乃昭藏本傳鈔。王、金、陸、吴、張諸君，前後皆嗜書，而又能手鈔，宜祕籍之幸存也。余每遇昔賢手鈔之帙，愈爲珍異，以其人精氣所寄，亘數十百年而常存，不僅如束木流傳罕見之足寶也。辛酉三月，得此書即題。年來貧不能舉火，而質貸以收書，殆亦佛家所謂「貪癡」者猶未除耶。羣碧居士記。

檢茂業詩載《戊籤》者，五律最少，而此編獨多。又《戊籤》云《鹿門先生集》三卷，同時禮部侍郎薛廷珪序。此乃有鄭貽而無廷珪。又牧齋集唐詩七百十卷，所載茂業詩七十八首，較此編遺者實多，是牧齋亦未見此編也。唐賢集傳世極少，於無意中得此祕籍，可謂羣碧賀矣。正闇又記。

徐公文集三十卷　四册

宋徐鉉撰。

萃古齋鈔本。

前有天禧元年胡克順進表，又淳化四年陳彭年序，後有大中祥符元年晏殊序，又紹興十九年徐琛跋。

有「一硯傳家」、「傳順堂鑒藏印」二印，又「宗室文慤公家世藏」、「聖清宗室盛昱伯羲之印」、「不在朝廷又無經學」三印。

此亦白堤書估錢聽默鈔本也，與《玉壺清話》字體相似。百餘年來，書估能鈔古書者日少，能書而不俗者尤不廑見。如此册寫手，頗見妍雅，於以歎世運之大有升降也。己巳五月，正闇記。

鉅鹿東觀集七卷 一册

宋魏野撰。

翁又張手鈔本。

前有天聖元年薛田序。

有「翁又張」、「洞庭翁栻」、「又張」、「名山樓」諸印，又「金元功藏書記」一印。

《鉅鹿東觀集》近世無有刻本，迂齋金亦陶夫子家藏有鈔本，計七卷，余因得假以手録之。康熙丙寅十一月，洞庭東山翁栻又張識。

《東觀集》諸家著録多以七卷本爲古，而以十卷爲後人竄改之本。余前所見鮑以文校本，即用七卷本校十卷者。又得藝風堂藏一本，則十卷本也。此册爲洞庭翁又張手鈔，字體妍雅，真讀書人手墨，源出於金亦陶家，確爲宋本傳鈔之七卷本也。書鈔於康熙丙寅，距今二百四十年，昔賢丹鉛，手澤如新。余舊家洞庭，今又卜居吴下，於此書殆有香火因緣者，何幸如之。後第五丙寅八月得此書於金陵，是月晦日，羣碧記。

斜川集六卷　二册

宋蘇過撰。

林汲山房鈔本。

有「劉喜海」、「燕庭」兩印。

叔黨遺集久佚，乾嘉諸公求之綦切，世遂用謝幼槃、劉改之詩竄録以欺人，致有刊印黰紙而取重值者。余收文選樓藏本，阮氏印記累累，亦一時雅賺也。後於《永樂大典》中輯出，乃覩真面，亦有生齋刻以行世。余得原刊本，爲貝簡香千墨弇物，而鮑以文校贈之者。所見鈔本則大半贋鼎。此兩册有劉燕庭藏印，頃避兵歇浦，取以對校，則刻本所增文，有賦一、表一、記一、啟二，凡五首，詩則五言二首、七言一首、七律一首，類從他書增輯，而此本則五言多二十四題，凡四十一首，可謂富矣。疑趙氏所據吴麗煌鈔本，雖同出一源，而互有詳略。此本編次與味辛先生亦殊，趙編先詩後文，此則先文後詩，然其分六卷則同。至以一篇爲一葉，甚至詩以一題爲一葉，則取其易辨，故前後不無重出及錯簡耳。所增各題，非贋集中所有，不可謂非瓌寶。昔人云「老見異書猶眼明」，余家貧而逢世亂，今年劫起淞滬，幸而圖書無恙，殆天實嗟憫之。而余益自詑曰，吾目尚在，不畏人事之厄也。甲子九月廿一日，羣碧居士。

書面有「林汲山房傳鈔」字。林汲乃歷城周書昌先生所居，與邵二雲同在史館，同輯《永樂大典》。

一書之出，同時競寫，往往互有詳略，蓋不獨此書然也。乙丑春，羣碧再記。

眉山唐先生文集二十卷　二册

宋唐庚撰。

吴繡谷手鈔本。

前有宣和四年鄭總序，又弟庾序，又吕榮義序。

有「吴焯」、「願流傳勿損污」、「繡谷熏習」，又「吴焯尺鳧」諸印。

《眉山集》見於《文獻通考》僅十卷，今考此集凡二編，前十卷率多嶺海之作，疑即唐庚序中所謂「京師刊行」者是也。後十卷雜記紹聖、宣和年號。子西以紹聖登第，大觀間入爲博士，政和初謫嶺表，凡六年召還，則居嶺表之前與後之文，皆彙於後十卷，疑出唐庚哀集。《通考》僅題十卷，豈未見其全與。丁酉十二月二十四日，石門虎嘯寺阻凍，篷窗悶坐，行笈中此集相隨，檢閲抵暮，燒燭呵凍，書竟筆毛盡脱。繡谷。

此從祖尺鳧先生寫校本，宣統紀元二月，從授經京師段讀。仁和吴昌綬謹志。

余慕尺鳧先生手校之書久矣。今年余在雞林，老友趙君長左介於授經京卿，自京寄卅册來，此書實爲甲觀，蓋他多校本，此則繡谷手鈔本也。宣統紀元六月，正闇居士。

芳蘭軒集　一册

宋徐照撰。

鮑淥飲手鈔本。

有「翰林院印」。

乾隆癸巳三月十七日，在翠玲瓏館寫完。

二薇亭詩集　一册

宋徐璣撰。

鮑淥飲手鈔本。

有「翰林院印」。

乾隆丙戌三月二十五日，風雨閉門，悽然有故鄉之思，補録此卷，以解客愁。明日飯前寫完，并勘一過。蘆渚寓舍誌。

松籌堂集十二卷　六册

明楊循吉撰。

宋蔚如手鈔本。

前有萬曆改元顧從德序。

有「長白敷槎氏堇齋昌齡圖書印」一印，又「小雁蕩邨」一印，「毛古愚藏」一印，「菉斐軒藏書記」、「菉斐軒」二印，「楝亭曹氏藏書」一印。

松雨軒詩集八卷　四册

明平顯撰。

勞㶿卿手鈔本。

前有嘉靖庚子陳霆序，又宣德庚戌張洪序，又景泰元年柯暹序。

每卷後皆有題識。

咸豐壬子秋，吴興丁上舍肇慶寄示此集，從渌飲先生校本傳出。松雨爲吾鄉先哲，求之彌久，一朝獲之，殊感丁君不靳一瓻之雅意。每卷渌飲有題識，并録存之。九月朔鈔此卷，翌日録畢。仁和勞權㶿卿記于蟫隱别墅。

知不足齋校本補詩七首，唯《登聚遠樓》一首采於《雲南□志》，其餘皆《滄海遺珠集》也。今别編《補遺》附後，且冀續得逸篇焉。渌飲先生未覩刻本，故譌脱未能盡正。嘉靖重刊之本，聞藏書家尚有之，寄語於君，更爲留意耳。咸豐壬子仲冬望燈下，勞權校畢并識。

此書八卷，皆㶿卿蠅頭工楷所寫成者。每卷皆有題識，亦一筆不苟，唯首尾兩跋與此書有關耳。㶿卿精力過人，校讎之學晚出而突過前賢，且令後之學者莫能仰企，真絶詣也。其弟季言與之並駕，有「雙丁兩到」之譽。此書有霉爛處，幸所損無多，未損者精氣自存。余在京師别見一本，比此完善，亦勞氏所寫，行款、字體相同，惜未記爲何人手書。疑季言與兄各録一本，抑巽卿因前寫霉溼，重録一本，均不可知。恨未兼收並蓄，一對證之，此時不知散入何方，恐如星鳳之不可復見矣。乙丑三月，正闇。

履齋遺稿二卷　一册

宋吴潛撰。

勞巽卿手鈔本。

缺後二卷。

有「巽卿」一印，又「勞格」、「季言」二印，又「方印功惠」、「柳橋」、「碧琳瑯珍藏」三印。

此爲巽卿手寫本，熟於勞氏昆季筆跡者，一見即識，不待辨也。後有高君跋，云爲朱述之大令所藏，云自其祠堂中傳鈔者，殆未審耳。述之爲吾鄉先生，收弆至富，與巽卿同時，於其手鈔或不甚重視，至今則珍若球琳矣。己巳五月，正闇。

桃溪百詠　一册

元嚴士貞撰。

鮑渌飲手鈔本。

有「廷博」、「以文」二印。

前有正統丁巳楊昺序。

鯨背吟 一册

元朱名世撰。

鮑淥飲手鈔本。

有「鮑印廷博」、「一字苢蕡」二印。

前有至元辛卯名世自序。

乾隆乙亥八月三十日寫畢，歙西鮑氏清風萬卷堂藏本。博記。

咸甫集 二册

明馮大受撰。

明鈔本。

前有王世貞、屠隆、莫雲卿、張鳳翼、王穉登諸序。

有「謙牧堂藏書記」、「謙牧堂書畫記」兩印，又「禮南校本」一印。

是集不分卷，曰《金陵游草》，下曰「辛巳集」。曰《燕臺游草》，下曰「庚辰集」。曰《武林游草》，下曰「庚辰集」。曰《吴中游草》，下曰「辛巳集」。曰《避暑集》，下曰「庚辰集」。曰《寒夜集》，下曰「辛巳集」。曰《吴閶集》，下曰「辛巳集」。曰《據梧集》，下曰「庚辛（壬）［集］」。曰《北游續草》，下曰「壬癸集」。凡九集，而庚、辛、壬、癸四年之所作也。前序皆吴中一時名碩，弇州、雲卿、鳳翼三序後皆各鈐小章，尤爲奇特。疑咸甫以行卷偏乞當時名流題識，而未付刊之稿本也。各序書法妍雅，亦似親筆所書。然則此册直可作骨董觀矣。乙丑三月，正闇檢記。

文苑英華一千卷　一百二十册

宋李昉等奉敕撰。

明鈔本。

前有周必大記一篇，每卷後有「登仕郎胡柯、鄉貢進士彭叔夏校正」一行。卷末有「成忠郎新差充筠州臨江軍巡轄馬遞鋪王思恭點對兼督工」一行，又「吉州致政周少傅昨於嘉泰元年春選委成忠郎新差充筠州臨江軍巡轄馬遞鋪權本府使臣王思恭，專一手鈔《文苑英華》，并校正重復、提督雕匠，今已成書計一千卷，其紙扎工墨等費并係本州印匠承攬，本府並無干預，今聲説照會。四年八月一日權幹辦府張時舉具」七行。

有「文甫珍藏」、「恩齡鑒賞」二印。

吴夢窗詞集　四册

宋吴文英撰。

張夫人學象手鈔本。

康熙六年歲次丁未，太原張女古圖校録。「張女學象」、「字古圖」兩印。

有「張皋文」一印，「烏絲醉墨」一印。

余頗愛《夢窗詞》，比之《玉谿生詩》縱有奇□□□□沈雄温麗，自不可及。玉田譏之爲七寶樓臺，眩人眼目，拆碎下來，不成片段者，未免太刻也。暇日偶過市中，見鬻殘書者挾此求售，因以青蚨數十易之以歸。徐檢尾末有張夫人小印，知出自名媛香閣中，尤足寶貴。特誤字頗多，帝虎滿目，間有數首，加硃墨筆圈讀者，亦未盡當。因通本重加點勘，心知其誤，標於每首之上，惜無他本參閲。聞汲古閣曾刻過，余雖收得十餘家，獨無吴集，將求以對校，庶成善本耳。嶼塘倪承茂記。

余於舊書叢中得此本，披閲再過，苦於差誤字多，不能卒讀。繼以己見改易數十字，跋數語於卷尾。戊午秋試歸，適得汲古閣刻本，重取對勘，而汲古刻本差誤尤多，文義兩可者則並存之，亦闕疑之意也。汲古刻有甲、乙、丙、丁四稿，首數亦與此不符，知此本未爲全備，不知張夫人據何本鈔得。行將補其缺略，爲夢窗全集，與玉田《山中白雲詞》同作詞壇鼓吹，倚聲家庶幾得所指歸，而不蹈於淫哇之習乎。承茂又記。

此四册爲張夫人學象手書。張爲太原名族，清初從父拱端僑居吴門。其姊名學典，以能畫名。詞不分卷，與毛刻四稿不同，中有標宫調者六十餘闋，自是舊本。倪嶼塘用毛本校過，用功極勤。近朱彊邨師重刻《夢窗詞》，係假涵芬樓藏明鈔本，爲萬曆中太原張廷璋藏書。兩書同出一源，夫人即就其家藏本傳鈔者也。書雖校刊，然名媛手跡固當珍重存之。乙卯二月，羣碧。

寒瘦山房鬻存善本書目卷六

名人手校本

韓詩外傳十卷 四册

漢韓嬰撰。

明通津草堂本。

秦敦甫手校。

有「臣恩復」、「秦伯敦父」印，又「石研齋秦氏印」一印。

韓詩外傳十卷 四册

漢韓嬰撰。

明通津草堂本。

龔孝拱手校。

丁卯歲得此本，審出元劉庭幹本。又得嘉靖己亥薛來刻本，則近世通行程榮《漢魏叢書》本所自出也。此書未見善本，此本多用《毛詩》改《韓詩》異字，其餘字句示薛爲完善。薛奪誤尤多，今本又多缺葉。唯用《毛》改《韓》，示此爲少。又各有臆改，乃合校正于此。其程本間有異薛，亦録之，并取《漢書》、《釋文》、《文選注》、《後漢書注》所引《韓詩》及王伯厚《詩考》所引《外傳》詩異字，校此二本已用《毛》改《詩》字，粗完此書耳目，而其奪誤比比不可知，卒不得爲善本也。又見常州趙氏刻本，其於《韓詩》異字諸本改同《毛》者，未能盡復，而疑所不當疑。其參引諸書之與此書出入者幾備，惜輒用以改本書，其所據各本，校改亦未能擇善。異日當如趙氏，盡取《大戴》、《家語》、《孔叢》、《國語》、《戰國策》、《管》、《荀》、《莊》、《呂》、《韓》、賈、董、《淮南》、司馬、劉以下，凡涉是書，夾注於下，非誤而皆不以改傳，重寫一本。姑志之。橙。又當覓胡震亨《祕册彙函》本、毛晉《津逮祕書》本，趙引林本、曹本、楊本一校。

此爲仁和龔孝拱校本。孝拱爲定盦先生之嗣，與外舅能靜先生相友善，學問淹貫，而性情乖僻，觀其字可知也。内兄君閎嘗謂余，言孝拱頗非禮部之文，有大令之風，制行豪縱，然求之今人，殆無其博疋者矣。此本取程榮、薛來刊本眉列上方，實則兩本皆不逮此本之善，獨援《韓》正《毛》，不失經師篤守之恉，爲可寶耳。頃又見石研齋藏一本，通津所刊，而字句中頗有改動，如第一卷十二葉之「比於不詳」，石研本從薛作「祥」，第三卷二十葉之「昔者江於汶」，石研本亦從薛作「於濆」，豈從薛者在前，抑後乃改從薛刊耶？讀書之事無窮，校讎之學其未經前人道者，正復何限。匡居多暇，要當用孝拱之説，集羣書而寫定之，以盡吾後死之責爾。庚戌八月，正闇學人。

周官禄田考三卷 一册

清沈彤撰。

鈔本。

孔葒谷手校。

前有乾隆庚午沈德潛序，又惠棟序，後有徐大椿跋，又彤自跋，又乾隆十六年自跋。

有「孔繼涵印」一印。

春秋分記九十卷 十七册

宋程公説撰。

鈔本。

孫淵如、嚴鐵橋手校。

前有淳祐癸卯季弟公許序，又游侶序。

有「十萬卷樓藏書」、「東方督漕使者臣印」、「星衍」諸印。

宋程公説《春秋分記》九十卷，卷數與《書録解題》及《文獻通考》合。公説，眉山人，官止卭州校官。書作於開禧時，其弟公許牧宜春刊行之。尚有《左氏始終》三十六卷，《通例》三十卷，《比事》十卷。生平爲《春秋》之學，甚精詣。其書略似《通典》、《會要》體例，始《年表》，次《世譜》，次《曆書》、《天文》、《五行》、《疆理》、《禮樂》、《征伐》、《職官》諸書，次周、魯及列國《世本》，次小國、四夷終焉，條理明晰，南宋人著述之最善者。其《世譜》稱得杜預《世族譜》及《春秋世系》一書，《世本》見傳注，采之以備遺亡。《曆書》稱「杜預仿《周曆》作《經傳長曆》」，「考諸家曆書《開元大衍》」云云。是公説所見古書採録甚多，今杜氏《世族譜》及《長曆》、《開元大衍曆》無全本，《春秋世系》即《崇文總目》疑爲顧啟期撰者，俱藉此書以存矣。《疆理書》亦有補杜氏《釋地》所缺者。《列國世本》應有「盧子國」，據應劭注在廬江郡，公説不載，豈即以盧戎當之，似非一地也。前有《指掌圖》，各篇後爲之論，頗能該括春秋時勢。惟附載啖趙及宋人疑經蹈空之論，至不信魯郊禘受賜之説，猶是宋時結習，學者勿爲所惑，而不能掩全書之長。此本借自曲阜孔氏鈔帙，未見刻本，文字或有譌脱，悉依原本，不敢輕改。獨怪《通志堂經解》刊宋人經學之書，遺其有裨經學者，何也。孫星衍書。

嘉慶乙亥歲正月三十日，校《曆書》、《天文書》、《五行書》訖，烏程嚴可均記。在四册末葉。

此書淵如先生論之甚當，乃淵如傳鈔而手自校之者。每卷皆記年月，大半在安德使署。簿書雜廁，不廢丹鉛，想見前輩之篤嗜。鐵橋先生專校《曆書》、《天文》、《五行》三書，以墨筆另紙書眉，至可寶愛。

惜卷帙稍繁，不然當已刻諸《平津》、《岱南》兩叢書中矣。余藏經部書極少，得此可爲鈔本甲觀。庚申四月，正闇。

釋骨 一卷

清沈彤撰。

鈔本。

孔葒谷手校。

卷末有「丙申七月初十日校，是夕雷雨」十一字。

此與《禄田考》同裝一册，爲葒谷校本。「丙申七月」一行，正葒谷手書。余得葒谷手校《舊五代史》，每卷有葒谷校字，書法正同，可互證也。《釋骨》似無雕本，前賢用功之勤，著述之美，非輓近學者所能知矣。庚申長至前一夕月窗，正闇記。

前漢書一百二十卷 二十册

漢班固撰，唐顔師古注。

明嘉靖九年南京國子監刊本。

有「紅豆後人」一印，又「胡小琢藏」、「胡壽銘印」二印。

惠定宇評點。

此二十册皆有朱筆評點，首卷書眉一條云：「前人評淺近者亦録之，以便於初學也。間有舛繆，必細爲分辨，恐初學爲其所惑也。」又云：「評上有尖圈者，採之堯峰評本。」此正定宇先生點定之本也。丹黄妍整，議論宏通，其駁正前人評論處，尤爲有功班氏。後失數葉，當記有月日、姓氏，惜不存耳。然其爲惠氏手勘，固不僅以「紅豆後人」一印爲足信也。亟裝成并補完失葉於後，讀者珍之。丁卯四月，羣碧居士。

舊五代史一百五十卷　十四册

宋薛居正等撰。

鈔本。

孔葒谷手校。

有「古泉黄易之印」、「秋庵小松」，又「孔繼涵印」、「葒谷」諸印。

薛居正《五代史》，從《永樂大典》輯出，後經武英殿刊時改動，已失邵二雲稿本面目，此熟在人口者也。壬子九月，羣碧樓收得邵本一帙，檢一百三十一卷、一百五十卷後觀款，知校勘出孔葒谷户部手。以官本對勘，知官本、稿本大别有三：一、正文經官本改易也，如十卷「犬羊猾夏」改「邊裔狡逞」，九十五卷「腥羶」改「契丹」，九十八卷「虜母」改「國母」，一百七卷「契丹犯闕」改「去汴」，一百二十卷「東夷」改「高麗」，一百三十七卷「種落賤類」改「生長邊地」，「亂華」改「闢地」，「殺胡林」改

「殺虎林」之類，不可枚舉。其尤關事實者，如一百三十八卷「黑水靺鞨」下原作「俗皆辮髮，性凶悍」，改爲「俗尚質樸，性猛悍」。此皆館臣避忌太過，奮筆妄改使然。一、正文之互有出入也。稿本無而官本有者，如二十一卷《賀德倫傳》全缺，六十三卷缺「贊」，六十七卷《趙鳳》缺兩節，七十一卷《淳于晏傳》全缺，七十三卷《聶嶼傳》缺一節，七十七卷尾缺七十七字，八十七卷《晉宗室宗贇傳》全缺，九十三卷《尹玉羽傳》缺兩節，九十六卷《孔崇弼傳》缺三節，九十八卷《張礪傳》缺三節，並缺「贊」，一百二十八卷《裴羽傳》全缺。此必邵氏一人搜采未盡，經館臣覆檢《大典》補入。稿本有而官本無者，如九十二卷《崔居儉傳》、九十六卷《鄭元素傳》二篇。案《居儉》即歐陽公《五代史記》本文，邵氏所誤收。《鄭傳》則係官本脱漏，此爲薛氏全篇佚文，《大典》已燬，賴此而存，可謂至寶。至九十八卷《張礪傳》，稿本復據《册府元龜》補八十二字，官本脱去。案邵氏於《大典》所缺薛《史》，均采《元龜》補之，例見一卷《梁太祖紀》下，官本取彼舍此，未喻其故。若九十一卷《安重威傳》、九十二卷《裴皞傳》，稿本下半均同歐《史》，官本則否。此又邵氏一時有未檢處，經館臣復檢《大典》改正者也。一、卷數考證及所采各書，經官本删削也。以稿本一百四十卷注《大典》卷一萬七千五十二、三葉至四葉諸條揣之，意邵氏初稿并記《大典》卷數、葉數，以便覆檢，定本方去葉數，此則删除之未盡者。官本則於卷數及《元龜》卷數全行不取。其考證異同語，稿本則隨文列入。官本另編《考證》爲卷，所收十之五六，其餘則出他手，非邵氏原文。邵氏略仿裴松之《三國志》注例，收史部、説部等至七八十種之多，附注正文下，以備參考。官本或采或删，不甚明其去取之故。楊凝式及馬希範傳，兩注則删去殆將萬字，若邵氏所采《五代通録》、《東都事略》、《文苑英華》、《古今事類》、《楊文公談苑》、《儒林公議》、《石林燕語》、《厚德録》、《張方平集》、《花蕋宫詞》則全行删去，失邵氏本意。南昌彭氏注歐陽《史》，蒐采富有，爲史注佳本，實邵氏之引其端也。惟孔户部校此書時，尚非據邵氏原稿，故第一卷校語云「按語有脱」，凡兩見；二十五卷注「案新考舊」四字，顯有脱文，孔亦未校補。邵位西批注《四庫目》云，見厰肆鈔本，有「讀易樓印記」。是孔校外尚有傳鈔，恨無從蹤跡也。孝先舉債收書，以巨金得於日下，攜歸津上未三日，即借余校録。竭兩月之力，始克竣事，研究所得，撮舉大概如此。孝先將有遼海之游，瀕行又出宋本《兩漢書》借校。通懷樂善，視流通古書之約，抑又過之，附書于後，用銘嘉貺。是年臘八，長洲章鈺記。

余自耽典籍，即知《大典》本薛《五代史》稿本，每條皆注所出，及武英殿刊行始悉去之。惟聚珍版尚存真面，又惜其不易得也，夢想累年，未嘗一見。壬子之春，鬱華閣遺書盡出，其佳者大半爲完顔樸孫以賤值收去，餘則書友譚篤生與其友趙姓復以賤價捆載皮厰肆一近巷中，邀余往觀。余時已貧不能自存，然結習故在，入叢殘中抽得此册，大喜過望，因與之約留三月，不能有，然後市於他人。篤生竟慨許之。荏苒及秋，篤生病痢將死矣，則語其家封存以待，勿失信也。余自津沽鬻借，如約贖之。篤生在書估中號爲精覈，然於此書獨爲余守皦日之盟，世之負然諾者，對之殆有媿矣。既歸，茗理立持去借校。觀其跋語勘正之功，亦盡於是，而吾乃不得先一校讎，思之亦殊失笑。特記得書之艱，與篤生之信、茗理之勤，爲藏書家一故實。後千百年，必有能談之者。甲寅三月，正闇檢記。

三朝北盟會編二百五十卷 三十二册

宋徐夢莘編。

小山堂鈔本。

趙誠夫手校。

此書藏書家目録皆屬鈔本，無言刊本者，朱竹垞諸人列入《徵刻唐宋祕本書目》，蓋宋以後從無刻本審矣。此本爲小山堂趙氏所鈔，不言所自出，硃筆校補亦不知何人。惟凡涉及宋帝則一律空格，應避字或注「廟諱」，或注「御名」，嫌名亦然，其從宋本傳録，確然無疑。「惇」字注「御名」，「擴」字亦注「御名」，則書成於淳熙，刊行則在慶元以後之證也。以光緒己卯活字本對勘，活字本誠多脱誤，亦有此本脱落而活字本仍存者，脱每數十字，卷二百四十二則多至十八行。異同處文義每可兩通，活字本亦不詳所自出，疑出兩本也。壬子七月，長洲章鈺。

此誠夫手校本也，其硃筆字體與向藏《張貞居集》所校字相同，至鈔所從出，固不可知。即以何本校勘，亦未寫記。茗理謂與活字本爲兩本，余謂皆從宋鈔，特卷帙繁重，鈔手亦各有詳略，故不能同耳。近蜀中有新刊本，校改似頗審，余於京師一見之，曾取前一册對勘，頗有是正處，惜未終校。但吾此本度亦必有勝於彼者，他日終當借校一過也。乙丑五月，正闇記。

元名臣事略十五卷　四册

元蘇天爵撰。

鈔本。

陳仲魚手校。

前有至順辛未王理序，又至順壬申許有壬序，又天曆二年王守誠序。許、王兩序，仲魚據元本補。

目録後有「元統乙亥余志安刊於勤有書堂」一行，有「張叔未」、「清儀閣」、「廷濟」，又「陸烜私印」、「陸氏子章」，又「嘉興李聘」，又「黄印錫蕃」諸印。

丙寅春，買得惠氏遺書，中有蘇天爵《名臣事略》一書，惜止七卷。余家雖有鈔本兩部皆全者，然未敢信其必從元刻出，因假得香嚴書屋藏元刻本，照其行款補録八卷至十五卷。此七卷似係舊鈔，未忍輕棄，遂用之手校元刻於上。孰知行款既未同，文理亦多謬，甚至脱落幾葉，此僅空幾字以僞之，始知鈔本殊不足信也。本擬仍照元刻録出，奈工費浩繁，且此惠藏殘本，終歸無用，故勉爲校勘，聊存梗概，俾知書非初刻原本，即舊鈔亦不可憑如此，爲之發一浩歎。嘉慶十一年十一月望後三日，蕘翁黄丕烈識。

嘉慶十二年春二月，余在吴中，蕘圃黄君以《名臣事略》寫本十五卷見贈。其所藏全者有兩部，此其一也。越半年，復見其案頭有手校惠紅豆所鈔殘本七卷，而以周香嚴藏元刻本補鈔八卷者，因亟借歸寓所，對勘一過。知惠鈔殘本所缺者此本亦缺，所誤者此本亦誤。至第二卷既缺二葉，又第九卷缺一葉，第十一卷缺六葉，又缺許序三葉、王序一葉，計前後共缺十二葉，（整理者按：原文如此。）而脱句誤字尤不可勝數。即如開卷書名本題「國朝名臣事略」，而鈔本盡作「元朝」，明係後人改竄，是書不校，大失本來面目矣。蕘翁原跋今並録之。海寧陳鱣記。

仲魚手校此書，乃據蕘圃過校周香嚴家元本，是不啻元刻真本也。然鈔本所據亦爲元統乙亥余勤有堂刊本，何以兩本出入如此。若云鈔手有所改竄，殆未必然，非見勤有原刻對勘一過，終莫明其故也。香嚴元本爲何時何人刊，惜未標出，更無可證，要之必勝於勤有。可知坊刊在當日不必皆佳，後人固宜有所審擇焉爾。正闇學人。

華陽國志十二卷 四册

晉常璩撰。

鈔本。

顧千里手校。

有「思適齋」、「顧澗薲藏書」、「顧印廣圻」，又墨摹「上黨空居閣藏書記」諸印。

此從常熟馮氏空居閣本影鈔者。馮本余收得，今歸袁綏堦。又黄蕘圃有何義門手批錢磬室家本，從吾師張白華先生得之，行款正同。聞吴方山有鈔本在某人處，想亦無異，後見之果然。皆出於宋嘉泰刻本，故迥非俗刻可比。屢欲取《史記》以下各史及《水經注》、《太平寰宇記》等書詳加訂正，重刻行世，忽忽無暇展卷，不勝日月逝矣之歎也。嘉慶癸亥十月廿一日，澗薲居士燈下記。

閱十年癸酉，爲孫觀察校刊於江寧。凡事自有定數如此。又記。

世所行廖氏題襟館刊本，即先生任其校讎之役，以此本對勘，頗有異同，固繇後來損益，然顯爲廖本訛敚者亦復不少，賴得此本是正。先生校是書甚勤，書已刊猶丹黄不輟，補校不及追入者又若干條，尤賴有此本以正千載之繆。然則廖氏書雖具在，而此本猶當珍若球琳，不僅前輩手跡可貴也。質之正闇以爲何如。庚戌正月十二日，保山吴慈培識。

澗薲校此書，本爲㟁如刻版之用，後題襟館乃借刊耳。鄰水廖氏爲吾之祖母家，是書刻工亦金陵劉文奎兄弟。是時澗薲以校讎聞天下，禮聘不絶，今《思適齋集》可按也。二劉刻書亦頗著，嘉慶間善本悉出其手，亦可謂之良工矣。廖氏以蜀人摹刻是書，故㟁如讓之，直取澗薲已校成者付諸廖氏，故册尾跋語云云，猶認孫爲刻書之人，無一字及廖也。刊版光緒間猶存，此則其祖册，亡友吴佩伯校語極明，其可珍不待言已。戊午秋日裝成，正闇寫記。

甚或刻將成而廖氏出資，加一跋語，亦未可定也。澗薲借常熟馮氏空居閣本，並摹其印記。余藏《王建集》正馮氏物，其印記亦復相同。癸亥、癸酉兩校，古人以此爲業，既精而勤，可以不朽，吾輩當媿死耳。羣碧又記。

華陽國志十二卷　四册

晉常璩撰。

明吴琯刻本。

何義門校。

有「王懿榮字正孺」、「福山王氏正孺藏書印」。

《華陽國志》十二卷，初閲見其訛謬甚多，疑非善本。及以新刊對校，乃知後來妄加竄定，有使人笑來者。此本尚存舊刻之真，而出於錢叔寶家，亦可信也。康熙己丑，焯記。

東漢趙邠卿撰《三辅名臣悊士》，自建武以來至桓靈之際，皆爲韻語。晉摯仲（任）［洽］就而注之，謂之《三輔決録注》。常道將用其體撰《華陽國志》，於先賢士女，或分或合，每人皆有讚語。明人刻是書者，悉爲削去，殊失古意。余家有蜀刻，頗仍舊觀。是本從錢叔寶家鈔補，義門何丈爲之校正，他日當慫恿有力者梓而行之。戊辰十二月，松崖惠棟識。

余舊藏《華陽國志》爲顧千里手校本，即爲孫淵如校刻底本，後爲鄰水廖氏刊行者也。朱墨斑駁，洵罕見之祕。今歲重返都門，因覯此編，知爲義門所校，且有惠松崖題識數行，雖未知所校與千里有無異同，然吴中兩大校讎家，手筆萃於一書，豈可不謀延津之合，乃貸諸豪門，收之敝篋。歲暮寧家，吾知羣碧樓中，必有光燄上燭霄漢矣。壬戌長至燈下，鄧邦述。

此書底本藏吾鄉圖書館中，爲錢塘丁氏故物。今年余來金陵，親檢對之，唯無松崖跋語。此本乃義門弟子當時傳録之書，余前得校本《史通》，亦傳鈔者，雖楷法不同，而各得其師之骨髓，幾不辨中郎與虎賁矣。癸亥長至燈下，羣碧再記。

乾道臨安志三卷　二册

宋周淙撰。

鈔本。

錢警石手校。

前有杭世駿、厲鶚兩跋。

有「祕册」、「愛日精廬藏書」、「桐城姚伯印氏藏書記」、「姚氏伯印」諸印。

周淙彦廣《乾道臨安志》十五卷，今僅存三卷，《四庫》所録即杭州孫仰曾家藏本也。道光戊戌三月，海昌蔣生光煦以舊鈔本見贈。六月初旬，假蔣生所藏陸香圃三閑草堂鈔本及吴氏拜經樓鈔藏本謹校一過。拜經藏本與此大略相同，三閑草堂本似稍勝，疏其異同，以俟裁定。海寧州學訓導錢泰吉謹校上。

此二册嘉興錢警石先生所手校也。警石兄衎石先生，爲先曾祖督部公嘉慶戊辰分校禮闈所得士。

兩先生學問淹貫，有「錢氏二石」之譽。警石先生尤精校讎之學，湘鄉曾文正公於其墓石志之綦詳。先生爲海寧校官最久，幾三十年，此書即校於海寧學署者。所據之本固善，即蔣氏贈本亦愛日精廬物，蓋蔣氏在道咸間亦收藏大家，固宜有此祕册。得先生校而存之，尤藝圃之瓌寶矣。戊午二月病起，江寧鄧邦述記。

琴川志十五卷　四册

元盧鎮撰。

汲古閣刊本。

孫二酉手校。

前有至正乙巳戴良序，又寶祐甲寅丘岳序，又褚中序。

有「臣爵昌印」、「字曰二酉」、「孫爵昌印」、「二酉氏」、「二酉手校」、「孫二酉讀書記」諸印，又「曹琰之印」、「彬侯」、「古虞曹氏藏書」、「澗農」諸印，又「潘茉坡圖書記」、「潘氏桐西書屋之印」、「崦西艸堂」三印，又「郭氏祥伯」一印。

吾邑桑、鄧、管、錢、曾五志，去夏迄今，余以次購藏，近又得此盧志，邑乘於是大備。曾借毛斧季所藏陸勅先手勘元本，因詳加是正，並補失葉八張。又考龔刑部私誌兩跋語，亦附録於序後。康熙丙申中元日，西山。

琴川在吴中爲劇縣，明清之際，文物鼎盛，尤以藏書家爲最富。此四册乃孫二酉手校，又有彬侯藏印，其底本亦出勅先之手，皆一邑之儁也。余弱冠之年，就婚靜圃，嗣後頻年來往，劍門山色，尚湖水光，每縈抱於懷而不能去。己酉二月，都門閲肆見此，因亟存之。不獨存名人手筆，亦不能忘壻鄉之景物云。羣碧。

水經注箋四十卷 二十册

漢桑欽撰，後魏酈道元注，明朱謀瑋箋。

明刊本。

何義門校。

前有萬曆乙卯李長庚序，又乙卯謀瑋自序。有「何焯之印」一印。

東京夢華録十卷 一册

宋孟元老撰。

鈔本。

常秋厓手校。

前有嘉慶七年三友亭長序，又道光壬辰常茂徠鈔書序。

全部皆極寫東京之富麗，故不惜委瑣詳細，必使毫髪無遺，此作者本意也。乃艮嶽爲一時巨觀，且以萃天下之名勝，獨缺而不書，何也？謝樸園序云，僅於「獨木舟」句下，有「皆進花石，朱勔所進」一語，指以爲爲宣和諱。以余觀之，諱誠是矣，而爲宣和諱則非。何則？花石之進，專其事者爲太守朱勔；艮嶽之築，專其事者爲户部侍郎孟揆。揆非異人，即元老也，元老其字而揆其名者也。藉使元老非揆，艮嶽之成，徽宗且有記矣，且係言其盛矣，元老亦何所忌諱，而憚而不之書哉？推元老之意，亦知其負罪與朱勔等，必爲天下後世所共指責，故隱其名而但著其字，使後之讀是書者咸知爲元老作，不復知其爲揆，此蓋其巧於自匿，竊欲愚後之讀其書者，而觀者不察，反以爲爲宣和諱。誠如是也，非獨元老所深幸，抑亦元老所竊笑矣。秋厓書。

《夢華録》刻叢書中，此鈔本爲大梁常茂徠秋厓所手鈔而手校者。後跋以元老爲孟揆，謂書中不載艮嶽事，實元老自諱其罪，言至深刻，爲前人所未道。惟揆字元老，無他書爲之左證，而前人讀書細心處，不可掩也。道君以文采自矜，窮極所欲，余讀《南燼紀聞》、《北狩見聞録》諸書，未嘗不傷其前後之遇，視明皇馬嵬之行，又加甚焉。嗚呼，開元初政，上媲貞觀，一楊國忠遂搆安史之亂，況於道君乃用蔡京、童貫、高俅、朱勔諸人，又不審度國勢，啟釁强邊，能不自貽伊戚耶？近年世界君主盛取責任内閣，而皇室經費别有規定，使足用而民不擾。此制果能早行，則艮嶽之築、花石綱之運，其亦不至於亡宋歟。世運變遷，吾願謀國者之鑒古而酌今也。宣統紀元，正闇學人。

歷代宅京記二十卷　四册

清顧炎武撰。

嘉慶顧錫祉刊本。

前有徐元文序，阮元序，後有錫祉跋。

張月齋手校補。

平定張月齋先生校讎之學，實爲乾嘉諸先輩之後勁。道光後言實學者，徐星伯、何願船與月齋鼎峙而三。月齋爲壽陽相國鄉人，主壽陽家中最久，京師知名之士，傾倒過從無虚日。壽陽兩世貴顯，月齋之名益彰，身後遺籍皆零落壽陽邸中，文恪既謝賓客，始稍稍散出，恒得重值。此所批《宅京記》，實有校補之功。前年得之都中，後吴門又得一鈔本，嘗取互校，知刻本未盡善也。宣統己酉七月白露之夕，正闇寫記。

金石録三十卷　四册

宋趙明誠撰。

鈔本。

吴雲甫手校。

前有明誠自序，後有政和七年劉跂序，又紹興二年易安室跋。

有「顧氏水邨」、「塔景園客」二印，「蒙泉精舍」一印。

是書爲同郡顧云美先生藏本。先生勝朝遺隱，著有《塔影園稿》，生平精究六書，題簽三篆文尚其遺翰，宜所藏之本善也。乙未夏日，假雅雨堂刻本對校，兼李易安後序亦補寫之，視盧刻有過無不及矣。予之嗜好竊略同於德父，而貧更勝之，藏此聊博撫卷之一笑云爾。丙申夏日，永安居士識。

吴雲甫好古篤嗜，不減於吴伊仲、張艮思諸君。此册用盧本校勘甚勤，又手鈔易安後序，雅整可愛。讀其自跋，蓋亦貧而樂者。《金石録》余凡藏三鈔本，皆經名人珍弆。歸來堂上賭茗風流，固深入於讀者胸際，趙、李誠不朽哉。甲子二月，羣碧。

史通二十卷 六册

唐劉知幾撰，明郭孔延評釋。

明刻本。

録何義門校。

前有李維楨序，郭孔延序。

有「研溪」，又「檢亭藏書」，又「吴門蔣維鈞家藏」諸印。

先王父有節録《内篇》，乙亥初夏得之簏衍，用以參校，復改數字。焯書。

甲申冬日重閲，又改數字。戊戌春日重閲，又改數字。仍多疑而未定者，可以驗吾學之陋，老而無聞矣。書示餘兒，庶用爲鑒誡，早日鞭策也。

甲戌十二月，歸自臨沂，整比家中舊書，因抽此帙以消殘臘。按張氏謂曾得宋代刻本，乃譌舛正待點勘，何歟。爲即其顯著者雌黄數處，疑者則仍闕焉。廿又八日，焯書於貞志居。

觀《玉海》中所引《史通》，亦有譌字脱文，乃知此書自宋時即尠善本，或不至若此甚耳。甲申除夕，重閲盡此卷，因而識之，時住八貝勒邸中。焯。

《唐·藝文志》：《柳氏釋史》十卷，柳璨所著，一作《史通析微》。今不復傳。

正闇先生初得此本，以爲何氏手校者。今春傳沅叔年丈收得鬱華閣舊藏一部，卷末多一跋，通部馮評。馮字皆錢字塗改，明白可辨，又第七卷後多何氏康熙丙戌、癸巳題識二則，及顧澗蘋一跋，乃審定彼本爲手校真跡，此則傳臨之本。然彼本第七卷「《探賾》第二十七」分爲數卷也，校改各分爲卷，闌下黄筆注云「校誤」，筆跡與此本確出一手，可證傳臨之人親見原本。且此本有補何校所未及者數十處，第五卷「因習」下何改「邑里」。引小山校語一條。所補是否盡出小山，雖不可知，而十九與《羣書拾補》宋本相合，不特模放何筆偪真，丹黄精好，可矜貴也。余從先生借校一過，因舉所見，還以就正焉。壬子六月廿四日，偶能吴慈培。

吴中得此書，誤以爲義門筆校，既觀沅叔同年所藏，乃知此爲同時過録之善本，而遺其三跋。其兩跋皆言《曲筆》、《鑒識》二篇之錯簡。此本與義門所據本不同，故不遂録。其一則何氏誤馮已蒼爲錢東澗，此本已一律改正，亦不必録也。字跡端遒，頗能亂何之真，去取亦極有斟酌，惜其不肯直書校者姓氏，使人不辨顔標非魯公耳。壬子冬日，正闇記。

蜀本第五卷、第七卷皆有錯誤，此本於第五卷已刊正。惟此《曲筆》篇中十一行，誤在《鑒識》篇中，賴得馮氏閲本正之。後有重刻《史通》者，可取徵也。康熙丙戌中秋，焯識。

後見萬曆中郭氏刊本，已正其違錯，書固須遍觀也。癸巳冬至，又識。

己丑重陽，從錢楚殷借得孱守居士閲本，因録其評語。其在行側者，録之闌下。議論亦多英快，虞山學者極矜重之，僅季滄葦一人嘗通假爾。非楚殷好我，末由見也。始誤以爲牧翁初入史館時所閲，故闌上下皆寫錢評，詳質之楚殷，乃改正云。焯。

《曲筆》、《鑒識》二篇，並無錯簡。馮氏閲本，萬曆所刻皆誤，而何氏校語尚失之。顔黄門云，校定書籍，亦胡容易。洵然。道光癸未，觀於揚州洪氏之績學[□]并記。六月一日，思適居士顧千里。

右三跋與此本皆無關係，所以録之者，存何校之真也。偶能云此本有補何校之未備者數十處，是此本又善於何矣。乃不詳姓氏，使讀者茫然，豈非一憾事耶？正闇録畢又記。

思適居士手校《史通》，亦經余收。初閲於乾隆辛丑，重閲於嘉慶甲子，其見何校則在道光癸未，先後四十三年。甲子重閲即沈寶硯家本，所云《曲筆》、《鑒識》二篇無錯簡者，指「夫史之曲筆誣書」以下一伯九十九字，言其説正在手校本中，乃甲子所訂正也。澗蕢在嘉、道間以勘正古籍稱於世，義門固當前賢畏後生矣。庚申十月二十六日，羣碧又書。

此書每册皆有「硯谿」小印，蓋惠氏舊藏也。惠氏三代皆精於校讎，義門與之尤稔，一書之出，多過録之。其補何所未備，尤非紅豆父子不能爲何功臣爾。乙丑閏四月。正闇。

何跋甲戌所稱「張氏」，即張鼎思，義門手校所據之萬曆刻本也。癸巳所稱「郭氏」，即郭孔延，惠氏傳臨所據之萬曆刻本也。偶能云傳臨之人親見原本，又烏知手校之人亦親見傳臨之本耶？至澗蕢駁正之本，又適在余篋中，兩書互觀，爲之拊掌大快。羣碧又書。

史通二十卷　四册

唐劉知幾撰。

明嘉靖陸氏刻本。

顧千里手校。

前有成都王閣序，後有嘉靖甲午陸深序，又乙未内江高公韶跋，又漢嘉彭汝寔序，又李佶跋，又丙申楊名跋。

錢遵王《讀書敏求記》云，陸文裕公刻蜀本《史通》，其《補注》、《因習》、《曲筆》、《鑒識》四篇殘脱疑誤，不可復讀。文裕題其篇末而無從是正，舉世罕覯全書云云，即此本也。予向收得别本，是萬曆時長洲張鼎思據此重刻，曾經錢同時人孫潛潛夫用葉石君校定本對讀者，亦既於脱簡處一一補録完好矣，錯誤處仍皆移正，洵善本也。因照臨一過。黄蕘圃蓄沈寶硯家本，未知相較若何，他日借勘之。澗薲居士記，時寓無爲州。

嘉慶九年六月重閲，略加點定。澗薲記。

盧氏《羣書拾補》引宋本，附采卅餘條於此。甲子七月朔日，重閲訖書。

無爲寓館了無一書可檢，向所雌黄，多是何義門諸氏所已有，當推還之，獨存其新知耳，然於此頗自喜其暗合古人處。九月重閲，記於城南草堂。

沈寶硯家本，係其所臨馮己蒼評、何義門校也。借勘一過，訖。九月十四日，澗薲記。

此顧澗薲手校本，去年得之都中。往歲吴下得一本，乃録馮己蒼評、何義門校者，丹黄精好，字體遒麗，只下何氏一乘。檢此卷尾，言蕘圃藏沈寶硯家本，即臨馮評、何校者，與余所藏雖兩本，而出一源。澗薲未見何本，非襲何之舊，殆足與義門抗衡矣。異日當合兩本一寫定之。宣統庚戌五月，正闇記。

義門真本，爲沅叔同年所得。吾友吴偶能謂，余向所收過校本中有義門弟小山勘語多處，其本未可非也。正闇又筆。

澗薲先見沈臨之本，嗣道光癸未得見何氏原本，計其時已老矣。此書一校於乾隆辛丑，再校於嘉慶甲子，相距廿餘年，真以校讎爲性命者，先輩不可及也。壬子既見何本書此，羣碧。

鬼谷子三卷　三册

或云王詡撰，或云蘇秦撰，晉陶弘景注。

秦刻原本。

勞畀卿、季言兄弟同校。

前有秦恩復序。

有「丹鉛精舍」、「勞格季言」、「實事是正」、「多聞闕疑」、「蟫罳」諸印。

據傳校常熟錢氏述古堂舊藏寫本勘正。咸豐丁巳仲秋，丹鉛精舍主人記。

秦氏復用錢本校刊，亦多脱誤，此本當求《正統藏》本校正。在書面。

壬子之歲，予於虎丘萃古齋錢氏得此舊鈔本，聞有新刻，未之見也。今春寄示盧抱經學士，爲校一過，云新刻注中脱十餘字，得此補之。孟秋之月，過知不足齋，向以文先生假得舊鈔本，字甚芼艸。據以文云，是錢遵王述古堂本，予亦未之信。歸而以三本對校，新刻本脱落錯誤極多，上卷《内揵》篇白文、注文，共脱四百十有二字，勞云實四百五十一字，當改正。而此本亦同，其餘更不必言。不有錢氏本，則無以見其真矣。大抵此本少愈於刻本，而大段皆同。予既取刻本校閲一過，復以餘力校此本，正訛補闕，不一而足，庶可讀矣。烏乎，書籍佳否，故不可以鈔手精粗論，若不以兩本對校，則幾乎不棄彼而留此。又重歎夫刊刻古書者之不可輕率，當博訪善本以資參考也。乾隆五十有九年秋八月望前一日，芳椒堂主人嚴元照校罷識。

予既得善本，校此一過，亦殊漏落。季秋之月，抱經學士過予芳椒堂，取去校閲一過，又摘出數處，良足是正。吁，予年二十二耳，而心且粗率如此，視抱經先生真不啻霄壤之别矣。孟冬廿三日，元照又識。

乾隆乙卯四月廿八日，蕭山徐鯤細校。

右先友歸安嚴修能先生校跋，及徐北溟先生覆校，題字盧學士。唯「文弨借觀」一印。仁和勞權志。

勞氏兄弟校書之精，殆掩乾嘉諸老輩而上之，可謂絶詣。有清讎斠古書，自是專門之業，唯有數變：何屺瞻最博，然好以臆改，參以評論，未爲篤信；乾隆以後，渌飲、千里始有死校之説，又惜其丹墨淩雜，字跡茬丱，若非細讀，勢難迻寫；至於巽卿、季言兄弟，晚出於戈鋋徧地之時，不廢述綴，首尾端贍，無以加焉。巽卿云，秦氏續用錢本刊者，仍多闕略，當求《正統藏》本是正。今《道藏》存世蓋寡，獨京師白雲觀搜集明刊，完好無缺。頃沅叔同年方欲石印以餉同好，則此本迻校《藏》本不難，必能副巽卿未竟之志也。戊午花朝，正闇記。

此書刻於乾隆己酉，後得盧抱經校述古本，又重刻於嘉慶乙丑，與《列子》、《封氏見聞記》、《奉天録》並行，爲《石研齋四種》，版刻益精，而此刻流傳乃益少矣。既有後刻，此校亦幾可廢，而此刻則轉可存。

物以希而見珍，後有覽者，知不獨震驚於前賢之手跡也。庚申小雪，正闇。

淮南鴻烈解二十一卷　四册

漢高誘注。

明刊本。

孔葒谷手校。

有「孔繼涵印」、「葒谷」二印。

借戴受堂本，有「萬曆辛巳孟春葉氏近山梓行」字，校正文以朱字，注文以墨字。乾隆乙未八月，嘉定錢坫獻之以明正統十年《道藏》本在元妙觀。校。明年夏五攜入都，借對一過，與戴氏本略同。丙申六月二日記。

此孔葒谷校本也，其所據爲戴受堂本。錢獻之以《道藏》本校，謂與戴本略同，恐戴本正是校《藏》本耳。武進莊氏刻此書，即用錢校《藏》本入版。今取與此對勘，固無出入。他日當細閱之，求所謂略同者，有無略異之點也。壬子八月，正闇。

困學紀聞二十卷　四册

宋王應麟撰。

明刻本。

前有萬曆癸卯吴獻台序，又至治二年牟應龍序。

録何義門校。

丙戌春日，皇子四貝勒命爲閻氏校勘訛字，重閲一過。其中徵引之書，仍有未能盡悉者，甚滋學荒記疏之懼。七月廿六日，以病在告，漫記卷尾。

乙巳歲，空齋姊丈得順天孫氏舊藏泰定刊本，予遂於沈紉兄處假得何子未兄所渡義門校本，爲渠手録一過。年來遍求是書，終不可遇。今歲春，託書賈於雲間購得，遂重加讎對，閲五十餘日而畢。語云「讀已見書，如逢故友」，余殊不能，然益信愚鈍之質，難以長進，若徒以書之難得爲慊者，猶後也。庚戌四月校畢日，鷗識。

録義門評校，兼用泰定本讎勘，的是好學之士。惜但書甲子而不紀年號，但署「鷗」而不書姓，致無可考，當於沈、何二君中求之。甲寅四月，羣碧。

重雕足本鑒誡録十卷　三册

後蜀何光遠撰。

知不足齋鈔本。

鮑渌飲手校。

右宋麻沙巾箱本《鑒誡録》十卷，每頁三十行，每行二十四字，第十卷間有每行二十五字者，凡

「貞」俱作「真」，如李茂貞、朱友貞、王茂貞之屬是也。「筐」、「徵」、「鏗」、「敬」、「驚」、「警」、「朗」、「殷」俱諱一筆，此外如「樹」、「桓」、「讓」字皆無缺筆，蓋北宋英廟以前刻本，不知何時翻梓，故有「重雕」字樣，而脱謬紛如也。元本經阮亭先生改正數十字，其不可臆度者尚數十處。予與趙中翰懷玉挑燈重勘，又改正十餘字。其缺損處及佚劉曦序文一篇，則無從補綴矣，惜哉。

宋小字本《鑒誡録》，項子京家舊物，國初諸老絶重之，互有副墨。此乾隆丁酉鮑渌飲傳鈔汪氏飛鴻堂本，又以金氏桐華館本對勘。閲八年乙巳，趙味辛從長洲程卡平借宋本，是正譌謬七十餘事。渌飲復出此本參證，又得三十餘事，詳校卷端，蓋即《知不足齋叢書》底稿。宋本出麻沙翻雕，脱誤頗多，且經蝕損，前輩各以意改補，不盡原書面目。渌飲一一疏記，俾後來猶可考見，其詳慎殊可法也。授經京卿持示，謹書於後。宣統元年閏二月，仁和吴昌綬。

此《知不足齋叢書》底本，康熙間諸老題字，悉已入版，惟渌飲校語以另書一跋，故未寫刊。渌飲於此書校勘極詳，行款避諱字及諸家藏印皆一一標出，惜叢書别有版式，未能依宋付鋟耳。正闇記。

墨莊漫録十卷　一册

宋張邦基撰。

明刻本。

鮑渌飲手校。

有「沈鍮環卿」、「燕喜堂」二印。

嘉慶元年四月十六日，從高瑞南舊鈔本校正於柳塘寓室。

硯北雜録不分卷 四册

清黄叔琳撰。

鈔本。

盧紹弓手校。

前有乾隆十六年盧文弨序。

有「翰林院印」。

此書粘一籤，上有木記云「總辦處閲定擬存目」，鈐「臣昀臣錫熊恭閲」一章，蓋進呈《四庫》館之原本也。又其中有粘籤校語，則召弓學士所書。學士序有「先生屬文弨編校」云云，故知爲學士所校無疑。又有一短籤，多校字句，下鈐「此亭」一章，則他（一）人所校。是書惟首卷略有闕損，然寫手端好，校筆精當，兼得召弓遺墨，尤可寶也。己巳三月，邦述讀記。

鮑明遠集十卷 二册

宋鮑照撰。

明刊本。

莫郘亭手校。

有「莫友芝圖書記」、「莫氏子偲」諸印。

嘉慶十七年壬申，立冬後一日，照影宋本校畢。仲漣記。時年七十有二。「周錫瓚印」、「仲漣」。

同治己巳九月之望，郘亭過録於吴門。

六朝人集傳世極少，兹據周仲漣影宋本校，尤爲可貴。郘亭在近百年中，嗜書既篤，校讎亦精，同光中之盧抱經、吴兔牀也。南來每覩其遺籍，因亟收而寶之。庚申七月，正闇。

李杜詩十六卷　八册

明嘉靖刻本。

曹彬侯手校。

前有正德己卯李濂《刻李集序》，嘉靖五年許宗魯《刻杜詩序》，後有嘉靖壬寅邵勳《刻李杜詩後序》。

右白樂天《讀李杜詩集因題卷末》。甲午午日雨窗，曹炎録。詩不録。

《李杜詩》，據邵氏後序，知爲無錫宰楓潭萬氏合正德李濂所刊《李集》、嘉靖許宗魯所刊《杜集》而彙刊者，故前載李、許兩序。明人好刻古籍，固爲可尚，但以同時之人翻刻其所雕之本，已覺淺陋，而杜詩既分體又分類，乃至《秋興》、《詠古》諸作忽而入於「宫詞」，忽而編諸「時令」，忽而廁之「陵廟」，忽而標爲「懷古」，支離割裂，則又陋之陋者。宗魯在嘉靖時頗能刻書，惟喜用古字，由此觀之，豈鄉里之陋儒耶？

萬氏顧取此刻翻之，殊不足重。然百靖齋中，詎能不收陋本，亦姑備一格云爾。壬戌十一月，月當頭夕寒窗，正闇記。

此書朱墨淩雜，閱之生厭，然有曹彬侯手録白詩，字體極雅，其藏印鈐於十三卷首葉。是亦曹倉之糠粃也，何遽不可療飢耶。羣碧。

彬侯讀《杜集》時有校勘，皆以小字旁注，若不經意觀之，易於忽略。其藏印有「書倉校本」一章，非漫鈐也。今爲揭出，以貽閱者。甲子三月，正闇再記。

宗玄先生文集三卷 一册

唐吴筠撰。

鈔本。

錢遵王手校。

前有唐禮部侍郎權德輿撰序。

有「汲古閣」、「毛晉私印」、「子晉」、「汲古主人」、「毛扆斧季」、「書香千載」、「毛晉之印」、「毛氏子晉」、「毛晉子晉」、「虞山毛晉」、「子晉書印」、「載悳堂」，又「錢曾之印」、「遵王」，又「席鑑之印」、「席氏玉照」、「席玉照讀書記」，又「汪士鐘藏」，又「楊灝之印」、「繼梁」、「潘氏桐西書屋之印」、「茮坡」、「潘介繁珍藏之印」諸印。

此明鈔吴貞節集乃汲古閣藏本，復有「遵王」二印，遞經玉照、閬源收弆，誠祕籍也。朱筆所校乃遵王手筆，尤爲可貴。集中多講神仙修攝之法，世人不甚重之，然此集從《道藏》鈔出，已無他刻流傳。余比年頗耽道味，異日當寫入叢書，藉以餉世，不僅爲流傳古籍計也。庚申十二月，羣碧居士。

李遐叔文集四卷　四册

唐李華撰。

鈔本。

勞羿卿手校。

有「勞權之印」、「平甫」、「蟫隱」、「丹鉛精舍」、「鎦略班藝虞志郇録」諸印。

此丹鉛精舍校本。《遐叔集》無刻本，此從《四庫》傳鈔，而據《英華》、《文粹》讎勘者，平甫又兼用他書搜集校補。《唐人小集》自義門始用此法，學者踵而效之，無闕漏矣。邵位西云，自《全唐文》出，諸家專集之不可得者，皆可用單印行世，然亦賴李、姚二編，足資考訂。自宋以後，集部固繁不勝收，《文鑑》、《文類》亦採摭而不能徧，專恃宋元刊本以相校勘，此事殆將廢乎。己巳五月既望，羣碧樓記。

賈浪仙長江集七卷　二册

唐賈島撰。

明洪、永間刻本，卷尾有「奉新縣刊」四字一行。

葉子寅手校、張訒庵補校。

有「葉印子寅」、「菉竹堂葉氏藏書」二印，又「張印紹仁」、「學安」二印。

《賈長江集》十卷，宋刻本藏揚州阮氏，其毛鈔影宋藏余家。余曾借宋刻校影宋，所差毫氂矣。此外又有舊鈔，爲義門學士手校，無古詩，序次亦多不同。何以張氏藏書棚本校，張氏本即阮氏本也，余因借校知之。此册爲余友訒菴張君所收，云是郡故家物，余見其有葉子寅圖記，朱筆校亦似其手跡，遂借歸出毛鈔勘之。其卷一數番校字悉同於宋本分卷，一處注曰「卷一」，於五絶中《劍客》等首皆注曰「一之幾」。宋刻不分體，故卷一古今體皆有。是校本親見十卷本也，不知何以於《寄孟協律》一題已下皆無校字，遂使此刻之訛謬百出，未經勘正，爲可恨爾。余還書之日，書數語以記是書源流，倘訒庵有意續校，當舉所藏畀之，俾《長江集》又添一善本，豈不美與？戊寅六月大盡日，復翁識。

此明初奉新縣刻本《浪仙集》，字畫古雅，當在洪、永之間，至爲罕覯，舊藏八千卷樓。葉氏之校，黄氏之跋，皆足爲此書增重。顧黄跋云，自《孟協律》以下無校字，今卷中朱校固已終卷。細審再四，始知淡朱筆者爲葉氏原校，濃朱筆者即張訒菴借黄氏景宋本所補校。訒庵字跡，余能識之，其補校亦由黄跋啟之也。余藏有何校此集，與此頗不同，異日當借此本重勘之。沅叔傅增湘記，乙卯九月。

宋刻據蕘翁跋，指爲書棚本。沅叔所得義門校本，乃《八唐人集》之一，余曾見之，其所據不盡屬棚本，有柳大中家之宋本，又有玉室本，則不知是宋刻、是明刻也，與蕘翁所見校於鈔本上者有異。此刻無序跋，但其字體古質，紙墨極舊，沅叔謂爲洪、永時刻本，雖亦想像之詞，然不誣也。篇中訛謬百出，經葉、張兩氏遞校，始稱完善，其中亦有與玉室本合者，知所據仍是舊本，惟竄易篇次，不加詳校，是明人錮習，明初已然耳。余舊有弘治本《孟東野集》，兹得是編，郊寒島瘦之觀，於是乃大備矣。偶一展讀，爲之狂喜，不必宋槧名鈔，然後足饜慾望也。丙寅三月，友人孫伯淵爲致此書於虞山。四月六日，羣碧居士記。

鬱伊仍似舊時僧，擬入修門謗即騰。差喜憐才韓吏部，相逢驢背作詩朋。

分體應嫌失部居，古香猶幸挹蟫餘。葉張校筆流傳久，信是人間未見書。

羣碧當年署一樓，復翁題字足千秋。藏家海内尊蕘圃，不數前人記敏求。

野録軒中割一函，癡頑兩字未爲讒。祇憐染指爭洪永，嘗鼎何能便解饞。此書遞藏於常熟丁秉衡、趙鈞千兩家，余友宗耿吾聞而欲得，知余酷嗜，遂舉以相讓。余内兄趙君閎告孫伯淵，曰「是真癡子」，可謂深知余者。野録軒，耿吾書齋名也。

東野遺編檢舊籤，荒齋寒瘦一時兼。驕兒初解摹秦篆，小印猩紅卷卷鈐。余舊藏弘治本《東野集》亦爲善本，因更署曰「寒瘦山房」。俁兒年十八，初學做印，因命鐫一章，將徧鈐之。

前跋書竟越日，作五絶句道其未盡者。羣碧居士。

王建詩十卷　一册

唐王建撰。

鈔本。

馮己蒼手校。

有「孱守堂馮己蒼手校本」、「馮」、「上黨馮舒印」，又「季印振宜」、「滄葦」、「御史振宜之印」、「謙牧堂藏書記」、「謙牧堂書畫記」諸藏印。

前後朱書「馮氏不借本」。

崇禎庚午十二月十五夜校完此本，照柳大中手書本鈔，楊伯祥所書也。

《宫辭》一卷，用洪魏公《萬首唐絶》對，所注篇次皆《唐絶》本也，大氐此本誤耳。凡《唐絶》所有而此本無者，並録于左。孱守居士記。

宋人張邦基《墨莊漫録》第六卷，有《王建夢看梨花雲歌》，且云建集共七卷。印行本一卷，乃無此詩。余此本亦爲柳大中傀改，竟不知所謂七卷本又何如也。

此爲孱守居士手校本，首尾均署「馮氏不借本」，其自視矜重甚矣。延令與居士相後先，亦有藏印，當時「二馮」享世盛名。鼎革之際，虞山一隅文物滋盛，然絳雲一炬，述古、汲古祕籍漸出，其聚也一時之盛，而其散也抑何速耶。己蒼跋云照柳大中本傳鈔，不知柳本所出，第就《宫詞》一卷，已非洪文敏《萬首絶句》之舊。惟趙與旹《賓退録》，即詳載《宫詞》羼入他作各篇之誤，并據洪本標舉所逸十首，是建集當宋時已多紛竄，未可定柳本之必不善也。馮氏第據洪本校定《宫詞》次第，此外未用他本校過。余前收絳雲鈔輯唐詩原本百二十册，即康熙間敕編《全唐詩》底本，纂輯諸公手蹟具在，因檢查建詩，則知此册尚有遺者，特爲寫録。馮氏跋所稱《唐絶》所有而此本無者，當時並未補入，亦用緑筆録於末卷之後，庶可稱完好矣。馮氏當明末時，古籍尚夥，且自珍如此，今於簡編零斷之日，得馮氏手墨，而掇拾寫補，更臻完好，不且愈可珍耶？余亦擬用馮氏前例，署爲「鄧氏不借本」也。正闇居士。

前跋成於宣統紀元，及丁巳六月，於沅叔許假得繆藝風前輩所藏宋書棚本，雖首尾亦完，而全書宋刻真面乃不及十之二三，計目録四葉，第一卷五葉，第四卷八葉，第五卷四葉，共二十一葉耳，餘皆補鈔。以其爲宋本舊觀，故校於卷内，鈔由宋出，亦校於下方。知不免佛頭著糞之譏，然校讎之學，乾嘉諸公無不佞宋者，起孱守於九原，當不訴吾爲狂謬也。正闇。

余既據藝風藏宋書棚本補書目録九葉，並用馮氏例篆「鄧氏不借本」於闌外，再用蕘圃例題二小詩於册尾，亦藏書家效顰之作也。辛酉十月，羣碧居士。

縱横丹墨畫絲闌，好事方知歲月閑。三百年來雙不借，直將書卷當青山。

耽翫何曾間古今，白頭仍未澹名心。他年若有知吾者，合號鈔書舊翰林。

金荃集七卷　一册

唐温庭筠撰。

汲古閣本。

陳南浦手校。

有「陳南浦校藏本」印。

乙酉小春，假馮本校。

庚寅花朝，假錢遵王鈔宋本重勘。南浦記。

南浦名帆，篤學好修，詩宗晚唐，畫宗梅道人，字宗柳誠懸，三藝中書法第一，見乾隆《常昭合志》。此書係南浦手校，觀其題識，《志》稱學柳書，良信。從羣碧樓借讀，適檢書得此，爲之一快。

壬子七夕，茗理記於津門。

唐祕書省正字先輩徐公釣磯文集十卷　四册

後唐徐寅撰。

鈔本。

楊雪滄手校。

前有建炎三年族孫師仁序，又裔孫玩序。

有「雪滄」、「雪滄手鈔」二印。

賦五卷，《全唐文》所未收者二十一篇。《全唐文》有《均田賦》、《衡賦》二篇，爲此本所漏。詩五卷，《全唐詩》多《蝴蝶》七絶第三首、《初夏戲題》七絶一首、《春入鯉湖》七律一首，餘同。同治癸酉四月，陸存齋觀察處借得足本，照鈔一過。雪滄楊浚識。「浚印」。

河東柳仲塗先生文集十六卷　二册

宋柳開撰。

鈔本。

蔣西圃手校。

前有咸平三年門人張景序。

有「琴川張氏小瑯嬛室主藏書」，又「張子龢珍藏書畫圖記」、又「江南昭文張燮子和小瑯嬛福地藏書記」，又「小瑯嬛清閟張氏收藏」，又「燮」、「蕘友」、「蓉鏡私印」，又「賜書樓西圃蔣氏手校鈔本」，又「亯之千金」、「鬱華閣藏書記」諸印。

觀仲塗文，推尊揚子雲，議論太過。其《劇秦美新解》詎能爲子雲釋脱，徒自取盭於聖人之經也。然能爲古文於風氣靡弱之會，毅然追攀韓柳，爲廬陵、南豐、眉山諸公導夫先路，亦稱彊有力者。《集》十六卷，康熙壬寅夏鈔於京師，未暇讎勘。雍正戊申八月，借得虞山錢氏舊鈔，略加校對，補缺正譌，了七年來一欠事，爲之一快。西圃老人識。「鹽軾」。

道光己丑秋仲下澣，辛峰蔣因培承芙川兄借讀，以家藏本校對，得正二十餘字。真善本也，毋忽視之。

仲塗生五季之末，文章猶得追蹤韓柳，一洗弱靡之音，固是傑士。此册又得西圃詳校，遂爲善本。西圃在雍正時，藏書嗜古，得書即校，不以貧而自餒，是真能樂之者。癸丑十二月，正闇。

小畜外集七卷　一册

宋王禹偁撰。

鈔本。

前有蘇頌序。

陸靜山手校。

王黄州《小畜外集》二十卷，曾孫汾所編輯，温陵蘇魏公頌作序，其書罕傳于世。乙未冬日，從余君蕭客借得影宋鈔本，係薄啟源自崑家藏，僅存七卷至十三卷，共七十六番，前後並有闕葉。余君嘗假桐鄉汪氏本校勘，殘闕與此符合，不知海内尚有全書否也。魏公序見本集第六十六卷，録綴編首，使讀者有所考焉。丙申三月，枚菴漫士翌鳳書。

丁酉夏日，盧抱經學士就予傳鈔，校定數字。

光緒丙申，從枚庵手寫本過録。鈔胥訛誤，命門人陸仁熙校正。伯羲記。「盛昱」一印。

右吴枚盦手寫本《小畜外集》殘本七卷。伯羲先生命工照録，鈔手不善，屬仁熙就原本校正，誤者改之，顛倒者乙之，大致可屬讀。盧召弓學士原有紅筆校字，鈔胥已列入正文，今將原字補録於上，以存吴本之舊。間有疑字，旁加小乙，亦必召弓學士校筆，並照本補標於上方。仁熙讀頃，間有所疑，盧校未及者，謹識以備參。光緒丙申冬至，宛平陸仁熙記。

此書爲伯羲祭酒傳鈔本。校者陸靜山，乃陸文烈公鍾琦之長子也。余與陸氏有連，文烈宦蘇時，靜山與余同在端忠敏幕中，其人伉爽英多，及余游歐美歸，靜山已賚志蹈海而死，未幾文烈亦殉國難。追念昔游，彌增嗚唈。鬱華閣故籍中得此册，以有故友遺墨，亟珍存之。丙寅二月，正闇檢記。

丹淵集四十卷拾遺二卷年譜一卷附録一卷　四册

宋文同撰。

明刻本。

盧紹弓手校。

有「盧氏藏書」、「文弨之印」、「抱經堂印」三印。

抱經手校書，余所藏獨此集耳。徐柳泉知爲抱經堂故物，而不知卷中朱筆皆抱經親自手勘者也。抱經字不華整，想其手校典籍至博至勤，雖掇巍科而不拘拘於楷法，此其所以爲一代之學者乎。丁巳三月，羣碧。

歐陽先生文粹二十卷遺粹十卷　十二册

宋歐陽修撰，陳亮選輯，《遺粹》明郭雲鵬選輯。

明嘉靖刻本。

錢湘靈手批。

余點閱歐文本凡數次，其陳龍川之《歐文粹》凡二次，此其第二本也。廿年前有閱本散失，爲書賈賣余族人。家族人字虎文，不甚知余之筆迹，因驗圖記知爲河陽舊物，故收藏之。迄今又數年矣，虎文已作故人，不知其書尚在否。余來金陵，鄧生木上愛余所閱《六一居士集》，取是本换去。余因重閱大都本於茅氏，爲兒輩舉業地，並識之子孫，勿更散佚也。時己酉清和五月，萬竹園湘老。

余家自先元昭公由壽州遷江寧，居所謂萬竹園者，有池一方，倚於城隅，種竹萬竿，青翠環映，其下則白鷺千頭，朝飛夜偃，地與鳳游寺相近，形家指爲百鳥朝鳳，蓋亦附會之詞。然當吾家盛時，搢紳先生皆樂道之。道州何蝯叟《金陵雜詠句》云「萬竹園中萬鷺絲」，紀其實也。兵燹之後，鞠爲茂艸，余歸金陵，不惟堂厦不存，即三竿、兩竿之竹亦就芟矣。家大人嘗曰，童時游釣之所，猶仿佛記之，園門署一聯云「一分水竹，一半城郊」，其風景可想見也。此書爲錢湘靈先生手批，丹黄爛然。先生爲虞山耆宿，而先元昭公及門之弟子也。又嘗館余家，先生所云「鄧生木上」，乃遷寧二世伯祖，曾受業於先生者。跋云

「木上愛余所閲《六一居士集》，取是本换去」，知此本固吾家舊物，亦即在吾家評閲者。吾家插架，遭洪楊之亂，賊據吾宅爲守望，於是鴻文祕册，狼籍飄零，不可復問。余所藏弆，皆身自購置，無一紙爲先代留貽者。獨此書先因换易，始獲護存，又輾轉而歸余手，楚弓楚得，二百年來，真若奇緣巧遇，不可謂非生平大幸事也。雖千元百宋，孰能易之。得書後五年，記其顛末如此。書曾在吴平齋家，得書之歲則光緒甲辰也。宣統己酉十月，邦述記於瀋陽。

陵陽先生詩四卷　二册

宋韓駒撰。

鈔本。題「江西詩派中書舍人韓駒子蒼」。

繆藝風手校。

有「知不足齋鮑以文藏書」、「歙鮑氏知不足齋藏書」印。

戊子十月用天蓋樓鈔本校。藝風。

陵陽詩未見宋刻，收藏家所儲皆鈔本。荃孫初得天蓋樓本，鈔極舊，破碎可厭，讓與舊友梧生監丞。因將兩本互校，各標佳處。後又得曹倦圃本，半葉八行，行二十字，首二兩卷相聯屬，空格抬寫，亦極謹嚴，知原出於宋，此本不如也。訛字謹改正。藝風。

辛亥午月，沈乙盦方伯屬刊《陵陽》、《倚松》兩集，爰爲校正付梓。距戊子二十三年矣，荃孫年亦六十八矣。老眼昏花，所訂未知是否。荃孫再識。

此鈔本爲鮑氏知不足齋所藏，後歸藝風堂，凡藍筆點勘者，皆藝風之筆。藝風在光、宣間，東南人士以名碩相推許。没未逾年，遺書盡出，余自北歸，得數種，皆非其至者，蓋已爲大力者負之以去矣。流風頓歇，求一嗣藝風而起能執牛耳者，邈焉莫遇，可勝歎哉。壬戌正月，羣碧記。

後村居士集五十卷 二十四册

宋劉克莊撰。

鈔本。

陳蘭鄰手校。

前有淳祐己酉林希逸序。

《後村集》五十卷，非完本也。陳蘭鄰先生借宋本手校，亦云宋本不全，特念念於天一閣之一百九十六卷本，思欲鈔而藏之。蘭鄰聽鼓西泠，嗜書好學，然甬江一水之地，竟未能遂傳鈔之願。自辛亥後，天一閣書捆載以出，化爲煙雲，此本不知落何人手中，恐終莫由覯。記吾得寶昔賢手校善本，亦足飽饞吻矣。甲子夏日，正闇。

桐江集四卷 八册

元方回撰。

鈔本。

録(飽)[鮑]渌飲校。

嘉慶乙丑閏六月，借維揚秦氏石研齋所藏弘治十四年范文恭手録本重校，凡改正數百字，補落者數千字，始爲善本。去乾隆庚寅借振綺堂本鈔録時，忽忽三十六年矣，掩卷爲之憮然。念八日誌。知不足齋鮑廷博識。

此過録鮑以文校本，不知何人之筆，但可知於校勘之功尚淺耳。書中所夾短籤頗多，是正改校筆誤處亦不少。《桐江》爲虚谷未入元時所作，傳本殊尠。雖非以文的筆，亦彌可珍也。羣碧。

申齋劉先生文集十五卷　六册

元劉岳申撰。

鈔本。

鮑渌飲手校。

有「世守陳編之家」、「老屋三間，賜書萬卷」、「歙西長塘鮑氏知不足齋藏書印」、又「廷博之印」、「通介叟校」，又「雍正戊申人」，又「遺稿天留」，又「好書自案轉甘貧」，又「時思誤書亦是一適」，又「杭州趙之玉完伯父記」、「某泉逸老」諸印。

王雪溪云，校讎是正文字，固儒者先務，然執一而意改者，所當慎也。蓋一字之疑，後或得善本正之，若率意以改，即疑成實，傳世行後，此字由我而廢，故學者所宜弛張變通也。此書杭州趙兄完伯從其尊人素門先生所藏明初鈔本寫以見貽，藏之三年矣。以多錯誤，因借原本勘正，別風淮雨，姑仍其舊，以俟後來，非敢借雪溪之言自文其不學也。嘉慶壬申臘八日，介叟識於知不足齋。

介叟校此書甚詳慎，每卷皆紀月日及字數，壬申一校，癸酉再校，叟已八十五矣，精力過人，可爲敬羨。《文丞相傳》「三月屯麗江涌」，《文集》亦同，而他傳作「浦」，介叟以爲作「浦」者是。愚意不然，蓋涌者，海之湧出者也。昔在臺灣鹿耳門即有所謂「涌」者，或云其下有硫磺礦，地熱則上涌。疑閩粵海中往往有之，此當稽海豐縣舊志以證明之，不當漫易爲「浦」也。壬子二月，羣碧。

句曲外史貞居先生集八卷 九册

元張雨撰。

鈔本。

趙誠夫手校。

前有吴郡徐達左序。

有「太鴻厲鶚」一印。

《貞居集》余有二鈔本，其一爲勞羿卿手校。此本可稱樊榭校本，册有「太鴻厲鶚」一印，卷中有署「樊榭補注」或「校正」云云者，與朱筆別爲一人，朱筆鮮妍方整，此則確爲紫筆，當是樊榭真蹟，蓋同時遂録，樊榭於已所校者，特標出之耳。朱筆於七册末自署「一清所校」，與樊榭互有詳略，蓋小山堂趙誠夫手筆，宜其博疋而多聞也。乙卯立冬，羣碧樓主人讀記。

余别收小山堂鈔本《北盟彙編》，中亦有校筆，其字體與此朱筆正同，確爲誠夫手校。誠夫與樊榭同時，樊榭所標出之十餘處，其爲自注無疑。羣碧又記。

江月松風集十二卷　一册

元錢惟善撰。

鈔本。

宋蔚如手校。

有「顧嗣立印」、「俠君」、「秀埜艸堂顧氏藏書印」、「潘茮坡圖書印」、「茮坡藏書」諸印。

《江月松風集》後附《補遺》，顧俠君舊藏，鈔手極雅，中一朱筆乃宋賓王所校。《補遺》是續鈔，恐在秀埜後數十年，紙色既新，字體復劣，且多譌舛，亦足見古今人相去之遠也。翁又張原跋鈔本，鞠常前輩見之吴中，采以入《藏書紀事詩》注。宋、翁、顧皆同時人，此册必顧氏手所傳鈔，又張所謂一時爭寫者。朱筆校亦出二人，賓王外或即俠君自校者耶？　辛酉試燈之夕，正闇居士記。

梧溪集七卷　六册

元王逢撰。

鈔本。

蔣西圃、鮑渌飲、顧千里手校。

前有至正丙戌汪澤民序，又至正己亥番陽周伯琦序，又至正十九年楊維楨序，又道光癸未顧千里重刊序，後有景泰丙子陳敏政序。

有「潤州蔣氏藏書」、「西圃蔣氏手校鈔本」、「世守陳編之家」、「老屋三間，賜書萬卷」、「歙西長塘鮑氏知不足齋藏書印」、「鮑正言印」、「字慎父」、「長壽」諸印，又「孫爾準讀書記」印、又「千里」小藍印。

牧翁小傳云「激昂慷歎，情見乎詞」，信矣。乃摘其一二語，目爲狂悖，豈知原吉之心者。原吉既生乎元，則心乎元，怨鶴横蛇，孰知鯁避耶。觀其表揚忠節，闡發隱幽，允足綱維世教，補史氏之闕遺。惜世無鋟本，繕寫流傳，句脱字譌，魚豕滿紙。儻斯文未喪，世有好古嗜學之君子，訪尋善本，校訂刊布，誠廉頑懦立之一助也，獨文辭乎哉。雍正丙午年立秋日，西圃謹識。

録此集閲七年矣，日置左右，中耿耿然，恨世少鋟本可勘對也。辛亥冬，苕溪書友錢蒼培攜前明景泰間刊本示余，余得之喜甚，如獲拱璧。逮展閲則漫漶糢糊，若霧中看花，可見者僅形似耳，彌加歎息。既思好古嗜書如遵王錢氏，尚難一遇完本，今余獲睹鐫鈔二部，不可謂非一時之幸。因復合爲讎校，補其缺脱，訂其錯譌，互有資益。惜年衰目眊，更多飢寒之累，歷周歲而後卒業，雖缺疑仍多，亦足稱《梧溪》善本矣，但貧苦無資，不能多鈔流傳於世。竊恐此本散亡，不獨負余十年苦心，而蓆帽遺編將歸湮滅，能不欷歔屬望於後人耶？　雍正癸丑春二日，西圃又識。

據陳敏政後序，知此集初刊於洪武，繼補於景泰，迨明季而景泰板已模糊斷爛，且不可得矣。汲古閣藏本用景泰板填補完全，今在小讀書堆，借來校正，十獲八九，惜無從購洪武印本訂證之耳。元和顧千里記。

此卷脱誤極多，依汲古藏本補正如右。千里校并記。卷三後。

右依汲古閣藏景泰板校正，庶幾善本矣。以翁殆听然於道山耳。顧千里記。卷四後。

《梧溪集》刻入《知不足齋》，此其祖本也。千里校勘真迹，班班可見。渌飲用緑筆，間亦有朱校處甚多。其別一朱筆在鮑、顧前，則蔣西圃手校。自雍正迄道光凡經三校，又皆校讎名家，豈因有刊本遂得魚而忘筌耶？梧溪生當元明之季，集中多闡幽顯微之作，與尋章摘句不同，比之有清，殆與全謝山有同揆焉。固知文字之傳，必有可傳者，在世之因文而傳者，固在此而不在彼也。甲子十月，正闇檢記。

此書一校於蔣西圃，再校於鮑渌飲，三校於顧千里，而黏籤、考訂及補遺者，葉廷甲也。葉雖有功是書，而遠不逮三公之博。原吉學識淹疋，博極羣書，非千里之記問該貫，亦孰能任校讎而無憾哉？千里校是書，已在渌飲歸道山後，所以慰死友之託者，可稱久要不忘。後人喜見刊本之善，而未一見此編，尚不知昔人辛苦，經三四手而始得成此善本，正不易易。余故再著明之，俾刻古書者，勿謂率爾操觚而已可也。羣碧。乙丑五月記。

存復齋文集十卷　八册

元朱德潤撰。

鈔本。

宋蔚如手校。

前有至正九年合沙俞焯午翁序，又金華黄溍序，後有附録一卷。

康熙壬寅冬至前十日鈔成，校金星軺所藏虞山毛氏本一次。白雲生印。

吕敬夫詩不分卷　二册

元吕誠撰。

鈔本。

勞孯卿手校。

前有至正七年楊維楨序，後有天順三年鄭文康序。

有「勞權之印」、「丹鉛精舍」、「木夫容館」三印。

集爲《來鶴草堂稿》，次《番禺稿》，次《既白軒稿》，次《竹洲歸田稿》、次《鶴亭倡和》，次《集外詩》。

右崑山往哲《吕敬夫詩》一册，吴興賈人得之葉文九來家，文莊公舊藏也。詩爲老鐵序，所稱者皆不見，蓋其晚年所作，並疑頗已散落，鄭氏搜而得者止此爾。《西湖竹枝詞》中作「吕成」，而錢侍郎《列朝詩集》作「誠」，且目爲布衣，殆非也。《番禺稿・南行舟中》詩云「近似盧敖游汗漫，遠如賈誼謫長沙」，又《洪武辛亥歸重度梅關》云「去年竄逐下南溟，萬里歸來鬢已星」，則似洪武初嘗出而仕，被謫放還矣。然鄭跋已但據縣志，謂屢聘爲訓，整理者按：疑有脱誤。不就，卒老於鄉里。蓋開國時名士仕不大顯，子孫稍微，志狀湮没者，在景、天間事蹟已無可徵。況錢尤晚出，雖此册集叢殘，亦未之覯乎。《竹枝詞》中云「吴之東滄人」，「滄」疑當作「倉」，其地即今太倉也。《列朝詩集》亦作「滄」。并記以質於博識者。康熙壬辰除夕，後生何焯書。

癸巳孟冬，嘉興曹侍郎家以《吕敬夫詩》一册來鬻，則宛然從此本影寫者也。《鶴亭倡和》以下闕焉，蓋不知其中故有敬夫詩在爾。曹又誤作「吕敏」。敏字志學，無錫人，元季嘗爲道士，明初用爲校官，别一人也。

戊戌仲春，偶檢陸文量《菽園雜記》，正作「東倉」，與余言合，其名則爲「誠」。以上并録義門跋語。

右《吕敬夫詩》六種，授經京卿舊有傳寫本，與此正同。厰肆有《樂志園詩集》八卷《補遺》一卷，即前四稿中詩，而異其卷第，似是《四庫》著録本。然《四庫》題曰「來鶴亭詩」，則又非一本也。《玉山草堂雅集》選敬夫詩二十六首，惟《七月十五夜樓字韻》一首見《番禺稿》，餘並失載，當録附此本後。《草堂雅集》作吕誠，東滄人。同時所述，足可徵信。義門疑爲「東倉」，又引《西湖竹枝詞》謂其名「成」，皆非也。此羼卿先生手校，亦間有疏漏處，尚須重勘一過，始爲完善。宣統己酉二月，吴昌綬記。

平甫録義門校，并過其圈點。義門校筆每參評論，其結習然也。印丞謂校尚疏漏，誠所不免，凡朱筆改在下方者，皆印丞所摘出。印丞博疋好古，不獨以刻詞見稱於世。丙辰、丁巳間，在京師時相過從，歡然考訂，而體羸多疾，不久即歸道山。曙後星孤，念之愴然。丁卯長夏，羣碧檢記。

敬業堂詩集五十卷 十册

清查慎行撰。

原刻本。

翁覃谿手批。

有「葉志詵」、「東卿過眼」、「李在銑印」、「芝陔」、「人境廬」諸印。

放翁讀《易》十絶編，而未有解述之書，先生《周易翫辭集解》十卷，卓然有所見處甚多，亦必傳之書也。世人但知《蘇詩補注》耳。覃谿書在目後。

丙寅九月，蘇齋弟子吴嵩梁讀於京師。在第一卷題下。

鮚埼亭集三十八卷 六册

清全祖望撰。

鈔本。

楊秋室手校。

此歸安沈氏偶園藏書，仲復中丞識爲楊秋室批校。秋室名鳳苞，歸安廩生，有《秋室集》十卷。鮚埼文事，頗爲近賢譚復堂所譏。其實謝山生浙東忠義之鄉，意在綱羅文獻，辨章學術，爲史家資料，故於易代之際貞臣遺老之軼事，表章尤力。秋室評校此書，無一字放過，補證若干條，尤非爛熟掌故，不能精確浩博如此。當時必有《後集》，惜已散佚，然即此三十八卷，已覺開牖後學，有功古人。敝篋有傳録嚴修能評校《前》、《後集》本，方之蔑如矣。卷中「西圖」别號，係先生晚年自稱，間有題「閒」字者，則未審何人。《兩浙輶軒續録》小傳下云，先生尚有《南疆逸史跋》十三篇，補温睿臨之不備而訂其誤，必有與補證各條可互相發明者，不知世有傳本否。從江寧鄧氏羣碧樓叚讀，敬志所見於簡端。壬子五月，長洲章鈺。

書尾有「敬孚鑒賞」一印，乃桐城蕭敬孚先生章也。卷中各葉夾有細字，稱「盧改」者，疑指抱經先生。但紙短字微，閲者宜謹存之。此書經友人借鈔兩年餘，索之久乃得歸。古人云「借書一癡」，豈不信耶。戊午花朝，距書還一日，正闇重檢因記。

此書初爲式之叚録，後爲劉蘧六借鈔。蘧六爲聚卿之弟，年少嗜書，借兩年未歸，病瘵謝客，乃賄館僮厘而得之。復爲子封前輩所見，堅欲索看，又一年有餘。子封亦老病，莫從蹤跡，又賄館僮而贖之歸。於是此書經再贖矣。今兩君皆墓有宿草，蘧六遺書盡散，子封亦間有散者，幸不隨兩家之書以入他人之室者，恃此一再贖之功耳。封老夾入數籤，是能讀書者，後之閲者，幸勿遺之。甲子四月，羣碧居士再記。（參見

本書第五六五頁）

獨學廬初稿詩八卷文三卷讀左卮言一卷漢書刊譌一卷　四册

清石韞玉撰。

自刻本。

王愓甫手批。

有「芑孫審定」、「愓甫」、「讀芳艸堂」、「雲房」諸印，又「震澤」、「三槐堂書畫記」二印。

乾隆壬子之歲，執如自訂初稿既成，屬予爲序，予未及爲，而執如奉使入閩，未返役復有湖南之命。越三年畢使還朝，則《初稿》已登剞劂矣。執如曰：「今世文章，作者難，識者尤難。吾與君聚散未可知，欲得君點勘一通，留示後人，既可以見吾兩人心契之微，且令後生識先輩津梁所在。」其言勤重不可當，而其意不可負也。會予新年謝客，杜門有暇，瀏覽一再，隨筆點記而歸之執如。古未有以已刻之集，與友人裁定者，然予於八年前，從秦君小峴處見故尚書徐公乾學刻集一部，卷中朱墨陸離，分標點識者，爲姜西溟、閻百詩兩先生手跡。兩先生皆尚書生平篤友，以文章道義相取重。方尚書刻集之日，兩先生在遠，未與商榷，及刻成而兩先生來過尚書於京邸，因重爲點次。卷中朱墨所標，互有同異，且有連行塗乙，或聯篇削去者。其後尚書重刊續稿，頗有增改，或皆自兩先生發之，未可知也。維時尚書年位既高，兩先生亦各老矣。兩先生直諒之風，與尚書沖受之雅，皆足以想見。

前輩風流，非今世所有。小峴爲尚書外曾孫，故藏其本而予得覩之。此正予與執如今日事也，故併識之卷首。而《獨學廬初稿》之序，則予終當别爲之，以補刊於斯集之前云。嘉慶建元正月十有三日，芑孫識於京居之芳艸堂。

後世誰知更定文，丹黄親與致殷勤。正宗法眼曾無讓，老輩交情故不羣。豈分夢華追昔款，翻從耆舊證遺聞。吴舲載酒今摇落，獨倚津橋戀夕曛。　壬子四月，長洲章鈺。

昔余收覃溪學士手批《敬業堂集》十册，珍如球璧，然猶後人評先輩之詩也。此則並世盍簪，同時鉛槧，開校定之殊例，尋商榷之前盟。讀惕甫手敘一篇，何其情深而文明耶。姜、閻兩先生批點之《惜園集》，今不可得而見，得此手批口誦，彌覺古道照襟，奇芬襲几矣。癸丑八月，正闇居士。

竇氏聯珠集　一册

唐竇常、竇牟、竇羣、竇庠、竇鞏撰。

鈔本。

勞巽卿手校，羣碧樓覆校。

有「蕘圃過眼」，又「平父」、「丹鉛精舍」，又「許印永鎬」、「既受」諸印。

康熙辛卯春日，購得葉九來藏宋本，乃顧大有舊物。因改正五十餘字，中《杏山館聽子規》一篇，諸本皆脱去。尤可笑者，和峴、王崧二跋中「大天」，字皆訛爲「大夫」，人不通今古，其陋乃至此耶。何焯記。

去冬吴估攜此鈔本來，以《行杏山館》一首曾經舊人補正，聊復置之。頃見傳度何義門學士據宋槧校汲古本，用此移謄，頗勝汲古本。其汲古訛而此是者，用規識之。第其他鈔録之誤，匆匆未及比對，異日以汲古本校之，不難也。至「大天」之訛，曾見錢遵王影宋本已然，汲古或其所自出耳。道光甲辰五月十三日，巽卿記於丹鉛精舍。

《杏山館聽子規》。詩不備録。

右從宋版補闕一首，係第八葉，諸本皆脱去。宋本每葉十八行，十七字，羽谷齋頭有此鈔本，屬爲補録。復翁記，時嘉慶庚午中秋後七日。

康熙辛卯春日，蒙汲古主人西河十丈以勘校《唐人詩》數種見借。此《五竇聯珠集》，字蹟似馮文補之所校，而頗嫌其略。會予購得葉丈九來所藏宋本，乃顧大有故物，因詳加是正，凡改五十餘字。中《行杏山館聽子規》一篇，諸本脱去，仍爲補録，竊比《顔氏家訓》「先有缺壞，就爲補治」之意。恨以病目，字失楷正爾。後生義門何焯附識。

壬子七月至京師，旅館無憀，步至廠肆正文齋，見此鈔本。時正文主人譚篤生病痢家居，其夥友索價百番，余手無一錢，漫攜以歸，逮返津門，篤生已病歿。余與篤生交六七年，篤生拾伯羲祭酒緒餘，頗能鑒别古籍，談娓娓不倦，雖論價倍於常賈，而爲余致毛鈔《宋人小集》五十册，間關奔走，力勸收藏，其誼實不可忘。篤生死後，廠肆識古書者又弱一個，足爲商量舊學者加痛惜也。未幾，沅叔同年自南中收得義門校汲古本，借歸覆校，跋尾互有詳略，卷中亦小有異同，知巽卿所見又是一本，因重録一過。益知義門當日校録之勤。一書合有數本，非後人之所及矣。同見此書時，尚有渌飲手校《鉅鹿東觀集》二册，以無力並舉，不知流入何所。並志於此，以存嘅想之意。羣碧記。

九僧詩不分卷　一册

宋陳起編。

鈔本。

吴枚菴手校。

是編爲滋蘭堂朱氏藏本，余從余古農轉輾録之者。詩雖不多，傳世極少，然如山谷所稱「雲中下蔡邑，林際春申君」，此卷不載。而惠崇自定《句圖》五字百聯，入此集者亦不及十之一二。知顯晦不常，逸者多矣。充之張君手録一過，余復爲之校正數字，并識於此。丙申春三月九日，枚菴漫士識。

偶閲宋僧文瑩《湘山野録》，載惠崇《在寇萊公池亭分題得池上鷺明字韻》詩，附録於此。十日燈下，漫士又書。

《九僧詩》自歐公即以不傳爲歎，而《清波雜志》、《湘山野録》、《瀛奎律髓》皆有補遺訂墜之功，宋時已矜重若此。此册爲吴枚菴所校，後有枚菴手識，數年前得於吴中，不甚矜異，入京師後始知鈔本之可貴矣。宣統辛亥，正闇讀記。

宋僧詩選後集三卷附續集一卷　二册

宋陳起編。

鈔本。

吴枚菴手校。

此書乃吴中張充之手鈔，充之爲艮思先生子，父子皆吴中諸生，嗜書善鈔。充之與枚菴同時雅故，互相通假，生平所寫不知若干册。昔賢手跡，片玉足珍，特記之如此。正闇。

此二册亦張伊蒿手鈔，而吴伊仲所校也。上卷從《讀畫齋》補鈔一葉，正伊仲手書。當時遭際承平，韋布之士，獨從容校閱祕籍，真可謂樂道不憂貧者。二君雖寒士，抑足傲王侯矣。伊蒿手鈔書，余得三種，以《鹿門集》爲最祕。辛酉三月，檢此對勘筆跡，因漫書之。羣碧居士。

大雅集八卷　八册

元賴良編。

鈔本。

勞季言手校。

前有至正辛丑楊維楨序，又至正壬寅錢鼒序，又良自序，後有席帽山人王逢序。有「金十七忠淳」、「古還一字完璞」、「硯雲藏書」三印，「勞格」、「季言」二印。

《大雅集》八卷，天台賴良采擇凡二千餘篇，楊廉夫點定存三百，既爲作序，而江陰王逢、吴興錢鼒亦序之。集中所收皆元人，其後間有仕于明者。第六卷載林洵《送顧謹中入當作「赴」。太學》詩，則洪武中從而補綴者也。良字善卿，《赤城續志》不書其姓氏，出處顯晦，不可得而知，繹席帽山人序，蓋曾教授松江云。倪元鎮贈良詩云「陳詩昔在周盛日，删詩又是衰周餘」二語，得其槩矣。《曝書亭集》跋。

此編當發雕於元末，而斷手於明初，故鐵雅序及梧溪後序所舉任剞劂者，不同其姓氏也。善卿自序不著年月，殆作於初刻時。竹垞謂其曾教授松江，而梧溪序實謂客授，且編中入明之詩，亦不僅林洵二首而已。遲雲樓主人寄來吴中吴枚庵舊藏倦圃鈔本，校此並録《曝書集》跋附後。曾見周猗唐書目，尚有刻本也。丹鉛精舍主人記。

《大雅集》希見刻本，自元季刊行後殆未有翻者。倦圃所藏已是傳鈔，益見其可珍也。季言校書至慎，朱筆校正字體處爲多，余校宋偶一用之，其他則校字不校體，有媿前賢多矣。乙丑元旦，避兵滬瀆，所攜書卷不及十一，適有此册，因試筆記此。夫惟大雅，卓爾不羣，晴牕展讀，適我願兮。羣碧記。

三唐人集三十四卷　八册

《皇甫持正文集》六卷，唐皇甫湜撰；《孫可之集》十卷，唐孫樵撰；《李文公集》十八卷，唐李翱撰。

汲古閣刻本。

何義門手校。

有「語古」、「何焯私印」、「屺瞻」、「旌孝義門孫子」、「不薄今人愛古人」、「何人最往[illegible]」諸印，又「汪士鐘曾讀」一印。

《三唐人集》，虞山邵甘來所貽，《持正集》中少二紙。辛巳春日，家弟心友爲補録。焯記。

持正《場屋小賦》編録《英華》中者，宜仿外集之例，附刊集後。甲申初夏，□□又記。

康熙壬辰，學徒蔣生得皇甫氏舊□□□□□□□□得之王文恪公，傳自祕閣，而校勘不精，訛謬甚多。刻於正德庚辰，後附《浯溪詩》一篇，又《唐書》本傳，及韋處厚《上宰相薦皇甫湜書》云。以上在《持正集》後。

陶穀《清異録》，摘可之《送茶與焦刑部書》語近誹諧，蓋屬僞託。然當時著述，固應不止此十卷也。

丙子十一月小至日，以舊刻校一過。此集訛脱尚多，恨無從覓宋本也。焯識。時寓燕山城西永寧精舍。在《可之集》後。

習之《答開元寺僧書》，《英華》、《文粹》並載，未解何以遺之。在《習之集》後。

何校三集，除取之《文粹》、《英華》外，又各據一舊刻本，不知究爲何本也。余從孝先同年假得，取近時馮刻本迻寫一過。馮刻《李集》據舊校及嘉靖、日本兩本，《孫集》據黄蕘夫、顧千里校宋本，又顧千里校王濟之本，《皇甫集》據叢書堂校宋本及錢遵王校閩本。凡義門所校，大率俱已改正，視毛本固已遠勝。以此知刻本視其所自出，即新刻亦未可輕視也。癸丑夏五，校畢因記，沅叔。

汲古刻《三唐人集》，所據非善本。義門手校，即用《英華》、《文粹》正之，其踳駁紕繆之處，已不可枚舉。毛氏景寫宋本最爲世稱，刻本則往往不逮，乃知義門、潤蕡、仲魚、抱經、渌飲、兔牀、蟫隱諸君子，覃精讎勘，真讀書者之藏書也。此書經前人裱護，而裱手太劣，頗有闕損，稍可惜，幸校筆尚未漫漶耳。正闇。

唐三體詩六卷　六册

清高士奇輯。

自刻本。

何義門手批。

有唐三百餘年，才人傑士馳騁於聲律之學，體裁風格，與時盛衰，其間正變雜出，莫不有法。後之選者，各從其性之所近，膠執己見，分別去取，以爲詩必如是而後工。規初盛者薄中晚爲佻弱，效中晚者笑初盛者爲膚庸，各持一説而不相下。選者愈多，而詩法愈晦。今所傳《才調》、《國秀》、《河嶽英靈》、《中興閒氣》諸集，皆唐人選其本朝之詩，未失繩尺。厥後汶陽周伯弜取唐人律詩及七言斷句若干首，類集成編，名《唐三體詩》。自標「選例」，有「虚接」、「實接」諸格，其持論未必盡合於作者之意，然別裁規制，究切聲病，辨輕重于毫釐，較清濁于呼噏，法不可謂不備矣。明楊升庵、焦弱侯號稱好古，於是編每有所指摘。予童時曾受於塾師，長即棄去。去年冬，將自京師南還，見此本於旅店，攜之贏綱中，每當車殆馬煩，輒一披展，如見故人。其詞婉曲緜麗，去膚庸者絶遠，而猶未至於佻弱，且卷帙無幾，行囊旅笥，摒擋甚便，因取而授梓。詩故有高安釋圓至箋注，語多紕繆，爲刪去十之四五，間附以臆説，欲使作者之意宛若告語，三唐詩法亦庶幾存什一於千百也。至才人傑士以詩擅當時、名後世者，非古體不能窮其變，非排體不能盡其長，則予將有續三體之選，與學詩者共參之。江邨高士奇序。

「選例」本在各體之首，總撮於前，已爲紛紜，況可竄易之耶。今以舊刻改正，非曲徇前人也。如兩句爲一連，四句爲一絶，自南朝即有「連」、「絶」之語，乃忽改「絶」字爲「截」，則是訛於近代截律詩首尾之語，不可通矣。伯弜與天隱輩，即非達識，尚未若此憒憒耳。在「選例」後。

《鼓吹》、《三體》二編，嘉靖以前童兒皆能倒誦，如宋人讀鄭都官詩也。自王、李盛而幾無能舉其名者，然所論詩法，亦多陰竊伯弜餘唾云。舊刻分二十卷，前有方虚谷敘，瞿宗吉稱之，然此書尚不逮范德機《詩學禁臠》也。康熙戊寅初夏，雨牕漫閱。焯。「旌孝義門孫子」印。

江邨重刊此詩，於伯弜「選例」及圓至注語，頗有竄改。義門不以爲然，故有「憒憒」之譏。義門精於校勘之學，凡所讎典籍遇誤處，一字不肯放過。至校宋元本，則雖明知其誤，亦不輕易改抹，必存其舊，此讀書矜慎之意。江邨則非校刊古書，以己意行删其紕繆，序中固已言之，宜其與義門用意不相入也。兩公都負時名，而文人相輕之習，猶不能免。後之學者尋其端緒，得其所以異趣之故，則爲益多矣。正闇居士。

義門手批校本，余所見甚多，而此書尤狼籍，蓋平時翻閱之書，往往於批點下自注甲子，亦間有自加塗抹，覺今是而昨非者。於此彌見先輩用功之勤、進德之猛，宜其負盛名而不朽也。正闇又記。

唐詩七百十七卷　一百六十册

清季振宜輯。

鈔本。

彭定求、沈三曾、楊中訥、潘從律、汪士鋐、徐樹本、車鼎晉、汪繹、查嗣瑮、俞梅奉勅校。

有「晚翠堂」、「揚州季南宫珍藏記」、「樹園圖書」、「揚州季滄葦氏珍藏記」、「大江之北」、「杏花春雨江南」諸印。又「嘉定鐘巖張氏圖書」、「張錫爵」、「鐘巖」、「旺涼館」、「爵印」、「中嵒父」諸印，又「汪士鐘讀書」、「汪東山讀書記」二印。

予集有唐二百九十二年及五代五十餘年之詩，凡得人一千八百九十五人，得詩四萬二千九伯三十二首，經始於康熙三年，斷手迄十二年，鎮十年矣，是亦可爲盛矣，而心則不能自信其全無遺漏也。地居荒僻，學寡見聞，今日學士大夫之所好，又大概拘于一隅，而不暇究論全唐之詩，無從是正也。顧余是集，竊有因矣。常熟錢尚書曾以《唐詩紀事》爲根據，欲集成唐人一代之詩，蓋投老爲之，能事未畢，而大江之南，竟不知其有此書。予得其稿子于尚書之族孫遵王，其篇帙殘斷亦已過半，遂踵事收拾，而成七百十七卷。凡爵里可考者，予皆係之以傳，爵里不可考而詩有牽連及之者，則貫串爲次第。其傳合新、舊《唐書》、《南唐書》、《五代史》及詩話小説，長短編輯，輻輳成之。及其成也，再三翫閲，誠覺蕪穢。然誦其詩，讀其書，而不知其人可乎？是以論其世而工拙不論也。嗟乎，天惜老成，倘再假尚書以數年，令其合傳與詩縱横肆論，其覺世之疑、正世之訛，誠不知其幾何，而奚但此書之不湮没也。陸子敕先刻元遺山《唐詩鼓吹》，尚書序之曰：「三百年來館閣教習，家塾程課，咸稟承嚴氏之《詩法》，高氏之《品彙》。學士大夫生而墮地，師友熏習，隱隱然有兩家種子盤互藏識中。唐人一代之詩，各有神髓，各有氣候，今以初、盛、中、晚釐爲界分，又從而判斷之，支離割剥，俾唐人面目蒙羃千載之上，而後人心眼沈錮千載之下。」嗟乎，尚書固深於史矣。有唐二百九十二年，治日少，亂日多，時人之沈鬱感慨，大半繫之於詩，即其性靈之所在，任世之信與疑而不可移。奈何讀詩者不知其人，不考其時，而僅等之鳥獸艸木之微，風雲月露之光景，專守一家，朝夕竊擬，或曰初盛，或曰中晚，牽率淺陋，了無義味，是不能知史，且不能知詩也。而予之於諸唐人必繫以傳，雖非深知史者，誠不爲無見云。康熙十二年十二月朔日，泰興縣季振宜序。

《權載之集》世無善本，校讎之際，不能釋然于衷。時康熙十二年十月二十五日。在卷二百三十九後。

《張文昌集》知之者多，校之宋刻本則少二十首，恐未能知之矣。康熙十二年十一月七日，季振宜。在卷二百九十一後。

《元微之集》余得鈔本讀之，始知今本之訛多矣，不知今之人何以執卷而吟詠？鈔本蓋摹常熟錢尚書所藏宋本而寫之者，至於《才調集》、《歲時雜詠》、《唐詩萬首絶句》諸書所録微之詩，即宋本全集亦俱不載，凡六十餘首，今皆補於其尾。信今日讀書種子，賴牧翁爲傳薪矣。在卷三百四十後。

此書七百十七卷，官本計九百卷。專取工部一家，以兩本對勘，凡官本所刊，悉依此本硃筆所改，無少違異。中附牧齋發明各條，亦照列入小傳。不用此本，知别有人屬艸也。官本《進書表》中述康熙四十四年三月十九日諭旨云：頒發《全唐詩》一部，命某刊刻，某某等校對。不出季滄葦原編姓名。從事諸臣，遂於「凡例」中述刪併改補諸要端，迷離惝怳，令讀者茫然不知依據之本究出何人，雖尊王之義，抑未免攘善之譏矣。延令就絳雲舊稿編纂成書，意在論世知人，與《新》、《舊》兩書同爲李唐一代不可少之書，與尋常網羅散佚者迥乎不同。官本一經改削，另成一面目，三百年來無或論及者，今始發其覆矣。正盦跋語，擬仿橫雲《明史稿》例別行，洵不刊之論。若仿《列朝詩集小傳》例，將小傳抽出行世，似與延令本旨未合。且詩中所收各家識語，官本删削過多，且多不經見者，似不如一仍其舊之爲愈也。裒然巨帙，其中可供研究者必多，暇當請觀全帙，一一別而白之。正盦樂於通書，固知不予靳也。壬子五月，長洲章鈺寫記，時同寓津門。

右七百十七卷，滄葦御史因錢東澗之舊而輯成者，有唐一代詩人略備於此，不知何人貢入內府。康熙四十四年南巡，詔刊《全唐詩》於揚州，以江寧織造曹寅董其役，《楝亭十二種》稱揚州詩局，以此。而留翰林官彭定求等十人駐揚校勘。刻成，乃得九百卷。此書其底本也，觀書面及中間朱筆墨籤，皆出當日編校諸臣之手，大抵付刊時別寫正本呈進，此書仍即發還，故又流轉入張鐘巖、汪閬源諸家耳。滄葦於詩人小傳故實，蒐采繁富，雖不免失之於蕪，而知人論世，頗賴勤搜之力。官書乃盡删之以歸簡易，其旨遂晦。又所引用俱載出處，官書改爲「一作」云云，非原書矜慎之意。卷中采用《文苑英華》、《唐文粹》、《樂府詩集》、《唐詩紀事》、《萬首絕句》與夫唐人選唐詩諸書，皆鐫小章鈐于每題之下，精絕可愛。前人好事，非近今所及，當用《明史稿》例，流傳刊布以两存之，俾不負賢者述作之盛心也。辛亥初夏，正闇居士。

寒瘦山房鬻存善本書目卷七

自校本

春秋繁露十七卷　四册

漢董仲舒撰。

明嘉靖刻本。

前有嘉靖趙維垣序。

《春秋繁露》明刻有數本，然皆訛舛不可讀，此孔葒谷據《大典》本校，實錢獻之底本也。余有《淮南鴻烈》，亦葒谷物而獻之所校者。校勘之學，逮乾嘉諸老，始一字不肯放過，非牧齋、義門以臆評乙者可擬，故成絶詣。而當時《大典》裒輯舊書日增，彌足爲讎勘之助。如此書非得此校，殆不能讀也。是書前八卷與《兩京遺編》無異，自九卷至十七卷，字體不同，《遺編》本乃闕略不完，不如此本。又沅叔處亦有數本，皆與此不合，即余借校之底本，並非一書，乃合數本而彙校者，且頗有勝處。余嘗謂讀書之事無窮，即兹版本之學，非區區目論之士所能盡也。丙辰五月，正闇校記。

宋季三朝政要六卷　四册

不著撰人。

鈔本。

《宋季三朝政要》塵見鈔本。此本雖舊鈔，而訛繆太多，不可卒讀。後見君閎内兄藏一元刻本，因乞歸校之。連年飢驅，時時(閣)〔擱〕筆，迄年餘始得卒業。其足以是正此書，每葉可得十數字，校者愈勞而心益喜。然此書寫手雖劣，亦有勝於元本者，不知昔日據何本迻録也。理、度兩朝，皆誤於權姦病國，一史一賈，遂促宋祚。君子小人，其關繫於國家可謂鉅矣。篇終紀文信國、陸秀夫事獨詳。嗚呼，雖有善者，亦無如之何矣。癸亥十二月初二日燈下，正闇校畢記。

趙晉齋得元刻本以校鈔本，其鈔本之訛敚，與此本正同，而其所增出者亦同，是知從前鈔本面目皆如此也。錢氏據趙校刻入《守山閣》，致爲矜慎，而仍不免訛漏，蔣生沐《東湖叢記》已舉出之，知校刻古籍之非易也。尤錯迕者，如趙昴發死于池州，後乃誤「趙」爲「李」，前之「昴發」，鈔本作「昂」，元本作「昴」，錢刻於第五卷不依元而作「昂」，於卷末又改「趙」而爲「李」，前後乃成兩人。錫之刻書爲海内所推重，尚不免於不撿，後之操鉛槧者，誠不宜率爾從事矣。甲子五月，羣碧。

南燼紀聞一卷北狩見聞録一卷　一册

《紀聞》宋周煇撰,《見聞録》宋曹勛撰。

駱光啟手鈔本。

有「李印璋煜」、「方赤」二印。

駱氏跋云,此書不知爲誰氏手撰,終未書名,且素未刊行,藏書家亦未著録。原本爲棟亭曹氏所藏,後歸長白敷槎氏。余于嘉慶二十年夏五月十日見於琉璃廠東江西集賢書坊,首頁朱印宛然,故知爲二家物也。問及此書所從得,曰得於英夢禪家,蓋自敷槎氏又轉出也。余即假歸鈔之,三日而畢,行數、字數悉照原本,欲存舊觀。其間誤字、闕字亦仍之,未能增改。惟于省筆、誤筆正之而已。此書舊稿已焚,人間尚不知有善本否。若得校補無訛,可爲藏書家一祕本也。日下則古精廬學人駱光啟霽卿手鈔記。

曹勛字功顯,陽翟人,宣和五年進士。《宋史》有傳。是書蓋勛建炎二年自北歸至南京时所上。「領巾」九字,當日以爲授受之正。四聖擁衛,黄羅覆將,且詫爲符瑞。故其書寥寥數語,傳之不廢。徐商老全採入《三朝北盟會編》。芸楣。甲辰閏月下澣。

駱氏跋云:二(宋)[宗]北行,散見於書者,如李心傳《三朝朝野彙編》、徐夢莘《三朝北盟會編》、趙甡之《中興遺史》、汪伯彦《建炎中興日記》、王叔晦《戴斗奉使録》、無名氏《三朝政要》、《三朝野史》、元好問《野史》，此書惟載金君臣言行，《金史》多取入。葉紹翁《四朝聞見録》、蔡絛《北狩行録》、趙子砥《燕雲録》，二書多載金、遼時事。曾無媿《南北邊籌》、范石湖《攬轡録》、章得象《三朝國朝會要》、梁克家《中興會要》、連南夫《宣和使金録》、何鑄《奉使雜録》、鄭儼《奉使執禮録》、樓大防《北行日録》、無名氏《館伴日録》，并《金國聞見録》、《靖康僉言》、《紹興正人論》、《中興記事本末》，載記不同，彼此互異，有史家諱之者，賴筆録可以詳盡。是當彙而觀之，庶可備悉一時之事。此噫，二宗崇信姦回，不知正道，至上鞍時，太后聽幼女之言，謂金甲人執弓劍擁衛，尚悞必有陰助。此後雖夜深四十拜，而陰助何在也。當日者金門羽客出入禁垣，優隆視執政。如張虛白者，在流輩中最爲錚矯，所云「海上築宫室以待陛下」，待陛下則有之，築宫室則未也。至靖康失守，徽宗出青城，撫虛白之背，尚曰「吾恨不聽汝言」，揮淚對黄冠，一段淒涼景象，曾不解聽其言何益也，不聽其言致損耶？所可惜者，慶曆、元祐兩朝，韓魏公父子出帥定武，國家賴無北顧之憂，至此時君臣帝后不學無術如此。金人之來，固不足謂天討有罪，而宋家亦實自取之也。至紹興三十年，始設皇太子宫小學教授，而趙楧進東宫備覽，蓋亦晚矣。嘉慶二十年太(遂)[歲]在乙亥參見月養日，日下駱光啟霽卿鈔於則古精廬。

此兩種爲駱開甫傳鈔本，譌字頗多，暇當校正之。駱氏所舉二宗北行紀載之書，尚有未見者，他日亦擬求而互考之，爲一代掌故也。羣碧樓記。

餘杭褚禮堂同年昔藏一石刻，記二宗時金人犯闕，何㮚用妖人術拒敵事。何㮚正爲開封府尹，今《南燼紀聞》亦載金人執㮚，官位相同。余于光緒壬寅與禮堂同在鄂撫幕中，時感庚子之禍，奮筆爲跋，不覺言之憤切。頃閲《北狩見聞録》，又有「四金甲人執弓擁衛」及「夜深四十拜」語。國危主辱，無不欲託佑神明者。夫二聖爲俘，身死異域，誠千古人君之不幸，然吾於翠華西狩之役，亦有不忍言者。撫今思昔，有同慨焉。戊申秋日，正闇書于吉林。

二宗歸櫬，内實非也。今有自寧古塔來者，謂二宗之藁葬存焉。其信然歟。同日又記。

五國城即寧古塔地。昔吴季子以吴江詩人謫戍其地，遂有《秋笳》之集，梁汾營救於納蘭公子，因而生還。是長白發祥之域，仍爲遷客所居。今則設官分職，儼爲郡縣，滄桑易變，不獨《秋笳》之曲將譜春温，即邊塞之防亦成口岸，此豈二宗遷徙時所夢及耶。越日再記。

余别有一本，署「黄冀之撰」。其自敘書「阜昌丁巳」，則劉豫僭位之七年也。此編後云「黄氏集予作此《南燼紀聞録》，本用胡語，尋乃改用漢語」，又有「余之父得此書視余」云云，豈果黄氏所撰述，以入金故，用阜昌紀年耶。正闇又記。

戊午冬日，據穴硯齋鈔本校一過。此本所出確爲完善，非尋常傳寫本可比，宜祕之。正闇。

翌日復用穴硯本校《見聞録》，亦無出入。惟「虜」字多已改去，則乾隆間承文字獄後所糾正者。此本出知聖道齋，或即彭文勤所改定耶。十一月初十日，正闇記。

中吴紀聞六卷　四册

宋龔明之撰。

汲古閣刻本。

世傳《中吴紀聞》，大約嘉靖以前刻本，其式雖古雅，而字句紕繆甚多。後有若墅堂本，亦然。丁巳秋，先兄華伯殁，檢其遺籍，得家刻樣本，方知先君子曾付剞劂，但未流通耳。遍搜其版，惜十缺其三矣。今年自春徂夏，鳩工重整，缺者補之，譌者正之，始復爲完書。中元前四日，訪崑山葉九來，以一册贈之。九來爲文莊公後人，文莊書甲天下，天下所傳《菉竹堂書目》者也。因訪其藏本，答云此書尚屬文莊故物，目前未遑遽檢。時余將詣金陵，丁寧再三而别。秦淮返棹後，造九來，申前請，則已檢得矣，並指示是正者一百三十餘處，且多補録一則。不覺狂喜叫絶，遂與借歸，窮一日夜之功乃校畢焉。菉竹藏本係棉紙舊鈔，行數、字數俱無定准，每卷首尾間一行連寫，開卷有文莊名字、官銜三印，卷末一行云「洪武八年從盧公武假本録傳」，蓋是書賴公武搜訪之力，表章至今，此從其借録者，焉得不善。余獨念先君藏書，自經分析，廿年之内，散爲雲烟。葉文莊子孫不啻數世尚能守而弗失，健羨之餘感慨繫之矣。讀吾書者亦將有感于斯焉。己未重陽前四日毛扆識。

七月間，余游金陵，訪書于黄俞邰，攜一册贈之。次日俞邰造余，曰昨惠《紀聞》，序文有一訛字應改。余問何字。俞邰曰，「文人行」應是「丈人行」。余曰，恐「行」下有脱字耳。俞邰不以爲然。

及歸借菉竹堂鈔本，「行」字下果有「士」字。因思昔年鈔李燾《長編》，中載翰林之選，甚難其人，有「詔書出，人盡哂之」七字。馮實伯語余，「晝」字應改「誥」字。余反覆詳玩，乃「詔書一出人盡哂之」，傳寫之誤，乃合「書」、「一」兩字爲「晝」耳。因知校書以決疑爲第一要義，不可妄加塗乙，吾子孫其善佩之哉。汲古後人扆。

乾隆己酉十二月廿七日，購於吴郡紫陽居書肆。知不足齋記。

道光戊申五月二十八日，得此本於杭郡吴山積書堂，距鮑渌飲得此書時花甲一周矣。燕庭志。

《中吴紀聞》，余往在吉林，曾假吕溉生過録本一校。前年居京師，坊友告余南中得此校本，索價極昂。因亟觀之，乃毛氏手校原本，遞經渌飲、燕庭藏弆者，宜其價抵兼金也。與前校出入頗少，蓋溉生傳録之本，即臨義門録毛校，仍是菉竹所從出，惟迻録有先後耳。余前十年校書殊不工。後與亡友吴佩伯交，見其讎事精能，奄有蟫隱之長，不覺勉力赴之，故續校稍勝。因備録毛氏跋語。書經兩校，或可無憾。録竟付裝，記其次第如此。近日毛刻昂於往日，況經一再詳校，後人勿輕視也。距斧季校書後第四己未九月五星聯珠之夕，正闇。

歷代帝王宅京記二十卷　八册

清顧炎武撰。

鈔本。

《歷代帝王宅京記》廿卷，顧亭林先生所編次也。自古封建之世，天子不私其土，所自治者邦畿千里而已，是爲天子之國。其曰「天下」者，合諸侯之國言之也。天子自治其畿内，而羣侯朝覲奉職，莫敢違天子之政令，故曰「國治而後天下平」，又曰「天下之本在國」。當是時，天子所宅曰邑、曰都、曰京師，但取四方職貢道里之均，不必據形勢以爲固也。秦漢以來，改封建爲郡縣，寸地尺天，咸統於天子，遂無國與天下之分，而卜都之議尤重以周。蓋土地廣而政事繁，規模異於先古，則居中馭外，必有高屋建瓴水之勢，而控阸之方，輸輓之便，皆當籌及焉。昔鄭夾漈作《通志》，於歷代郡縣略而不書，而獨立「都邑」一門，宅都之所繫，豈淺尟哉。此編所列，較之夾漈尤備，洵讀史家不可少之書。先生精於輿地之學，所著有《肇域志》、《郡國利病書》，並此而三，然世間皆未有刊本。吴君道久購得此稿，亟欲梓以行世，其表章先賢、嘉惠來學之意，洵足多矣。嘉慶丁巳中秋日，竹汀居士錢大昕書。「錢印大昕」、「錢竹汀」。

亭林著書等身，皆究心經世之學，非尋常經義文辭之美也。此編得於吴門，有曉徵宫詹親書一序，殆爲吴道久撰者。後此書刻於嘉慶戊辰，但有徐立齋相國、阮伯元太傅二序，乃其六世孫所鋟版，與此本編次略殊，則又别一鈔本，非此書也。嘉慶刻本余在京師曾得一本，爲平定張月齋手批，以校此書，頗多是正。若王蒿隱所藏有衍生跋，則此二本皆無之。竹汀序亦不見《潛研堂集》中，故可珍也。癸亥二月，正闇。

讀書敏求記四卷　八册

清錢曾撰。

沈尚傑重刻本。

余於光緒乙巳得宋蔚如鈔本，始從事是書，並知是刻錯繆百出，急待讎勘，又知耿吾有精校本，而兩人蹤跡暌離，俗務庬雜，雖懷此願，不遑借録。丙午自海外歸來，息轍京邸，因在南中得蕘圃所藏《羣玉》、《碧雲》二集，爲余買宋版書之始。欣喜過望，自署「羣碧樓」以牓藏書之室，用復沈湎古籍，與廠肆相往還。所居江寧郡館在南半截胡同，每晨間晡後，坊友遝至，抱書而來。佳者乃不復論價，一月負債至二三千金，以爲此樂不易得也。時方改外，爰辭去幕職，轉而乞居京師，以遂吾蒐討之志。所見鈔校之本雖不悉精，然益見古人之勤，行年四十，性固耽翫，頗缺編摩，且媿且悔。旋得趙氏原刻本，與此相校，乃知無甚殊異，益思見宗氏之本以是正之。會余南歸，耿吾適解金華府篆，奉母返虞，相見之頃，首以此事爲請。越數日，耿吾出書相眎，則丹黄滿册，字如牛毛蠅脚，幾不能辨，驚喜捧受歸，即研朱過録，不暇計日幾何也。未幾而余挈家北行，耿吾亦知余之竊録，乃與余約必於年内寄還，余亟諾之。然時逼歲莫，人事俶擾，往往燈下始得伏案，丙夜不輟。丁未正月，僅得備録無遺。既叨奇惠，黐乖夙諾。耿吾謂余，此書爲先德手録，祕不示人，非余二人之交，豈肯託手澤於千里之外。由此言之，耿吾厚我之意爲不可及矣。丁未二月，正闇記。

宣統紀元五月，又假蘄水陳仁先郎中所藏蕘圃校本過録之。此本丁未九月借之京師，戊申攜赴吉林，今又攜來瀋陽，始得卒業。簿書旁午，奪吾鉛槧之功，固不若前度之勤而且勇矣。正闇再記。

己酉夏五，攜此册至瀋陽，吾友吴佩伯見之，假歸專校字句，爲余言，阮氏小琅環僊館序云，脱漏約三十餘種，今檢此編所補不過二十一種，何其不相符合若此。當時頗服其精審，亟欲求阮本一對勘。臘月述職入都，果得阮本，與此對看，實止二十一種。原序卅餘種之説，信是筆誤，或竟約略舉之，未細考也。且而此本爲阮本所遺者，復得二十二種，因以朱識於目録下。阮本出嚴厚民，厚民自謂假録於黄蕘圃家，云少祕笈數十種，乃所增者既已不符，所遺者復又相埒，此其故又何耶？宣統庚戌正月，正闇居士。

余於此書前後勘校凡五六年，每遇異本，必爭過録，書眉紙縫，朱墨殆徧。癸丑之春，謁木齋師於津門，又見勞羿卿校本，借歸又加墨焉。此書論者美刺不一，然經前賢更番表闡，蔚爲大觀，殆著書者亦有幸有不幸歟。甲寅正月，漚夢再記。

蘆浦筆記十卷 二册

宋劉昌詩撰。

鈔本。

有「簡莊秝文」、「芷齋圖籍」、「莔閭圖書」三印，前葉有仲魚像記，又「得此書費辛苦後之人其鑒我」一印。

觀《石林燕語》多故實舊聞，或古今嘉言善行，可謂博洽矣，而懷玉汪先生每事辨其誤，信乎述作之難也。昌詩讀書不多，託子墨以自試，好事者間欲得之，而筆札或不給。後二年乙亥秋，輟清俸鋟梓于六峰縣齋，非敢以傳世也，亦願聞其誤焉爾。重陽日書。

戊戌中元，借陸孟莊家西賓本，匄張興宗另鈔，惜多誤脱。古歡堂主人吴翌鳳。

此書余於數年前録有淨本，已校閲數過，而底本譌脱甚多。今得復翁取善本勘正，始無遺憾矣。甲戌重陽後一日，枚庵老人書。

郡中吴枚庵先生多古書善本，皆手自鈔録或校勘者。久客楚中，歸囊尚留數十種，此《蘆浦筆記》其一也。余欲借校鮑氏新刻本，久未得閑。適張訒菴來，談及近見一舊鈔殘本，内八卷文有「起立行伍」句，上多「趙」字，較鮑本爲勝。因檢此本，乙「起立」爲「立起」，文似順矣，然初不知原文爲「趙立起行伍」也。遂動校勘之興，並憶舊藏穴硯齋鈔本宋人説部有數種，此書在焉。取勘是本，所獲實多。其最勝者，乃卷五《趙清獻公充御試官日記》中文多幾行也。觀鮑本跋語，於此書讎勘至數四，而尚有脱誤。信乎古書之難觀，而校勘之不易也。惜鮑渌飲已作古人，不能語而□之，爲一大恨事，只好與枚菴共爲賞析爾。蕘圃跋。

余于乾隆四十七年正月從鮑君渌飲借《蘆浦筆記》，覩于小桐谿館。命門人傳録一本，手自勘正。後十餘年，渌飲又得舊本讎數過，刻入《知不足齋叢書》，世稱善本。今年九月過吴門，適黄君蕘圃獲見舊鈔，並以其向藏穴硯齋鈔本合校於吴君枚菴鈔本，枚菴復跋之而歸諸余。余亟以鮑刻重勘，正誤甚多，既補第五卷所缺之九行，又補得劉昌詩後跋一篇。計是書先後三十年，歷經名家，屢有補正，惜淥飲已不及見是本，猶幸余與枚菴、蕘圃之得見也。嘉慶十九年九月十一日，陳鱣記。

甲寅十月，借翁笏齋前輩藏本校録一過。此本鈔手較善，故蕘圃改正之字，與此同者十之三四。若所補九行及後跋，則亦賴過録始完善也。正闇校畢記。

此書前葉亦有仲魚圖記，而未嘗勘正一字，然則先生藏是書，並此而三矣。穴硯齋宋人説部正在松禪師許，故笏齋得詳校也。正闇又筆。

論衡三十卷　八册

漢王充撰。

程榮《漢魏叢書》本。

此據日本求古樓藏宋槧本傳校者，《累害篇》缺一葉，藉以補正。澁江《訪古志》云，通津本亦缺此葉，因文義不屬，妄增一「毫」字，以連綴之。程榮以後諸本，並沿其謬。各家藏目無宋槧，唯日本有此孤本，又只二十五卷，遠在海外，莫由校録。壬戌入都，夏閏枝前輩適購有日本人過校一本，急於肆中覓得此書，假歸日夕録之。昔人以校讎爲畢生之業，吾雖不敏，心嚮往之。歸裝寒儉，亦聊以壓歲矣。是歲臘月，正闇校畢記。

頃檢《東湖叢記》，蔣氏得元刊本十五卷，缺葉已詳載之，與此本所録無異。生沐不欲自祕，刊布以公同好，信與矜獨得者有間也。然吾實校宋，且多十卷，光陰仍非虚擲。世有欲補遺訂墜者，讀蔣氏之書可矣。正闇。

鶴林玉露十六卷 八册

宋羅大經撰。

明刻本。

右《鶴林玉露》十六卷，刻工甚美，而實與舊本不合。舊本分甲、乙、丙三集，集各六卷，凡十八卷。每集景綸皆有序，其第三序有云「還山數月，丙編乃成」。此刻改「丙」爲「是」，丙集有舉甲、乙集者，亦皆竄易，於是十八卷之舊觀，遂不可復覩矣。乙卯夏，見鄰蘇老人藏日本活字本，三集較然，因取而校之，不獨字句差謬，編次亦甚淩亂，次而比之，頗費時日。校未終而鄰蘇謝世，其後人旋來索還，幾致中輟。又喜沅叔同年新得一本，與鄰蘇同，始得賡續爲之，並補鈔四十則，還其舊觀。忽遽之頃，未及别寫一目，於每題有異同者，必一一加注於下，閲者細心讀之，可與原書無異。吾國舊學日湮，區區讎對之能，抑何足尚，然近世古籍流出東瀛者日夥，士大夫或以此爲市，甚可慨歎。此書之存，猶禮失求野之意，不可謂爲無益也。丁巳正月廿五日，正闇。

日本活版所印書多據古本，藉以訂正吾國舊籍極好。近人書目，有列外國版本者，良有由也。明人刊書素喜竄易篇章，然未有若此書之甚者，不惟削去四十條，并泯去甲乙丙之名以遂其非，不值識者嗤鄙。昔人竄亂，惟恐不及，余乃必欲整齊之以復其舊，雖用心不同，而好事則一也。廿五日燈下又記。

唐摭言十五卷　二册

不著撰人。

鈔本。

有「翰林院印」、「竹垞」、「吴焯之印」、「尺鳧」、「詩龕書畫印」諸印。

庚申歲暮，沅叔同年介得此書，爲時帆祭酒故物，且有竹垞一印、尺鳧二印，殆康熙前鈔本也。沅叔書來云鈔手至佳，爲生平所屢見。實則沅叔醉心宋元，如論鈔之工拙，則余架中可抗衡者尚多，惟此書較《雅雨堂》及《學津討原》本爲勝。頻年貧困，無力收書，得此聊以饋歲，不敢望雙鑑樓酒脯之祭也。越歲辛酉人日，羣碧寫記。

越日晤沅叔於廠肆，知此書十一卷中任華三書，他刻皆錯簡，此獨不然，其爲善本無疑。試燈日，正闇又記。

余歸吴中，得交獨山莫楚生先生。楚翁藏書甚富，案頭鈔本尤精，一日見《唐摭言》，有春草閑房印，知爲金孝章藏書，藍格宣紙，確是明鈔，因借歸校之，頗多是正，從此可稱善本。江樓兀坐，安得良友日餉異書，使余銷磨此垂老光陰耶。甲子夏至，正闇校於金陵下關之江樓。

玉壺清話十卷

宋釋文瑩撰。

錢聽默鈔本。

壬子之秋，伯羲祭酒遺書盡出，余不能舉宋元佳刻，則丐其餘，得若干種，此書在焉。爲錢聽默萃古齋鈔本，世所稱白堤書估者是也。此編訛敓處甚多，因假別本對校，始可卒讀。其舊校朱筆，有合者仍之。鈔筆雅飭，故能見稱於時，但怪其未勘魚豕耳。甲子秋日，正闇檢記。

河南邵氏聞見後録三十卷　四册

宋邵博撰。

鈔本。

丙辰四月返吴門，爲先大夫營葬。負土既畢，於卧龍街市遇書賈老友徐敏甫，十年不見矣。翌日介於鄰肆，得此書四册，以價廉攜之歸。爲余裝書者于贊臣，持而細審之曰，此舊紙新鈔者。余覩之良信，一笑置之。秋間無事，姑取津逮本對勘，乃勝處彌多，因兩校之，然後不悔擲此數番餠也。是歲十二月初九日寒甚，正闇校畢記。

黄谷譔談四卷　四册

明李蓘撰。

鈔本。

有「翰林院印」。

明人説部雖繁，然多記當代掌故，此編獨殫洽百家，其讀書記問之功深矣。世無刊本，此乃《四庫》徵書時兩江鹽政李質穎採進本，書面有木記，首葉有院印，皆其證也。甲子二月，羣碧居士。

此書久佚，有人來乞鈔，將付梓人，因粗校一過，尚不能無疑義也。書中詬朱子處屢見，知四子注爲儒者所不慊久矣。其尊孔子謂性與天道之旨，實契黄老之真；訾儒門沾沾於淺易，而於深者終身矇焉。其言實獲我心，非一孔之士，漫詆宋學者比也。丙寅五月，羣碧校畢記。

嵇中散集十卷　二册

晉嵇康撰。

鈔本。

有「朱彝尊錫鬯父」、「某會里朱氏潛采堂藏書」，又「謙牧堂藏書記」、「謙牧堂書畫記」諸印。

《中散集》余得蕘圃藏鈔副本，惜止四卷。癸丑，書友何厚甫以是册見示，喜其十卷俱完，又有潛采、謙牧兩藏家印記，確爲舊鈔，索價雖昂，不忍便舍。適沅叔新自都門迻校是集，因借回過録。沅叔原書乃程榮本，鈔雖未精，然確有與校本同者，全書約得百之六七，足見此鈔之善。又程刻錯簡，賴此鈔訂正之，乃知舊鈔之可貴，僅下於宋元一等。沅叔勇於讎校，余雖不廢丹鉛，然每望塵不及，固知讀書亦各有福分耳。甲寅正月，正闇校記。

中散當典午之世，不能全身遠害。觀其爲文，頗中事理；又其自處恬淡寡營，以嬾自晦，《家誡》一篇，於處世接物之道，尤致謹畏。乃知生當亂世，雖僅與衆人立異，已不相容，聖人「危行言孫」之戒，中散尚未能請事斯語耳。正闇又筆。

此册攜至青島，於旅邸中調朱爲之，二夕而畢，無塵事之擾也。余來此信宿，其初夜則歐人演所謂「鬼靨會」於邸舍廣屋中，衣冠奇偉，粉墨淋漓，語言喧豗，男女雜遝，如見兩峰《鬼趣圖》也。附記於此。

二俊文集二十卷　四册

晉陸機、陸雲撰。

明汪士賢刻本。

丁未二月十日辰刻寒雨中，毛黼季宋刻本再校訖。常熟陸貽典識。

凡宋版書未嘗無脱誤，然佳處正得之八九。有謂宋刻一字無訛者，可爲一粲也。勑先校畢《二俊集》偶書。

丁未孟陬十有四日，從何子道林乞得此本，黼季出示宋刻，既與黼季校一本，隨又校得此本，凡皆校過兩次。宋本譌字亦俱勘入，其餘當亦無遺，惜宋本殘缺，不能無恨耳。貽典再識。

曩在沅叔許見《二俊集》校本，及收此汪士賢本，去歲入都，乃丐歸過録。沅叔所見原本，是陳仲魚過録正德陸元大刊本。余無正德本，故所録之都穆一跋，吾無取焉。沅叔有士衡而無士龍，其校士龍亦用汪本也。乙丑閏夏，正闇校畢記。

唐元次山文集十卷拾遺一卷 四册

唐元結撰。

明正德刻本。

前有正德丁丑湛若水序。

有「朱之赤鑒賞」、「卧菴所藏」、「休寧朱之赤珍藏圖書」三印，又「金元功藏書記」、「金氏南樓藏書記」二印。

次山當唐安史作亂時，憂心念亂，形於篇章，《舂陵行》及《賊退示官吏》二篇，爲時傳誦，其名益顯，實則幽憤之語時時發抒，不僅二詩然也。此册爲湛若水校武定侯郭勛編刻本，邵位西譏其不佳。余先得唐鷦安藏舊鈔本，取以對勘，鈔本所遺固多，然足以補此刻之闕者，亦得九首，足知舊鈔之可貴也。昔人校書，多見宋本爲據。唐賢諸集不得宋本，每以《英華》、《文粹》兩書補遺訂誤。義門校書至精，亦不外此。乾嘉後《全唐文》出，李昉、姚鉉二氏所採，攟拾無遺，學者披尋即得，可省檢對之勤，而二書轉束之高閣矣。他日當檢李、姚之書，一爲校補，並手鈔所遺之九首以附於後，庶幾克成善本爾。宣統己酉十月，正闇學人。

元次山集不分卷　一册

唐元結撰。

鈔本。

前有《元結傳》一首。

己酉七月得此册，九月又得正德刻本。暇時對校，可以補刻本之闕者，爲《橘井》詩一首，《唐亭銘》、《峿臺銘》、《東崖銘》凡三首，《文編序》、《送張玄武序》凡二首，《游朝陽巖記》一首，《讓容州表》、《再讓容州表》凡二首。刻本多於此本者五十七首，各列其目於簡端，以備考焉。邊塞早寒，風雲嗚咽，爐爐燈炧，强排塵事，一理董之，時將展覲入都矣。十月十三日，正闇記於瀋陽官廨。

杼山集十卷　四册

唐釋皎然撰。

汲古閣刻本。

晝上人集假沅叔藏鈔本校一過，所以是正者極多。鈔本每半葉十一行，行二十字，似從宋本影出，鈔筆既精，亦頗有讎勘，惜訛處仍不能免。余謂宋版誠不免有誤，而鈔本誤字不能以死校之法校之。毛氏刻本有溢於鈔本者，亦有鈔誤而此不誤者，校時稍從審擇，未知有當否耳。庚申試燈夕，正闇校畢記。

劉賓客文集三十卷外集十卷　八册

唐劉禹錫撰。

鈔本。

《劉賓客集》四十卷，宋時已佚其十，宋敏求裒集佚詩四百七首、遺文二十二首，又編《外集》十卷，即此本所從出也。前題「正議大夫檢校禮部尚書兼太子賓客贈兵部尚書劉禹錫」云云，乃從宋本傳寫。間有朱筆校正，惜太略耳。兹據李、姚二書一校補之。丙寅八月，正闇記。

李長吉詩集五卷　四册

唐李賀撰。

明刻本。

康熙庚午冬寓京師，欲讀長吉詩無之，因從肆中買得此惡本。屢經目，便不忍棄去。後人念余見書之難，願勵志向學也。後二十年，焯記。

異同處俱照《英華》、《文粹》改定。康熙丙戌得見碣石趙衍刊本，又稍加是正。趙本只四卷，不載集外詩。庚寅，借得毛斧季南宋本校過者，復正數字，已爲善本，後人勿棄擲之。焯記。

光緒戊申七月，余與昆明吕澂生君遇於吉林。澂生一日攜《昌谷集》見示，則莳溪艮峰老人陳格過録何義門所校本也。原書乃姚山期刻本，與余篋此本不合。姚本四卷，此爲五卷，其第五卷皆義門標爲

「集外」者。又卷中各篇，姚本散入各卷中者，義門校宋金本，云在某篇之下，亦與此本次第吻合。其他片文隻字，與宋金本同者甚多。然則此本較姚刻爲善多矣。世間宋金本不易得，能得明刻善本，猶可見古刻之舊，因詳校以資考證。溉生不久入關，余於簿書叢雜之時，不敢輒廢丹墨，後之覽者，勿笑吾爲書癡子也。邦述記於雞林交涉使署。

白蓮集十卷　四册

後唐釋齊己撰。

陳氏《直齋書解》云，唐僧齊己《白蓮集》十卷，《風騷旨格》一卷。今兼得之，爲合璧矣。元書北宋刻，傳世既久，湮没首卷數字，尚俟善本補完，與皎然、貫休三集並傳。嘉靖八年歲己丑，金閶後學柳僉謹志。

右《白蓮集》亦假沅叔本過校，沅叔稱從汲古藏鈔本，即柳大中本也。毛氏得柳鈔時，書已刊成，故多與之不合。又稱曾見義門校本，乃據牧翁所藏，又經定遠手校，轉入遵王家。惜沅叔未收，不知與此本何若也。皎然、貫休兩集，余去歲出都之先曾假臨之，三高僧集遂畢校矣。集中亦有校，不如刊者，前人固用死校法也。壬戌十月，正闇。

禪月集二十五卷補遺一卷　四册

蜀釋貫休撰。

《禪月集》據景宋本校，是正頗多，鈔亦有誤。鈔本有後序，署「門人慧光大師賜紫曇域述，大蜀乾德五年癸未歲十二月十五日序」。又二行云「時嘉熙四年五月十五日，婺州蘭溪縣兜率禪寺住持賜紫禪悟大師可燦重刊」。又嘉熙戊戌孟秋朔旦黿［溪］周伯奮跋，又古靈平楚叟師保跋，又嘉熙己亥上元日雙溪華藏水乎苾芻祖聞題，又庚子上元日智者山主梅溪紹濤跋，又嘉熙戊戌重九日孟湖童必明跋，又嘉熙戊戌中秋日信安余燦跋。前有楊傑詩一首，江衍詩二首，其署銜爲「大蜀國龍樓待詔明因辯果功德大師祥麟殿首座引駕内供奉講唱大師道門子使選鍊校授文章應制大師兩街僧録封司空太僕卿雲南八國鎮國大師左右街龍華道場對御講讃大師兼禪月大師食邑八千户賜紫大沙門貫休」云云，皆爲此本所無。原書今藏京師圖書館中，沅叔同年倩人景鈔存者，兹得校録，故詳記如右。一僧人冠銜至九十字，亦可謂法門冠冕矣。辛酉三月，羣碧居士校記。

翠微南征録十一卷 一册

宋華岳撰。

鈔本。

宋華子西《翠微南征録》凡十一卷，元、明以來，世尠傳本。國朝康熙間，温陵黄俞邰始於史館鈔得之。池州郎遂，字趙客，重以鄉里文獻久失其傳，重加編次，刻以行世。此則其原本也。第一卷爲《上皇帝書》，二卷以下爲古今體詩。古詩先七古，後五古，律詩亦然，終之以絶句。趙客析上書爲首卷，而於「皇帝」上加「寧宗」二字，則似後人追述之辭矣。原本於當時宵小姓氏頗有空缺，宋時刊行，尚有避忌，因而諱之，而郎以明嘉靖間王崇志本改竄填補，又大加删削，竟至失其本真。編詩爲十卷，古律俱以五言冠七言，此似可也。然原本七古中《傷春》一首、《柴氏》一首，通體五字，末結以七字，前人多有此體。郎以入之五古，遂删去末句四字以合其格，重失作者本意，是則不免截鶴之譏焉。且於題下往往删繁就簡，時又攙入他書以亂之，愛古者似不應爾也。索居無事，偶出舊本，就郎本讎比以消歲月，乃得其謬誤，肆加塗抹。後有得吾書者，勿以有刊本而廢棄之，則此書之大幸也夫。鮑渌飲跋。

道光乙巳冬，見知不足齋校本，此集摘其校改，冀得郎本傳度。去年得此帙於鮑氏，亦渌飲先生手勘本，蓋前所見者迺傳鈔淨本，而此其底本也。以勘一過，識於下方，頗有補初校之漏略。據《後邨千家詩》補逸八首，此本未經增補，按目據楝亭曹氏刻本寫入。鮑氏覆校在嘉慶壬申癸酉，今并其卷後題識傳之。右手病風，殊不自聊，借此消遣，作字艱澀，分布亦不匀整。頃就醫鍼治，倘成痼疾，竊恐此事便廢矣。子西有《北征録》，乃《平戎十策》及《治安藥石》，非詩文也。初見之本，今歸城中瞿家，而余幸得此本重校，要知乙巳之摘録，不爲徒矣。既録原跋，附識於末。咸豐癸丑五月朔，漚喜亭主人仁和勞權書。

《南征録》劉葱石曾刻之，所據即郎趙客本也。此爲鮑渌飲手校本，而勞巽卿再校一過，丹墨狼籍，非深習兩家字體者不易辨。余見之於吴印丞許，急假歸，抽舊藏《兩宋名賢小集》中是書校之，分卷次第，大不相侔。是書無《上皇帝書》，故只十卷，又不分體，於是前後淩躐，校者遂難著筆。今於每題下皆注明某卷，其闕漏者手寫補之，始成完帙。渌飲所據亦非善本，特校筆勤審，嗜書者不得不引重之。勞氏糾正補緝之功，尤未可没。寫録既竟，志其大要如右。詩集分體乃後人所編，非其舊觀，余謂鮑本不善者以此。丙辰臘月，正闇校畢記。

樵雲獨唱六卷 二册

元葉顒撰。

鈔本。

前有至正甲午重九前四日顒自序，又甲午十一月既望自序，又景泰紀元史敏序，又成化癸卯袁凱序。有「翰林院印」。

雲顒《天民集》世唯鈔本，此祕閣所收，庚子之變，書史散出人間，并院址亦丘墟矣。昔傳柯亭、劉井及門外散沙，多主館職諸公休咎，先輩習言之，今亦幻爲陳跡，闌入外垣。制科久停，中朝故老猶欲留此玉署清名，羈縻四方时俊，恐益人齒冷而已。余入翰林九年，廑乃得造所謂登瀛門者，空桑三宿，不能無滄海揚塵之感。收此殘帙，亦補當年紬書之志云爾。光緒戊申十二月，舊史官江寧鄧邦述校記。

樵雲獨唱一卷　一册

元葉顒撰。

鈔本。

前有至正甲午重九前四日自序，後有庚子中秋日顒後序。

此册爲粤東孔氏藏本。孔氏書散失後，多被海客收去。近年外人入國收書者，往往而有，且於宋元舊刻不惜重直，如湖州陸氏書之歸東瀛，敦煌石室書之歸巴黎。國粹不存，吾輩之恥，然亦惟抱殘守闕以俟來哲，無大力與之相競也。光緒戊申七月，正闇居士。

題此後京友又以别本見示，上有「翰林院印」，蓋中祕所藏也。取校此本，古詩及五、七絶皆多出數十首，彼本固較完善。惟亦有此本有而彼本無者，且多後序一首，因互校之。他日當另寫一册，爲世定本，亦古人炳燭之意也夫。戊申十月初六日燈下，小病書此自遣，正闇。

詠懷堂詩集四卷外集二卷丙子詩一卷戊寅詩一卷　二册

明阮大鋮撰。

羣碧樓鈔本。

前有崇禎乙亥葉燦序，又門人鄺露序，又大鋮自序，又外集自序，又丙子詩自序，又丁丑馬士英序。

集之才調俊逸，足殿有明一代壇坫，非前、後七子之囂然與世爭雄長者比也。要由失志後潛心諷詠，故得極命騷雅，豈所謂窮而後工耶？ 惜其立身邪曲，不獨逞毒東林，亦爲後世君子所棄。馬、阮同惡，論者轉恕瑶草，謂其無剸刃善類之心，而集之獨報宿怨，横決不顧，國家已亡，狺狺弗已，抑可謂敢於爲惡者矣。究其一念，不過爲熱中所激，或傳其春帖子云「無子一身輕，有官萬事足」，其悍戾之氣可見。嗚呼，如此等人，乃亦有錦心繡口以揚風而扢雅歟。溧水王伯沆，瀣。風雅君子也，手鈔此編於江南圖書館。余假歸展讀，屬某君寫一本，將重付梓人，使後之讀者痛其人之言行相違，不可知其人而不誦其詩也。己巳長夏，羣碧檢記。

玉臺新詠十卷 四册

陳徐陵編。

明五雲溪活字本。

己丑歲借得宋刻本校一次。宋刻訛謬甚多，趙氏所改，得失相半，姑兩存之，不敢妄斷。至於行款，則宋刻參差不一，趙氏已整齊一番。其宋刻是麻沙本，故不佳，舊趙靈均物，今歸錢遵王。少年兄弟多學玉溪生作儷語，因讀是集，並摘其艷語可用者，以虚點志之。二癡。

余自南宫得儁後，有客從關中來，攜宋刻《玉臺新詠》一帙示余。校今之行世本，十減三四，而每卷首俱各不同，而增者十之一。且卷中字句與今本大不類，如以「昔」作「若」，以「傳」作「轉」，不可枚舉，故嫵媚可愛，留之信宿而去。今甲辰春暮，吴中翰惟吉氏忽以此本相示，宛然當年舊册，閲後且三十六載，余嘗想不去懷，不覺驚歎豐城之異，因題以歸。中翰其世珍藏，毋墮傖父可也。京山李維楨題。

辛卯三月一日，假馮氏校定本對讀，不獨辨其魯魚，且並存其字體，至三日早晨訖。道人瀍頂。

是月十五日，借孫本對録異同，亦照馮本參量圈點，增其不足，廣其所用，藏之篋中，俾補吟詠。

因憶此書余十六歲收藏時，靈均新刊，同志愛之若珍。後從錢太史得京山李跋本，勘過一次，遂同摹宋本《才調集》，爲枕中之祕。至今閲十七年，乃得重勘，可謂遠矣。其間人世推遷，變故横生，不勝今昔之感。讀書篤志之士，十去八九，此書校本亦湮没者多，即余所藏，自兵燹後，百無一二，惟兹與《才調集》相攜有年，可謂幸矣。故雖非宋刻，亦不失爲宋之曾玄，寥寥篋中，足當世珍，因示後之人，毋或忽焉。孫即法頂，馮即二癡。并記。莫釐峰清遠堂南陽觳道人，時在虞山南郭市宅也。

此活字本亦不常見，而所據乃宋本，與靈均所翻陳玉父本又不同。亡友吴佩伯得曹彬侯藏鈔本，又非靈均底本，係馮二癡同時傳鈔，葉石君兩次校勘。馮、李、葉三跋，勞巽卿曾録於錢氏《敏求記》中，即此鈔之底本也。余假之過録，四年始竟，而佩伯墓木已拱，追念曩日過從考訂之雅，益爲愴然。丙辰長至，正闇學人。

書中録筆，又一人手校者，未知誰何。至五卷而止，據《文選》校異同處爲多，間有采《藝文》、《初學記》者。其云宋本作某，則每與余活字本相同，亦不知何本也。正闇附記。

樂府詩集一百卷　四十册

宋郭茂倩編。

元刊本。每半葉十一行，行二十字。

庚辰仲冬朔，借定遠本補勘畢。勑先識。

向借馮氏校本勘一過，距今已二十八年矣。頃從毛黼季借得亡友趙靈均馮校本再勘，是正弘多，頗怪向時之粗略太甚也。此書毛氏刻本遠勝元本，惜乎世未有識之者。丁未季冬七日，貽典識。

丁未十二月十一日嚴寒中，又借錢求赤校本訂一過。勑先。

樂府源流，莫詳於是書。牧翁先生舊有宋雕本，已久燼於絳雲之炬矣。馮氏定遠向游牧翁之門，曾借校元本。邑之校是書者，多取衷於馮本。余少時同孫子岷自從定遠借校毛氏刻本，距今已三十年矣。隨以其時稍校此本，亦都不記憶也。惟毛氏刻本亦出之牧翁宋刻，而與馮校本往往不合，蓋馮失之略，毛校頗詳而未免引據他書加以臆改，宜其相去逕庭也。至他氏校本，多用馮本以勘元刻，取其按圖之易涉筆而已，良不能無遺脱，亦頗踵雜引臆改之弊。甚矣，校書之難也。若元本經久缺板，鈔補諸幅，焉烏帝虎，人殊家異，尤無可據，求其定本，則又難之難者矣。郡人欽遠游以廉價購得宋本，初未知其佳，自余倩黼季物色嗟賞，遂祕不出。黼季鄭重求假，扃藏愈固，僅得其所校元本，視馮本倍略，且似錯以毛刻而雜引亂真，臆改失據，又豈能無流弊哉。余推其旨，本無意於存真去僞，止以塞一瓻之請耳，然且不敢輕廢。余既與黼季校入趙本，又從葉子石君借得馮氏原校本，已失去前七卷，即其所存者補趙校之闕，復從毛子奏叔假得汲古原校本勘入焉，庶幾諸本具列，以冀少存宋刻之面目也。校畢重彙粹諸家附入此本，大要馮氏所校，即未能詳而確有可據，今用爲主，俱用朱筆，其餘從青筆，以備考索焉。首七卷馮本既失，聊取趙氏馮校本朱筆勘入。余向怪初校之粗略，而遜趙本爲美備，頃得馮本讎勘數四，方能悉舉趙校所及，亦才得六七耳。昔人謂拂塵掃葉，真切喻也。余校此書，每本必至再至三，而於馮本尤不憚煩。邢子才謂校書爲愚人，余則真爲愚人矣哉，放筆爲之一笑。己酉孟夏廿有四日，虞山覿菴陸貽典識於山涇老屋。

己未之歲，江安傅沅叔同年借得陸勑先手校《樂府詩集》，以元刻本過校，丹黄淩廁，限日而畢。余欣羡不已，即出余所藏元本假以過録，不能如沅叔之敏也。沅叔元本所缺，皆以素紙補鈔，余書則凡缺處皆有舊紙畫烏絲闌以補其空，故余補鈔各葉，皆按紙直書。前人好書之福，貽及後來，抑何幸耶。僅一紙爲余所補。沅叔校畢，旋得閣文介家所藏宋本，在沅叔已不覺多此一校矣。他日當再據宋本對勘，以彌勑先之憾，吾知沅叔必不若欽遠游之扃祕不出也。庚申十一月五日裝成因記，正闇學人。

唐僧弘秀集十卷　四册

宋李龏編。

明刻本。

有「陸時化字潤之」、「陸時化潤之所藏」諸印。

向從孫岷自借乃祖唐卿翁舊鈔本校過，恐忘所自，援筆識之。戊戌四月廿九日，勑先。

此書第四册後有陸勑先字一行，實未校畢也。檢季滄葦《唐詩》本細校一過，頗有異同。季氏所據皆善本，其原輯出於錢牧翁，故可貴也，小傳亦摘入。今《全唐詩》與牧翁原本亦殊，蓋頗有去取耳。壬子九月，正闇校畢記。

卷中惟法宣一首不見，牧翁編入鈔本，屢引《弘秀集》，不知何以獨遺之也。正闇又記。

吴都文粹十卷　四册

宋鄭虎臣輯。

鈔本。

前有乾隆甲戌鎮洋錢枚鈔《文粹》序，又有《正譌》一篇。

有「王印鳴韶」、「雀溪」兩印。

乾隆辛亥七月，錢大昕借録一過。在目録後。

王鳴韶，字鶚起，自號鶴谿子，西莊光禄之弟。生平喜鈔書，所收多善本，見錢竹汀所爲墓志。此書有其印記，目録後有錢宫詹題字一行，其中校改數字，亦宫詹手跡也。癸卯臘月十七燈下，希聖書。

是書舊爲湘鄉李亦園郎中同年所藏，書前有題識，其故筆也。亦園藏書不多而精，遺簏中皆善本。余自海外還京，亦園初歸道山，遺書散出，廠賈居奇，余以此爲舊鈔，又得曉徵宫詹題字，故不惜重價收之。後闕二葉，適翰文齋有别本，遂假校録。翰文本乃活字版，訛謬良多。常熟李玉舟吏部同治戊辰據其同里趙次侯所校録者，傳校一過。次侯跋言據罟里瞿氏本迻寫，乃宋蔚如校本也。此本有錢東臯序，亦云鈔自蔚如，故訛謬處大半釐正，有不盡合者，東臯寫時或蔚如校而未畢，故不如瞿本之完善也。雀谿傳鈔亦未讎對。余既喜見李玉舟本，以補此書闕葉，又喜録蔚如原校，俾此本更底完善。校勘之功，庶幾得無憾矣。光緒丙午十月，距曉徵宫詹題字之歲百六十年，距玉舟郎中校録之歲三十九年，江寧鄧邦述記。

丙午六月，余自歐美考察政治歸國，旋與釐定官制之役。九月，乞假南歸，至津候船，風雪載途，旅舍寒寂，篝燈校寫，三日夕而畢。家世寒素，性耽書史，通籍之後，厠身幕賓，脩脯所餘，盡收典籍，不足者稱貸出之。然簿書填委，瀏覽之日，半在舟車。世途多艱，求如宫詹之生長明時，等身著作，不惟寡學，兼無其遇。自邵位西講目録板本之學，海内沾丐。京師書友，復拾伯羲、廉生兩祭酒之緒餘，書經校讎及有名人藏印者，其直恒倍。此書經余寫校，始臻完善，余名不彰，不知能爲廠肆增直否耳。是歲十月六日將發津門，正闇又記。

精選名儒草堂詩餘三卷　一册

元廬陵鳳林書院輯。

鈔本。

有「大興朱氏竹君藏書之印」、「翁氏飛鴻館所藏圖籍」兩印。

此舊鈔本，字畫端雅，前數年得之京師。甲寅十一月重來，僦屋東城。時吴印丞刻《宋元人詞》，爲近代大觀。偶過其寓齋，見所借沅叔景元鈔本《草堂詩餘》，蓋印丞有元刊上卷，已影付手民，其中、下二卷，則用沅叔本寫付之也。因假歸校録，頗多是正。中、下二卷，各補詞三首，尤爲欣快。此本亦有勝處，以鄙意一一標出書之下方。印丞刻本不久餉世，此本已成筌蹄，但存爲羣碧架中善本可矣。作者姓名，樊榭山人頗有考訂，亦間有涉及詞句者。樊榭箋《絶妙好詞》摭拾最富，此其一鱗片爪爾。十一月廿六日，正闇校記。

景元鈔本三卷，前有總目四葉。上卷廿四葉，前三葉九行，行二十六字，後九行，行十八字；中卷廿七葉，九行十八字；下卷亦廿七葉，九行十八字。每卷前題大字占雙行，後題小字。正闇附記。

丁巳元夕，偶檢《天下同文集》，校詞十首。《同文》詞凡三卷，七家二十五首。此書不選盧摯，而王夢應所録，又與《同文》不同，故所得僅五家十首也。周南瑞刻《天下同文集》流傳極少，余所藏乃毛子晉景元鈔本，在今日亦若祥麟威鳳矣。正闇學人。

越日，又檢元刻《事文類聚翰墨全書》校數首，其書多選宋詞，故不多也。正闇又記。

樂府古題要解二卷　一册

唐吴兢撰。

明刊本，題「唐史臣(俊)[浚]儀吴兢」。

正德乙亥七月二十二日録訖，唐史臣吴諱見前。《樂府古題要解》一小帙，值區區感寒受鬱，亦樂於鈔寫。以詩寄興云：「偶病不粒食，鈔書二十番。娱生無此癖，等死亦爲冤。把筆頭欹帽，衣緜酒罷尊。時名付流水，此外復何言。」布衣柳僉謹誌。

此刻當在正、嘉時。丁巳除夕，沅叔同年祭書於京師邸舍，余得觀其一歲所收。中有明鈔《樂府古題要解》一册，似轉録柳大中鈔本，而前後有陸東序跋，又有刻書者梁梧一敘。沅叔謂余比《津逮》本爲勝，因乞歸，守歲一夕校畢。子晉言得元本，較前得之虞山楊氏、錫山顧氏二本爲佳，然猶不逮是本。是柳大中本乃當時最善本也，而陸跋言其脱誤處滋多，彌引爲憾。甚矣！古書之亡惟賴蒐遺訂墜，得幸存於什一也。此册或即梁氏刊本，毛氏刻時曾未齒及，豈流傳在明已甚尠耶？沅叔鈔本既載大中詩跋，又載陸氏嘉靖己酉兩序跋，又載梁氏嘉靖庚申刻書一敘，先後不侔，疑彙各本而録之，非於一册迻寫者。惜此本序跋俱已割去，無從證明，余惟一一録于册中，以待他日之考正爾。戊午元日，羣碧樓校畢記。

補遺

目録

刻本

埤雅二十卷　存十八卷……五五七
通典二百卷　唐杜佑撰　存八卷……五五八
論衡三十卷　十六册……五五八
纂圖互註荀子二十卷　八册……五五九
風俗通義十卷　四册……五五九
韋蘇州集十卷拾遺一卷……五六〇
花間集十卷……五六〇
范文正公集二十卷別集四卷政府奏議二卷言行拾遺事録四卷遺跡一卷
鄱陽遺事録一卷贊頌論疏一卷　十册……五六一

天元玉曆祥異賦十卷 二十册……五六一
祁忠惠公遺集十卷　附錦囊集一卷　未焚集一卷　紫芝軒逸稿一卷……五六二
戴東原集十二卷　覆校札記一卷……五六二

鈔本

國朝歷科館選録不分卷……五六三
斜川詩集十卷 二册……五六四
滹南先生文集四十五卷續編一卷 十六册……五六五
鮚埼亭集三十八卷　全謝山先生年譜一卷……五六五
大寶積經寶髻菩薩會二卷 存一卷……五六六

拓本

漢司馬長元石闕 一册……五六七
阮刻吴天發神讖碑 一册……五六七

刻　本

埤雅二十卷　存十八卷　一至五、七至十一、十三至二十

宋陸佃撰。明刻本（整理者按：《補遺》之書名、版本、鄧跋時間均參照《傅斯年圖書館善本古籍題跋輯録》《上海圖書館善本題跋輯録（附版本考）》。下同。）

頃見龔孝拱先生手校本，有跋，云元本有辟宋諱字，知出宋本。《總目》缺卷六，卷二十後云「後缺」，卷九缺五簡，卷十缺，卷十三缺一簡，卷十四缺七簡。京口張存重刊序云，宣和七年後，其五世孫翫由秘閣修撰來知贛州，再用刻于郡庠，會奉議大夫江西按察司僉事古閩林公瑜字子潤巡按贛上，訪得是書，已經殘毁，缺簡甚多，命太守陳大本刻之，云云。據此，則知孝拱所見即此本也。其云卷十缺者，乃係筆誤，據其所校，十卷固不缺，十二卷中校字寥寥，恐是孝拱自校，而于卷十下奪一「二」字耳。余于此書屢經考證，而不能確定爲何時所刻，今見此校本于楚生銅井文房許，始得信爲元刻，頓增是書聲價。甚矣，人之不可獨學而無偶也。丁卯九月，正闇。

卷十缺一簡，龔校本同而跋中不著，應于「卷六」下增「卷十二」三字，而「卷十」下增「缺一簡」三字，則吻合矣。此書目有重刊序，而亦缺失，得龔跋可補。羣碧再書。（《上圖輯録·經部》，第六九頁。按是書《寒瘦山房鬻存善本書目》卷二著録〔見本書第二九〇頁〕，無此二跋）

通典二百卷　唐杜佑撰　宋刻本（存八卷　八十三至八十五、一百三十六至一百四十）

宋刻《通典》四册，僅存八十三、《禮》四十三。八十四、《禮》四十四。八十五《禮》四十五。三卷，又一百三十六、《禮》九十六。一百三十七、《禮》九十七。一百三十八、《禮》九十八。一百三十九、《禮》九十九。一百四十《禮》一百。五卷，又一百七十六《州郡》之半、一百七十七《州郡》之半，又一百四十二《禮》之半，凡八卷又三半卷，可謂闕失多矣。然宋紙宋印，古香歕射。生平嗜好，久而生厭，獨于書卷則雖燈昏燭灺，夜闌人倦，間一尋覽，則光照一室，神采陡旺，有不自知其然者。瑯環閬苑之中，吾其爲脈望歟？甲子十月，正闇居士。（《上圖輯録·史部》，第二六四頁。按是書《寒瘦山房鬻存善本書目》卷一著録〔見本書第二七〇頁〕，較爲簡略）

論衡三十卷　十六册

明嘉靖通津草堂刊本。宣統元年鄧邦述手書題記。

明刻本以嘉靖間梓工爲最有矩矱。此通津草堂本，字畫方勁，於宋爲近。然宋刻楷法，參用顔、柳體勢，方勁中有渾樸氣，此則非明刻所能。譬之宋版如漢隸，明刻止如唐碑，姿媚非不勝古，而氣勢厚薄，則有時會之殊矣。通津草堂本更有《韓詩外傳》亦佳，余亦有之。宣統紀元己酉八月，羣碧樓主人檢記。

「鄧邦述」。（《傳圖傅輯録・集部》第三册，圖版編號 C063）

纂圖互註荀子二十卷　八册

南宋刊修補本。民國七年、十三年鄧邦述手書題記。

元刻纂圖互註諸子，板式不一，此《荀子》版稍大，每半葉十一行，行二十一字，小字二十五，小黑口，元刻中之佳者。卷一前四葉皆景寫，與刻本無異，驟視之，覺更工也。此種寫手當在乾隆以前，足見昔時一藝一事之精真，非晚近所能及者。戊午二月春雨初霽，寒風未斂，正闇學人記於三李盦。「正闇」。（《傅圖輯録・子部》第三册，圖版編號 C064）

檢陸存齋《儀顧堂續跋》云「此與王伯厚《困學紀聞》所稱建本相合」。其舉勘各條，一一對之，亦復不殊，是此爲建本無疑。書避宋諱，惟見「敦」、「慎」二字較嚴，餘尚未細勘也。甲子二月，正闇。「邦述」。（《傅圖輯録・子部》第三册，圖版編號 C001）

風俗通義十卷　四册

明刊本。民國十二年鄧邦述手書題記。

此書乃明翻元大德本，其行款與元本同，而字體方整又似翻宋。《丁目》列元、明兩本。惟前題此書校元刻「新校正」三字中多一「刊」字，爲「新刊校正」耳。於明本亦標「翻大德本」，又言「當用宋本重雕者」。余謂明人刻書例本不謹嚴，如翻宋而刻入元大德序，不免自相矛盾；翻元又增一「刊」字，即爲顯示異同。觀其刻工，與冷宗元刻《白虎通》極相似，恐二書皆其同時印行，庶爲近之。癸亥十月，正闇。「正闇審定」。（《傅圖輯録·集部》第三册，編號 C064）

韋蘇州集十卷拾遺一卷　唐韋應物撰　明刻本

此書數著録于各家藏目。常熟瞿氏惟有明刊本，聊城楊彦合編修得宋槧本，然闕《拾遺》三葉，尚未爲完帙也。又案《天禄琳瑯目》中以此爲元刊本，而所舉《拾遺》目中「熙寧丙辰校本添四首」云云三行，與盧抱經學士《群書拾補》所校宋本正同。特當時纂輯諸公誤以撰傳之沈明遠爲元人，彦合據《寓山集》考之，當爲紹興五年進士者是也。余去臘都中所收是書疑爲明刻，喜其字體端雅，今以各目證之，《拾遺》三葉宛然具存，始定爲宋槧，秘諸笥中。因知荆人之璞不幸而遇無識者，其不至于三刖亦僅矣。宣統庚戌四月廿四日，風雨如晦，正闇寫記。（《上圖輯録·集部》第五一五頁。按《寒瘦山房鬻存善本書目》卷二著録一明刻韋集「見本書第三一八頁」，所云「昔藏一本」，或即是書）

花間集十卷　後蜀趙崇祚輯　明正德十六年陸元大刻本

《花間集》宋槧凡三本：汲古所據爲開禧刊，有放翁二跋；海源閣所藏爲淳熙鄂州刊，四印齋據以入版者也；此爲紹興建康刊，明正德辛巳吴郡陸元大翻雕即此本也。亡友吴印丞又據此本影刊，跋云「晁序後有『陸元大重刻宋本』一行，他印本往往剗去，以充宋槧」。今觀此册末行，隱隱有剗而未净之迹，則吾友之言信矣。三刻以紹興爲先，明刊仿宋亦正德勝于嘉靖，況用羅紋精印，古香盎然，故知好古之士，正不必以非宋而輕視之也。今毛氏所據之祖本乙老云在聊城，乃未審之詞。不可復見，楊氏藏籍亦幾幾乎有化爲烟雲之嘆。獨印丞所據祖本得于几案遇之，摩挲竟日，頗自詫爲眼福。湖帆每得异書，輒舉以相示，荒齋偃仰，足音跫然，益見惠我之彌厚矣。庚午冬日，群碧鄧邦述記。（《上圖輯録·集部》，第八二八頁）

范文正公集二十卷別集四卷政府奏議二卷言行拾遺事録四卷遺跡一卷

鄱陽遺事録一卷贊頌論疏一卷　十册

明嘉靖刊本。民國十六年鄧邦述手書題記。

此《文正集》缺十至十三，四卷一册，又《奏議》下卷一册。書乃休寧汪氏藏本，當鈔補以成完帙。丁卯二月，羣碧寫記。（《傳圖輯録·集部》第三册，圖版編號 D018）

天元玉曆祥異賦十卷　二十册

彩繪舊鈔本。宣統三年鄧邦述手書題記。

此書鈔寫甚舊，有可廬先生手跋，言得之故家，而爲李鹿山中丞所藏。今檢書内無鹿山藏印，疑重裝時去之矣。可廬爲先曾祖督部公會試同考所得士。嘉興錢氏昆仲，學問淹雅，名噪一時。此册不獨爲世所罕覯，宜祕守之，即讀先生此跋，亦一重翰墨因緣也。宣統辛亥五月，正闇居士。（《傳圖輯録·集部》第三册，圖版編號 C028）

祁忠惠公遺集十卷　明祁彪佳撰　清杜煦、杜春生輯　**附錦囊集一卷**　明商景蘭撰　**未焚集一卷**　明祁德瓊撰　**紫芝軒逸稿一卷**　明祁班孫撰　清道光十五年刻本

忠惠仕南部，稍稍顯達，復受奸佞齮齕，不安于位。世襲青箱，家饒泉石，群從子弟亦有封胡羯末之美，戢景丘園，栖身卉服，宜若可以不死，然臨大節而不可奪，從容以殉，爲人所難，東澗、芝麓諸人固當爲人唾棄矣。百世以下，披覽遺文，烏得不肅然起敬哉。獨澹生秘籍世罕流傳，亦與絳雲之火同歸于燼，爲可憾耳。此册有漢陽葉氏敦夙好齋印，宜寶視之。辛酉正月六日，正闇讀記。（《上圖輯録·集部》，第六五三頁）

戴東原集十二卷　清戴震撰　**覆校札記一卷**　清段玉裁撰　清乾隆五十七年段氏經韵樓刻本

《東原集》凡兩刊本，微波榭刻《戴氏遺書》當在前，文只十卷；經韵樓刻則分十二卷，文增二十七首而亦闕四首。此本爲經韵最初印本，校筆則顧千里據微波榭本讎對者也。余亦收二本，經韵樓本爲貝簡香藏籍，前所結銜已改「編修」爲「庶吉士」，十二卷後此本有「金壇段玉裁手輯」「武進顧昌參訂」「武進臧禮堂正字」三行，又「乾隆五十六年六月□日」一行，皆爲千墨弇本所無； 微波榭本則張石洲又據經韵本對校，惜只一卷，乃未校畢之書，而前有盧召弓序，成于乾隆四十三年，即東原卒之次年也。所异者，後刻增輯，致文多于前，誠無足怪，而何以復遺四首。今謂同時刻本可不必讎校，乃知殊大不然，于此見千里得書即校爲不可及，宜蔭嘉之寶視而珍秘也。癸酉盛暑，羣碧讀記。（《上圖輯録·集部》，第七〇二頁）

鈔本

國朝歷科館選録不分卷　清沈廷芳輯　稿本

館選始于前明永樂甲申，解縉合三科選之，僅得二十八人，謂之曰庶吉士。按《明史·選舉志》，洪武乙丑即擇進士爲之，不專屬于翰林。永樂解縉選二十八人外，庶吉士周忱自陳少年願學，遂增爲二十九人。司禮監月給筆墨紙，光禄寺給朝暮饌，禮部月給膏燭鈔人三錠，工部擇近第宅居之，飲饌居處，筆墨膏火無一不備。其甄擇之嚴，待遇之優，可謂至矣。其後所選，或多或寡，或選或不選。弘治四年，大學士徐溥請立定制，每科皆選。而嘉靖、萬曆間，亦亘九科不選庶常。其與選者，群目爲儲相，故非進士不入翰林，非翰林不入内閣，禮部尚、侍及吏右侍亦非翰林不任。而與選者，以翰詹官高資深者一人課之，謂之教習。三年學成，優者留翰林爲編修、檢討，次者出爲給事、御史，謂之散館。此明制也。有清承明制，自進士一甲外，選若干人爲庶吉士，立庶常館于王城東，與翰詹衙門相近，掌院學士爲總教習，每科皆遴翰林前輩爲分教習，或十人，或七八人。一甲進士雖授職，亦同課焉。月一試，至三年而止。初試爲開門課，終試爲關門課，不與此兩課者，不得應散館試。常課優者，亦得膺館差。應散館試，留者爲編、檢，散者主事、中書、知縣分用。一甲散者多爲部曹，清代狀元散館者，惟朱朵山先生昌頤用部曹，一人而已。榜、探則甚多。大學士一階非詞林不得入，猶之明制，清季如王文韶以主事大拜，左宗棠以舉人，皆爲特典。而飲饌膏火之供則不若明之優厚矣。庶吉士亦給俸米。椒園先生此録，迄于乾隆乙丑，固是完帙。其後板存館中，逐科增刊，凡入詞館，皆由館中印送一部，迄光緒甲辰制科未廢以前未嘗間也。此外又有認啓單一紙，則凡前輩之生存者，無論科之遠近，皆備列焉，歸田及外任或奪官者皆列，惟已故及散館者不與。大氐使新進者有所稽討，而不至失禮于前輩。翰林視前輩爲最重，相見不識，至不敢問姓名，故疇人交際，人每詆其自大，實則負冤久矣。京曹稱前輩者，則有内閣中書，都察院御史，軍機處章京，吏、禮二部主事，亦各有題名諸刻，踵椒園之志，所以爲後輩告也。蔭嘉先生收弆是編，因略舉所知爲跋。回溯前塵，如在天上矣。辛未十一月，舊史氏江寧鄧邦述。（《上圖輯録·史部》第二二三頁）

斜川詩集十卷　二册

舊鈔本。宣統元年鄧邦述手書題記。

劉改之過《龍洲集》十四卷，《四庫》著録，云相臺岳氏《桯史》記過開禧乙丑過京口，《多景樓》一篇，卓犖可喜，今集中詩以此篇爲冠，蓋由於此云云。此鈔本有詩無文，而《多景樓》詩又載二卷之首，與冠全集之説不符，則因當康熙時，上徵蘇叔黨詩甚急，而《斜川詩集》故無傳本，作僞者乃取改之。此集雜鈔爲十卷，以符馬氏《經籍考》之舊，欲以叔黨與劉同名而冒之也，故其篇第或與《龍洲》不合。而《四庫》所見《斜川集》乃别一刻本，余插架亦有之，與此册無異，即由互相傳鈔，因而付刻，以訛傳訛者也。《四庫》既確審《斜川集》之謬，因收入《存目》以闕其誤。余雖不得見《斜川》真面，猶喜藉窺《龍洲》變相，他日即改題之亦無不可，況其校讎甚精，不獨傳鈔之足貴耶。宣統己酉三月，題刻本畢，更檢此册記之。正闇居士。（《傳圖輯録·集部》第三册，圖版編號 D028）

滹南先生文集四十五卷續編一卷 十六册

鈔本。民國十四年鄧邦述手書題記。

從之在金負盛名。完顔據幽燕，勤於武略，故文士比之蒙古奄有中夏者，不可同年而語矣。裕之爲閑閑墓碑，推崇延州，甚至與楊、李、雷、王同稱。此編王鶚序亦連舉數公，可知一時之選，固不出此數人，而滹南之集至今猶傳，比之楊、李，又足幸矣。此鈔極舊，可珍。乙丑二月，正闇書。「三李盦」。（《傳圖輯録·史部》第三册，圖版編號 D046）

鮚埼亭集三十八卷 清全祖望撰 **全謝山先生年譜一卷** 清董秉純撰 清鈔

此書前歲耿吾借校，由滬而蘇，又閲兩年，而耿吾今夏一病不起，禮伯世講携以歸我，且云耿吾病榻諄諄命其持還。良友之意，聞之泫然。余前假莫君楚生閲過，曾夾有朱筆一籤，今耿吾亦夾有一籤，商訂之文，俱成絶筆，更棖觸乎余心矣。癸酉八月之杪，羣碧續記。

書中短籤細字稱「盧云」者，勞平甫據抱經學士校筆傳録者。長籤大字則沈子封前輩所校也。述又記。

癸酉冬日，借臨一通。越六年，書歸敝齋。正閣鬻餘之籍，尚有極精美之抄校本。余則品此書爲第一，因秋室先生窮居劬學，著述散佚，除此書外，竟未見有遺墨流播人間，宜正閣一牘再牘，視同性命也。庚辰正月，景葵記。

卷中各家夾簽恐日久失落，今黏附各葉，而記其數于每册之副葉，以便稽考。庚辰正月廿一日，燈下記。（《上圖輯録·集部》，第六九七頁。按是書《寒瘦山房鬻存善本書録》卷六著録〔見本書第五〇五頁〕，無此二跋。今併葉景葵二跋補）

大寶積經寶髻菩薩會二卷　晉釋竺法護譯　日本寫本〔存一卷　二〕

唐人寫經卷日本流傳最夥，世或謂非皆唐賢真迹也。中國與日本通始于唐代，讀唐賢詩可證，自是日本呼中國人皆曰唐人，所寫經識多中國人手書，故唐人寫經卷亦獨多耳。甲午以前，臺灣人呼內地人亦謂之曰唐山人，此沿日本之稱也。中丞曾得燉煌石室寫經卷，筆意絶似隋碑，峭勁特甚。述亦得日本舊藏一卷，墨光如漆，筆意乃似平原。此卷中丞先得之于大埔何氏，親自彼中携歸者，筆意又與二卷不同，中丞謂似日本人所書，要亦天壤寶墨也。蔄持中丞大人命題。江寧鄧邦述謹書。（《上圖輯録·子部》，第四六九頁）

拓本

漢司馬長元石闕　一册

清拓本。清光緒二十年鄧邦述手書題記。

于解元窮書法流變，謂隸生於篆，分生於隸，楷生於分。信矣。實則由晉、魏而隋，由隋而唐，其字體亦皆遞變，讀魏、隋諸碑，可以窺其流别也。獨怪書法之變，皆在中原，南朝碑石獨少，而羲、獻行草遂一變爲秀媚之格。蕭梁諸刻，若《瘞鶴銘》、《蕭公神道》，亦皆與北碑迥殊。惜無人覓南朝碑以相印證。述爲吴人，深有愧於于君矣。此石剥蝕，無可疏證，因讀解元長跋，漫識數語，以復匋齋尚書，未知其有當否也。壬寅十一月十二日，江寧鄧邦述記。「雙漚」。（《傳圖輯録·史部》第二册，圖版編號 B133）

阮刻吴天發神讖碑　一册

清拓本。清光緒二十年鄧邦述手書題記。

此碑舊置吾鄉縣學尊經閣下，嘉慶十年秋，閣燬於火，石爲之燼，惜抱先生曾見其事。此文選樓摹本也，近世亦不多得。禮堂同年謂，古碑久佚，多賴後人重刻獲存。使有力者取古刻孤本與近石已毁滅者，選工精刻，亦存亡補闕之盛舉。邇來海内藏碑之富，殆無逾閎石圖堪主人者，倘有意焉，不敏且得刊名石尾，附以不朽，如此碑後錢唐吴君者，不亦大幸乎。壬寅長至前二日，江寧鄧邦述書於南漳道中。「雙漚」。（《傅圖輯録·史部》第二册，圖版編號B137）

書名索引

0021_1 鹿

77 鹿門集三卷 443

0021_4 雍

32 雍州金石記十卷 175

麈

50 麈史三卷 184、380

0022_3 齊

77 齊民要術十卷 429

0022_7 方

22 方山先生文録二十二卷 147

高

26 高皇帝御製文集二十卷 119

90 高常侍集二卷 108

庸

00 庸庵集十四卷 223

0023_7 庚

50 庚申外史二卷 422

0024_7 慶

37 慶湖遺老集九卷 202

0026_7 唐

00 唐文粹一百卷 150、360

唐音十卷 89

04 唐詩紀事八十一卷 151、362

唐詩七百十七卷 516

唐詩鼓吹十卷 285

10 唐三體詩六卷 514

唐三體詩注二十卷 284

唐元次山文集十卷拾遺一卷 537

17 唐丞相曲江張先生文集二十卷 108

28 唐僧弘秀集十卷 548

33 唐祕書省正字先輩徐公釣磯文集十卷 491

40 唐李推官披沙集六卷 59

50 唐摭言十五卷 533

唐書二百二十五卷 77

77 唐開元占經一百二十卷 179

91 唐類函二百卷 301

0028_6　廣

74 廣陵先生文集二十卷附拾遺一卷　200

0040_0　文

22 文山先生別集六卷附録三卷　117
23 文獻通考三百四十八卷　137
30 文定張公欒全集四十卷　200
32 文淵閣書目　374
37 文潞公集四十卷　144
文選六十卷　359、360
44 文苑英華辨證十卷　414
文苑英華一千卷　452
文藪十卷　194
50 文忠集二百卷　207
90 文粹一百卷　69

0040_1　辛

77 辛巳泣蘄録一卷　417

0073_2　襄

76 襄陽守城録一卷　417

0080_0　六

30 六家文選六十卷　358
47 六朝詩集　347
50 六書正譌五卷　74
六書統二十卷　73
六書統溯原十三卷　74

0090_6　京

50 京本增修五代史詳節十卷　48
60 京口耆舊傳九卷　164

0121_1　龍

22 龍川先生文集三十卷　117
32 龍洲集十卷　324
43 龍城録二卷附録二卷　350

0128_6　顔

27 顔魯公文集十四卷補遺一卷附録一卷　109
72 顔氏家訓二卷　102

0292_1　新

00 新序十卷　138、298
新唐書糾繆二十卷　157
11 新疆識略十二卷　167
12 新刊名臣碑傳琬琰之集上二十七卷中五十五卷下二十五卷　49
新刊名賢叢話詩林廣記前集十卷後集十卷　71

新刊增入諸儒議論杜氏通典詳節四十二卷 78
新刊銅人鍼灸經七卷 100
23 新編方輿勝覽存十六卷 269
新編證類圖注本草四十二卷 79
新編西方子明堂灸經八卷 100
新編決科古今源流至論十卷後集十卷續集十卷別集十卷 82
新編事文類聚翰墨全書甲集十二卷乙集九卷丙集五卷丁集五卷戊集五卷己集七卷庚集二十四卷辛集十卷壬集十二卷癸集十一卷後甲集八卷後乙集聖朝混一方輿勝覽三卷後丙集六卷後丁集八卷後戊集九卷 81
88 新纂門目五臣音注揚子法言十卷 99

0363_2 詠

90 詠懷堂詩集四卷外集二卷丙子詩一卷戊寅詩一卷 544

0365_0 誠

00 誠齋全集一百三十五卷 209

0460_0 謝

24 謝幼槃文集十卷 387

0464_1 詩

02 詩話總龜前集四十八卷後集五十卷 362
27 詩紀前集十卷詩紀一百三十卷外集四卷別集十二卷 328
30 詩家直說四卷 125

0468_6 讀

40 讀左巵言一卷 507
50 讀史方輿紀要一百三十卷 166
讀書敏求記四卷 172、528

0512_7 靖

00 靖康要録不分卷 159
靖康紀聞一卷 419

0668_6 韻

01 韻語陽秋二十卷 415

0861_6 說

0862_2 診

0862_7 論

0864_0 許

1010_0 二

1010_1 三

正

1010_3 玉

1010_4 王

王忠文公文集二十四卷 120
65 王瞶齋詩稿一卷 120
72 王氏家藏集四十一卷慎言十三卷雅述篇二卷内臺集七卷 357

1010_7　五
21 五經白文 46
23 五代史補五卷 163
五代史七十四卷 292、332
五代史闕文一卷 163
五代史纂誤三卷 157
27 五色線中卷 380
92 五燈會元二十卷 142

1017_7　雪
00 雪庵字要 430

1020_0　丁
47 丁鶴年先生詩集 401

1021_1　元
00 元文類七十卷 361
21 元經薛氏傳十卷 93
26 元和郡縣圖志四十卷 165
27 元名臣事略十五卷 464
37 元次山集不分卷 538
47 元朝典故編年考十卷 365
50 元史二百十卷 293
元史紀事本末四卷 294
72 元氏長慶集六十卷 349
80 元人詩 287

1022_7　兩
00 兩京遺編 303
10 兩晉南北奇談六卷 96
30 兩宋名賢小集 392

爾
70 爾雅二卷 92
爾雅注疏十卷 132

1023_2　震
36 震澤先生集三十六卷 356

1024_7　夏
00 夏文愍公全集五十卷 123

1043_0　天
10 天元玉曆祥異賦十卷 180、561
天下同文集五十卷 287
23 天台林公輔先生文集不

分卷　225

1060_0　石

44 石林居士建康集八卷　202、389

50 石畫記五卷　183

60 石墨鐫華八卷　175

石田先生集不分卷　326

西

22 西山先生真文忠公文集五十五卷　145

西山日記二卷　383

30 西渡詩集一卷　389

34 西瀆大河志六卷　97

43 西域瑣談四卷　372

百

22 百川學海　306

30 百家註分類東坡先生詩集三十二卷　112

1060_1　晉

50 晉書音義三卷　267

晉書一百三十卷　291

1073_1　雲

27 雲峰胡先生文集十卷　118

76 雲陽李先生文集十卷附録一卷　222

1080_6　賈

33 賈浪仙長江集七卷　486

40 賈太傅新書十卷　99、297(2)

1111_0　北

32 北溪先生文集五十卷外集一卷　212

43 北狩見聞録　416

北狩見聞録一卷　522

50 北史一百卷　292

90 北堂書鈔一百六十卷　299

1111_4　班

71 班馬異同三十五卷　134

1120_7　琴

22 琴川志十五卷　469

1121_1　麗

36 麗澤論説集録十卷　68

1123_2　張

00 張文潛文集十三卷　351

10 張三丰先生全集八卷　224

40 張太岳集四十七卷　124

72 張氏集注百將傳存十卷 269

1220_0 列

22 列仙傳二卷 347

1223_0 水

21 水經注箋四十卷 470

水經四十卷 339

33 水心先生文集二十九卷 116

水心先生別集十六卷 211

1241_0 孔

17 孔子集語二卷 99

孔子家語十卷 98(2)、297

孔子家語八卷 296

34 孔叢子三卷 99

孔叢子七卷 271

1243_0 孤

71 孤臣泣血録一卷 160

癸

77 癸巳賸稿 383

1249_3 孫

10 孫可之集十卷 323

67 孫明復小集 198

1540_0 建

90 建炎維揚遺録一卷 421

建炎復辟記一卷 160、421

建炎以來繫年要録二百卷 158

1550_1 甦

00 甦庵集一卷 408

1610_4 聖

30 聖宋文選三十二卷 231

聖宋名賢五百家播芳大全文粹一百十卷 410

1660_1 碧

10 碧雲集三卷 63

20 碧雞漫志 235

22 碧山樂府四卷 148

1661_0 硯

12 硯北雜録不分卷 483

50 硯史一卷 432

1710_7 孟

50 孟東野詩集十卷 321

1714_0 珊

17 珊瑚網 379

珊瑚木難八卷 180、378

1714_7 瓊

40 瓊臺詩文會稿二十四卷 122

1723_2 豫

00 豫章黄先生文集三十卷別集二十卷外集十四卷簡尺二卷詞一卷年譜三十卷 355

豫章羅先生文集十七卷 86

1740_7 子

27 子彙 106

1740_8 翠

28 翠微南征録十一卷 541

1750_1 羣

44 羣英珠玉五卷 412

50 羣書治要五十卷 186

1752_7 弔

23 弔伐録二卷 417

1762_0 司

30 司空表聖文集十卷 195

71 司馬温公經進稽古録二十卷 93

酌

50 酌中志略二十三卷 162

1762_7 郡

60 郡國利病書一百二十卷 166

1814_0 致

90 致堂讀史管見存七卷 51

2010_4 重

00 重廣補注黄帝内經素問二十四卷 340

01 重訂丹溪先生心法二卷 101

12 重刊巢氏諸病源候總論五十卷 79

重刊胡雲峰先生文集八卷附録二卷 397

27 重修政和經史證類備用本草三十卷 342

70 重雕足本鑒誡録十卷 481

2039_6 鯨

11 鯨背吟 451

2071_4 毛

04 毛詩注疏四十卷 130

2090_4 采

10 采石瓜州斃亮記一卷 420

集

20 集千家注杜工部文集二十卷 108
集千家注杜工部詩集二十卷文集二卷 142
集千家注批點補遺杜工部詩集二十卷 85
集千家注分類杜工部詩二十五卷 84

2091_4 維

31 維禎録一卷附録一卷 441

2121_0 仁

22 仁山金先生集三卷 215

2121_1 能

18 能改齋漫録十八卷 184

2121_7 虚

00 虚齋蔡先生文集五卷 227

盧

32 盧溪先生文集五十卷 204
67 盧照鄰集二卷 107

甗

21 甗甄洞稿五十四卷 124

2122_0 何

31 何濳齋先生文集四卷 391
40 何大復先生集三十八卷 358
71 何陋居集一卷 408
72 何氏語林三十卷 347

2122_7 儒

44 儒林文苑傳稿不分卷 165

2150_6 衛

25 衛生易簡方十一卷 101

2190_3 紫

42 紫桃軒雜綴四卷 382

2198_6 穎

31 穎江漫稿十四卷 126

2220_7 岑

40 岑嘉州集八卷 318

2222_7 僞

00 僞齊録二卷 161、421

2224_7 後

22 後山先生集三十卷 200
後樂集二十卷 212
34 後漢紀三十卷 335

後漢書一百三十卷
47、134、135、331
44 後村居士集五十卷 497

2271_7 邕
32 邕州小集一卷 199

2277_0 山
30 山房隨筆一卷 189
38 山海經十八卷 347
44 山村遺稿一卷 396
80 山谷先生年譜三十卷
136
山谷老人刀筆二十卷
113
山谷黄先生大全詩注二十卷 67
90 山堂先生羣書考索前集六十六卷後集六十五卷續集五十六卷別集二十五卷 103

2290_4 樂
00 樂府詩集一百卷 547
樂府古題要解二卷 552

欒
43 欒城集五十卷欒城後集二十四卷欒城第三集十卷 354

2291_3 繼
40 繼志齋文稿二卷 120

2320_2 參
30 參寥子詩集十二卷 113

2324_2 傅
50 傅忠肅公文集三卷 388

2325_0 伐
40 伐檀集二卷 355

2392_7 編
80 編年遺事三卷 162

2396_1 稽
40 稽古便覽十八卷 158

2397_2 嵇
50 嵇中散集十卷 535
嵇中散集存四卷 442

2422_1 倚
48 倚松老人詩集二卷 387

2424_1 侍
37 侍郎葛公歸愚集十卷
206

2436_1 鮚
44 鮚埼亭詩集十卷 409
鮚埼亭集三十八卷 505
鮚埼亭集三十八卷全謝

山先生年譜一卷　565

2441_2　勉

00 勉齋先生黄文肅公文集四十卷附録一卷　211

2491_7　秇

44 秇林伐山二十卷　104

2498_6　續

09 續談助五卷　434

37 續資治通鑑節要廿六卷　93

續通鑑綱目二十七卷　293

44 續世説十卷　437

2590_0　朱

00 朱文公校昌黎先生文集四十卷外集十卷　274

17 朱子文集語類纂編十四卷　177

2600_0　白

10 白石道人詩集一卷　213

12 白孔六帖一百卷　345

21 白虎通德論二卷　140

44 白蓮集十卷　540

72 白氏長慶集存四十三卷　321

白氏長慶集七十一卷　349

自

86 自知堂集二十四卷　149

2610_4　皇

30 皇宋十朝綱要二十五卷　158

47 皇朝文衡一百卷　127

皇朝編年備要三十卷　158

皇朝名臣經濟録五十三卷　137

53 皇甫司勳集六十卷　149

67 皇明文範六十八卷　328

2621_3　鬼

80 鬼谷子三卷　478

2690_0　和

52 和靜先生文集四卷　114

2692_2　穆

10 穆天子傳六卷　190

23 穆參軍集三卷　385

2694_1　釋

77 釋骨　459

2710_7　盤

32 盤洲文集八十卷　390

盤洲集八十卷　211

2712_7 歸

10 歸震川先生未刻集二十五卷 404

24 歸先生文集三十二卷 124

2720_7 多

21 多能鄙事十二卷 177

67 多暇録二卷 190

2721_0 佩

10 佩玉齋類稿十卷 402

40 佩韋齋全集二十卷 402

2723_2 象

22 象山先生文集二十八卷外集四卷語録四卷 115

2725_2 解

77 解學士文集十卷 146

2725_7 伊

22 伊川擊壤集二十卷 85

2731_2 鮑

67 鮑明遠集十卷 483

2742_7 芻

00 芻言三卷 184

2744_9 彝

00 彝齋文編四卷 214

2748_1 疑

01 疑龍經二卷 378

2762_0 句

55 句曲外史貞居先生詩集七卷附録一卷 221

句曲外史貞居先生集八卷 499

2795_4 絳

10 絳雲樓書目一卷 375

2822_7 傷

30 傷寒論集注十卷 178

2825_3 儀

35 儀禮注疏十七卷 131

2829_4 徐

80 徐公文集三十卷 196、444

3010_1 空

77 空同集六十三卷 357

3011_4 淮

38 淮海集四十卷 113

淮海先生前集四十卷後集六卷 355

40 淮南鴻烈解二十一卷 480

3012_3 濟

11 濟北晁先生雞肋集七十卷 113

3021_2 宛

74 宛陵先生文集六十卷附録三卷 110

3021_7 扈

28 扈從詩二卷 220

3023_2 家

44 家世舊聞二卷 439

3040_4 安

40 安南棄守本末一卷 422

72 安岳吟稿八卷 386

76 安陽集五十卷 110

3060_8 容

00 容齋詩話六卷 234

40 容臺集九卷 125

3080_1 定

00 定齋集二十卷 209

77 定興忠烈王平定交南録 424

3080_6 賓

37 賓退録十卷 379

寶

02 寶刻叢編二十卷 174

竇

72 竇氏聯珠集 508

3090_1 宗

00 宗玄先生文集三卷 485

3090_4 宋

00 宋文鑑一百五十卷 126、361

宋六將傳 418

17 宋丞相李忠定公奏議六十九卷附録九卷 95

20 宋季三朝政要六卷 521

21 宋儒學案七十八卷 165

28 宋僧詩選後集三卷附續集一卷 511

30 宋之問集二卷 107

宋宰輔編年録二十卷 169

35 宋遺民録十五卷 163

47 宋胡忠簡公經筵玉音問答 438

50 宋史新編二百卷 136

宋史四百九十六卷 292

宋史筆斷十二卷 270

75 宋陳少陽先生盡忠録八卷 204

77 宋學士文集七十五卷 120
宋學士全集三十二卷附録一卷 146

3092_7 竊

94 竊憤録一卷 419
竊憤續録一卷 419

3111_0 江

37 江湖長翁集四十卷 116
40 江南野史十卷 165、368、418
44 江村消夏録三卷 182
77 江月松風集十二卷 500

3111_1 涇

26 涇皋藏稿二十二卷 229

3112_0 河

40 河南邵氏聞見後録三十卷 534
河南穆公集三卷 197
50 河東先生集四十五卷外集二卷 350
河東柳仲塗先生文集十六卷 492

3114_9 滹

40 滹南先生文集四十五卷續編一卷 216、565

3130_4 迂

00 迂齋先生標注崇古文訣三十五卷 150
迂齋先生標注崇古文訣存十卷 70

3210_0 淵

21 淵穎吴先生文集十二卷附録一卷 145

3215_7 淨

24 淨德集三十八卷 199

3230_1 逃

21 逃虚子詩集十卷 404

3230_2 近

90 近光集三卷 220

3318_6 演

22 演山先生文集六十卷 387

3322_7 補

30 補注釋文黄帝内經素問十二卷 340
34 補漢兵志一卷 171

3330_2 逋

80 逋翁集 193

3330_9 述

40 述古堂書目 375

述古堂書目一卷 171

3390_4 梁

28 梁谿漫志十卷 433

3410_0 對

22 對山集十九卷 357

3411_1 湛

23 湛然居士文集十四卷 216

32 湛淵集一卷 397

60 湛園題跋一卷 182

3411_2 沈

10 沈下賢文集十二卷 194

沈雲卿集二卷 107

3412_7 滿

34 滿漢名臣傳 164

3413_1 法

44 法苑珠林一百二十卷 105

3413_4 漢

17 漢司馬長元石闕 567

26 漢魏叢書 305

45 漢隸分韻七卷 74

50 漢書刊訛一卷 507

3418_1 洪

13 洪武正韻十六卷 93

洪武聖政記一卷 423

3430_9 遼

27 遼紀一卷 422

50 遼史一百十六卷 333

遼史拾遺不分卷 364

88 遼籌二卷 295

3510_6 沖

21 沖虛至德真經八卷 84

3512_7 清

31 清江貝先生詩集十卷 225

清河書畫舫十一卷 181

34 清波別志三卷 188

3519_6 涑

12 涑水紀聞二卷 381

3521_8 禮

07 禮記注疏七十卷 131

3530_8 遺

22 遺山詩集二十卷 325

3614_7 漫

77 漫叟拾遺 318

3624_0 裨

47 裨幄集一卷 213

3625_6 禪

77 禪月集二十五卷補遺一卷 540

3630_2 邊

44 邊華泉集八卷 358

67 邊略五卷 97

3713_4 澳

77 澳門新聞紙 373

3714_7 汲

37 汲冢周書十卷 335

3716_0 洺

12 洺水集二十六卷 145

3722_0 初

77 初學記三十卷 345

3722_7 祁

50 祁忠惠公遺集十卷附錦囊集一卷未焚集一卷紫芝軒逸稿一卷 562

3730_2 迎

22 迎鑾三紀 441

通

40 通志二百卷 78

55 通典二百卷 137

通典存八卷 270、558

88 通鑑辨誤十二卷 77

通鑑紀事本末四十二卷 48

通鑑綱目五十九卷 293

3780_6 資

33 資治通鑑二百九十四卷 77、135、334

資治通鑑綱目五十九卷 135

資治通鑑綱目前編十八卷舉要三卷外紀一卷 77

3813_4 渼

74 渼陂集十六卷續集三卷 148

3815_7 海

17 海瓊玉蟾先生文集六卷續集二卷 118

60 海昌經籍志略四卷 376

77 海桑文集不分卷 226

3816_7 滄

33 滄浪詩話一卷 117

滄浪詩集四卷 117

37 滄溟先生集三十卷附録一卷 123

3830_6　道

24 道德真經指歸七卷　191、384

60 道園遺稿六卷　399

道園學古録五十卷　88

4000_0　十

10 十一經問對四卷　153

4001_7　九

10 九靈山房集三十卷　401

28 九僧詩不分卷　510

4003_0　大

00 大唐六典三十卷　137、373

22 大樂律吕元聲六卷　154

大樂律吕考注四卷　154

24 大德重校聖濟總録二百卷　179

25 大佛頂如來密因修證了義諸菩薩萬行首楞嚴經十卷　273、384

28 大復集三十八卷附録一卷　148

30 大寶積經寶髻菩薩會二卷　566

37 大滌洞天記三卷　442

67 大明一統志九十卷　96

70 大雅集八卷　511

77 大學　46

大學增修聲律太平總類　436

大學分門增廣聖賢事實存三卷　58

大學分門增廣漢唐事實存四卷　58

80 大金國志四十卷　159

太

00 太玄經十卷　139、342

10 太平經國之書十一卷　130

太平御覽一千卷　299

太平寶訓政事紀年五卷　170

21 太師誠意伯劉文成公集十八卷　120

80 太倉稊米集七十卷　207

太倉稊米後集十二卷　232

4010_4　圭

00 圭齋集十六卷　119

4016_1　培

44 培林堂書目　376

4022_7　南

00 南唐近事三卷　368

南唐書三十卷　338

22 南豐先生元豐類稿五十卷附録一卷　86、351

南豐曾先生文粹十卷　352

30 南宋小集　278

31 南遷録一卷　422

37 南湖集十卷　391

44 南村輟耕録三十卷　104

50 南史八十卷　76、292

51 南軒先生文集四十四卷　116

95 南燼紀聞　366、419

南燼紀聞一卷　522

4024_7　存

28 存復齋文集十卷　503

98 存悔齋詩不分卷　217

4033_1　志

70 志雅堂雜鈔一卷　185

4040_7　李

00 李文公集十八卷　320

04 李詩通二十一卷　192

17 李羣玉詩集三卷後集五卷　60

30 李涪刊誤二卷　55

37 李遐叔文集四卷　486

44 李杜詩十六卷　484

71 李長吉詩集五卷　539

4046_5　嘉

34 嘉祐集十五卷　353

44 嘉樹齋稿七卷　126

4050_6　韋

00 韋齋集十二卷　86

44 韋蘇州集十卷　318

韋蘇州集十卷拾遺一卷　560

4060_0　古

00 古文苑二十一卷　327

10 古靈先生文集二十五卷　198

37 古逸民先生集三卷　214

50 古史六十卷　48

63 古賦辨體十卷　127

80 古今韻會舉要三十卷　74

4093_1　樵

10 樵雲獨唱六卷　543

樵雲獨唱一卷　544

4196_0　柘

51 柘軒先生文集五卷　225

槲
32 槲溪居士集十二卷 202

4196_1 梧
32 梧溪集七卷 222、500

4199_1 標
61 標題徐狀元補注蒙求三卷 272

4212_2 彭
00 彭文憲公筆記一卷 424

4240_0 荆
22 荆川先生文集十七卷 123
80 荆公贈遺書詩一卷 200

4291_3 桃
32 桃溪百詠 450

4380_0 貳
71 貳臣傳六卷 164

4380_5 越
27 越絶書十五卷 337

4385_0 戴
50 戴東原集十二卷覆校札記一卷 562

4411_2 范
00 范文正公集二十卷别集四卷政府奏議二卷言行拾遺事録四卷遺跡一卷鄱陽遺事録一卷贊頌論疏一卷 561
范文正公集二十卷别集四卷奏議二卷遺事録四卷遺跡鄱陽贊頌論疏合一卷 143
范文白公詩選六卷 399
24 范德機詩集七卷 219
50 范忠宣公文集二十卷 67、144

4412_7 蒲
30 蒲室集十五卷 218

4414_7 鼓
44 鼓枻稿六卷 403
鼓枻稿一卷 227
67 鼓吹續音二十卷 413

4416_1 塔
10 塔爾巴哈台事宜四卷 168

4420_7 夢
32 夢溪筆談二十六卷 56、298
33 夢粱録二十卷 168、372

4421_2 苑

37 苑洛志樂存十卷 154

4421_4 莊

17 莊子鬳齋口義十卷 59

薩

10 薩天錫詩集三卷 400

花

77 花間集十卷 560

4421_7 蘆

33 蘆浦筆記十卷 529

4422_7 芳

44 芳蘭軒集 448

莆

76 莆陽知稼翁集十二卷 205

蒨

22 蒨山擬存不分卷 230

4439_4 蘇

00 蘇文定公文集存六卷 275

蘇文忠公文集存三卷 275

蘇文忠公集一百十二卷 111

10 蘇平仲文集十六卷 121

4440_0 艾

51 艾軒先生文集十卷 324

艾軒先生文集九卷附録一卷 207

4440_6 草

36 草澤狂歌五卷 226

90 草堂詩餘前集二卷後集二卷 363

4440_7 孝

00 孝玆堂書目 376

4442_7 萬

80 萬首唐人絶句七言七十五卷五言二十五卷六言一卷 361

4443_2 菰

50 菰中隨筆三卷 382

4445_6 韓

00 韓文四十卷外集十卷附集傳一卷遺文一卷 350

04 韓詩外傳十卷 455(2)

11 韓非子二十卷 100、340

4446_0 姑

32 姑溪居士文集五十卷後

集二十卷 201
44 姑蘇志六十卷 295

4449_3 蓀
44 蓀蕙堂稿 410

4450_4 華
20 華黍莊詩不分卷 230
76 華陽國志十二卷 465、467

4460_2 苕
32 苕溪集五十五卷 203

4460_7 蒼
10 蒼雪庵日鈔 440

4471_1 老
17 老子鬳齋口義二卷 58
77 老學庵筆記十卷 433

4471_7 世
08 世説新語六卷 301
24 世德堂刊六子凡六十卷 344

4472_7 葛
22 葛仙翁肘後備急方八卷 178

4473_1 藝
00 藝文類聚一百卷 345

4477_7 舊
00 舊唐書二百卷 332
10 舊五代史一百五十卷 460

4480_1 楚
20 楚辭十七卷 316

4480_6 黄
00 黄帝素問靈樞經十二卷 340
80 黄谷譾談四卷 534

4490_1 蔡
50 蔡中郎文集十卷 106、316
蔡忠惠公文集三十六卷 109

4491_0 杜
04 杜詩通四十卷 192
10 杜工部集二十卷補遺一卷 273

4491_4 桂
44 桂苑筆耕集二十卷 195
72 桂隱先生文集四卷附録一卷詩集四卷 216

4492_1 楏
44 楏栳山人詩集二卷 220

栲栳山人詩集三卷 400

4614_0 埤

70 埤雅二十卷 290、557

4622_7 獨

77 獨學廬初稿詩八卷文三卷 507

4691_4 桯

50 桯史十五卷 57

4722_7 鶴

44 鶴林玉露十六卷 532

4742_0 朝

28 朝鮮賦一卷 296

4762_7 都

30 都官集十四卷 199

4792_0 柳

00 柳文四十三卷別集二卷外集二卷附録一卷 143、350

桐

31 桐江集四卷 497

4792_2 杼

22 杼山集十卷 538

4794_0 椒

72 椒丘文集三十四卷附録一卷 147

4816_6 增

00 增廣註釋音辨唐柳先生集四十三卷 85

增廣聖宋高僧詩選前集一卷後集三卷續集一卷 231

27 增修詩學集成押韻淵海二十卷 83

增修互注禮部韻略五卷 267

33 增補六臣注文選六十卷 68

88 增入諸儒議論杜氏通典詳節存二十五卷 50

4841_7 乾

38 乾道臨安志三卷 468

4842_7 翰

44 翰苑羣書二卷 169

4864_0 敬

32 敬業堂詩集五十卷 505

4893_2 松

10 松雪齋文集十卷 87

松雨軒詩集八卷 449

34 松漠紀聞一卷 294

88 松籌堂集十二卷 448

4894_1 栟

47 栟櫚先生文集十二卷 390

4895_7 梅

28 梅谿先生全集五十四卷 208

32 梅溪王先生廷試策一卷奏議三卷後集二十九卷 115

4980_2 趙

35 趙清獻公文集十卷 109

5000_6 中

60 中吴紀聞六卷 525

77 中興禦侮録二卷 417

中興館閣録十卷續録十卷 374

申

00 申齋劉先生文集十五卷 498

史

07 史記一百三十卷 75、132、330

史通二十卷 98、473、476

5000_7 事

91 事類賦三十卷 346

5010_7 盡

00 盡言集十三卷 95

5022_7 青

77 青門詩集存五卷 229

5033_6 忠

23 忠獻韓魏王家傳十卷别録三卷遺事一卷 110

5043_0 奏

44 奏草一卷 295

5050_3 奉

10 奉天靖難記二卷 423

5060_1 書

20 書稿存二卷 276

50 書畫題跋記十二卷續記十二卷 181、378

77 書學會編六卷 50

5060_3 春

29 春秋列傳五卷 95

春秋集注十一卷 153

春秋師説三卷附録二卷 72

春秋經傳集解三十卷 45、91、289

5090_4　秦

5090_6　東

5207_2　拙

5303_5　撼

5320_0　咸

5560_0　曲

5560_6　曹

5704_7　投

5743_0　契

5810_1 整

00 整庵先生存稿二十卷 228

5815_3 蟻

21 蟻術詩選六卷 222

6010_4 里

77 里門談贅不分卷 189

墨

27 墨緣彙觀四卷 182

44 墨莊漫録十卷 482

6015_3 國

01 國語二十一卷 336

47 國朝文類七十卷 286

國朝典故 425

國朝歷科館選録不分卷 563

50 國史經籍志六卷 374

國史經籍志五卷 171

6021_0 四

37 四溟山人詩集二十卷 125

47 四朝聞見録五卷 188

50 四書 289

四書大全十八卷 92

四書輯釋 267

67 四明志存二卷 268

6043_0 吴

10 吴天發神讖碑 562

43 吴越備史一卷 419

吴越春秋十卷 79

44 吴夢窗詞集 452

47 吴都文粹續集五十四卷 412

吴都文粹十卷 549

50 吴中水利全書二十八卷 167

77 吴興雜録一卷 186

吴興沈夢麟先生花谿集三卷 223

6050_6 圍

91 圍爐詩話六卷 234

6060_0 吕

48 吕敬夫詩不分卷 503

72 吕氏家塾讀書記三十二卷 329

吕氏春秋二十六卷 80、339

昌

27 昌黎先生集四十卷遺文一卷外集十卷 320

6060_4 圖

28 圖繪寶鑑六卷 102

6071_1 毘

74 毘陵集二十卷 193

6073_2 畏

60 畏壘山人文集不分卷 231

6090_4 困

77 困學紀聞二十卷 102、480

6091_4 羅

67 羅鄂州小集六卷附録一卷 115

6333_4 默

00 默庵詩集五卷 228

默庵集五卷 218

90 默堂先生文集二十二卷 205

6355_0 戰

60 戰國策譚棷十卷 94

戰國策十卷 94、337

6402_7 晞

72 晞髪集六卷 214

6502_7 嘯

88 嘯竹堂集十六卷 229

6702_0 明

20 明季裨史 369

6712_2 野

30 野客叢書三十卷附録一卷 344

6716_4 路

50 路史前紀九卷後紀十三卷國名紀六卷國名紀信一卷大衍一卷發揮六卷餘論十卷 336

路史前紀九卷後紀十三卷國紀六卷國名紀信一卷國姓一卷大衍一卷發揮六卷餘論十卷 94

6802_1 喻

44 喻林一百二十卷 300

6805_7 晦

00 晦庵先生朱文公文集一百卷續集十一卷别集十卷 356

7121_1 阮

02 阮刻吴天發神讖碑 567

歷

23 歷代帝王宅京記二十卷 526

歷代職官表 170

歷代宅京記二十卷 472

歷代鍾官圖經八卷 183

7131_1 驪

22 驪山集十四卷 125

7132_7 馬

10 馬石田文集十五卷 88、398

7210_0 劉

30 劉賓客文集三十卷外集十卷 539

71 劉原父公是先生集不分卷 199

7222_1 所

30 所安遺集 400

7223_2 脈

21 脈經十卷 341

7226_1 后

22 后山詩注十二卷 323

7421_4 陸

30 陸宣公奏議二十二卷 95

陸宣公奏議二十四卷 319

7424_7 陵

76 陵陽先生詩四卷 496

7521_8 體

21 體仁彙編六卷 139

7529_6 陳

02 陳謡雜詠一卷 295

40 陳克齋先生集十七卷 213

7622_7 陽

67 陽明先生文録五卷外集九卷别集十四卷 147

7721_0 風

70 風雅翼十二卷 328

風雅翼十四卷 90

風俗通義十卷 103、559

鳳

32 鳳洲筆苑八卷 367

7722_0 同

50 同書二卷 188

周

21 周此山先生詩集四卷 398

周此山先生集四卷 218

30 周官禄田考三卷 457
35 周禮六卷 130
周禮注疏四十二卷 130
60 周易参同契發揮三卷釋疑一卷 105
周易兼義九卷 45、129

陶
32 陶淵明集十卷附録一卷 107

7724_1 屏
22 屏山集二十卷 114

7724_7 履
00 履齋示兒編二十三卷 185
履齋遺稿二卷 450

7726_4 居
40 居士集存四卷 274

7726_7 眉
22 眉山唐先生文集二十卷 447

7736_4 駱
30 駱賓王集二卷 108

7740_7 學
60 學圃藼蘇六卷 301

7744_0 丹
32 丹淵集四十卷拾遺二卷年譜一卷附録一卷 494
丹鉛總録二十七卷 141

册
00 册府元龜一千卷 299

7760_1 醫
08 醫説十卷 54
44 醫林類證集要十卷 101
77 醫學綱目四十卷 341

7773_2 艮
00 艮齋詩集十四卷 219

7778_2 歐
76 歐陽文忠公文集一百五十三卷附録五卷 111
歐陽文忠公全集一百五十三卷附録六卷 352
歐陽行周文集十卷 194
歐陽先生文粹二十卷遺粹十卷 495

7780_1 興
46 興觀集一卷 396

7790_4 閑
77 閑居叢稿二十六卷 220

閑閑老人滏水文集二十卷 215

7810_7 鹽

60 鹽邑志林 313
83 鹽鐵論十卷 138

7876_6 臨

22 臨川王先生荆公文集一百卷 111
臨川先生文集一百卷 353

8000_0 八

23 八代詩乘四十五卷附録二卷 128
77 八叉集四卷 322

人

38 人海記二卷 190

8010_4 全

30 全室外集八卷 227
44 全芳備祖前集二十七卷後集三十一卷 381

8010_9 金

10 金石文七卷 176
金石古文十四卷 176
金石林 377
金石録三十卷 173、377、472
41 金姬傳一卷 367
44 金荃集七卷 491
50 金史一百三十五卷 333
60 金國南遷録一卷 160
71 金匱要略繹注三卷 177

8022_1 前

34 前漢紀三十卷 334
前漢書一百二十卷 47、133、134、331、459

8022_7 分

91 分類補注李太白詩二十五卷 142

8033_1 無

20 無爲集十五卷 386

8044_6 弇

22 弇山堂别集一百卷 295
32 弇州山人四部稿一百七十四卷續稿二百七卷 124

8077_2 缶

67 缶鳴集十二卷 356

8111_7 鉅

00 鉅鹿東觀集十卷 197

鉅鹿東觀集七卷　445

8190_4　榘
00 榘庵集十五卷　219

8315_0　鐵
27 鐵網珊瑚二十卷　181

8490_0　斜
22 斜川詩集十卷　564
斜川集六卷　446
斜川集十卷　201

8612_7　錦
25 錦繡萬花谷一百卷　300
錦繡萬花谷前集四十卷續集四十卷後集四十卷　346
60 錦里耆舊傳存四卷　419

8718_2　欽
30 欽定滁陽王廟碑歲祀册　423

8742_7　鄭
72 鄭所南先生心史七卷附録一卷　163

8810_4　篁
48 篁墩程先生文集九十二卷拾遺一卷雜著十卷別集二卷　122

8810_8　笠
36 笠澤叢書三卷　195

8812_7　鈐
22 鈐山堂文集四十卷　149

筠
32 筠溪集二十四卷　203
筠溪牧潛集不分卷　217

8822_0　竹
00 竹齋先生詩鈔八卷　212
24 竹崦盦金石目録六卷　175
40 竹友集十卷　201

8823_2　篆
88 篆从　156

8856_2　籀
50 籀史一卷　173

8890_3　纂
60 纂圖互註荀子二十卷　558
纂圖互注南華真經十卷　84
纂圖互注荀子二十卷　52
纂圖互注揚子法言十卷　53

9000_0 小

00 小畜外集七卷 493

44 小蘭陔詩集二卷 230

77 小學句讀六卷 139

9003_2 懷

44 懷舊集二卷 233

9022_7 尚

50 尚書注疏二十卷 129

9050_0 半

51 半軒集十二卷補遺一卷方外補遺一卷 226

9090_4 棠

37 棠湖詩稿一卷 276

9148_6 類

23 類編十二卷 187

88 類箋唐王右丞詩集十卷文集四卷 143

9592_7 精

37 精選名儒草堂詩餘三卷 551